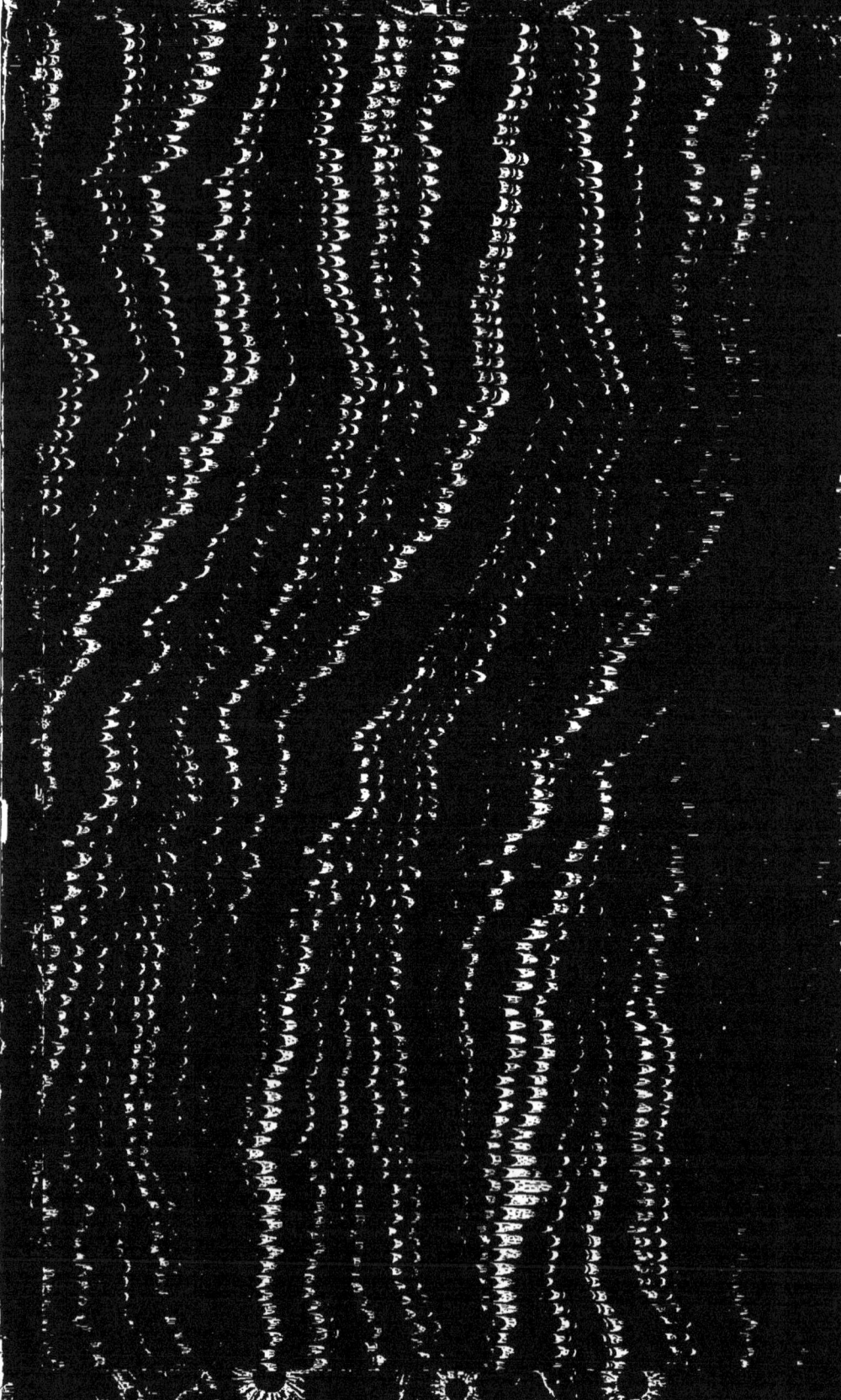

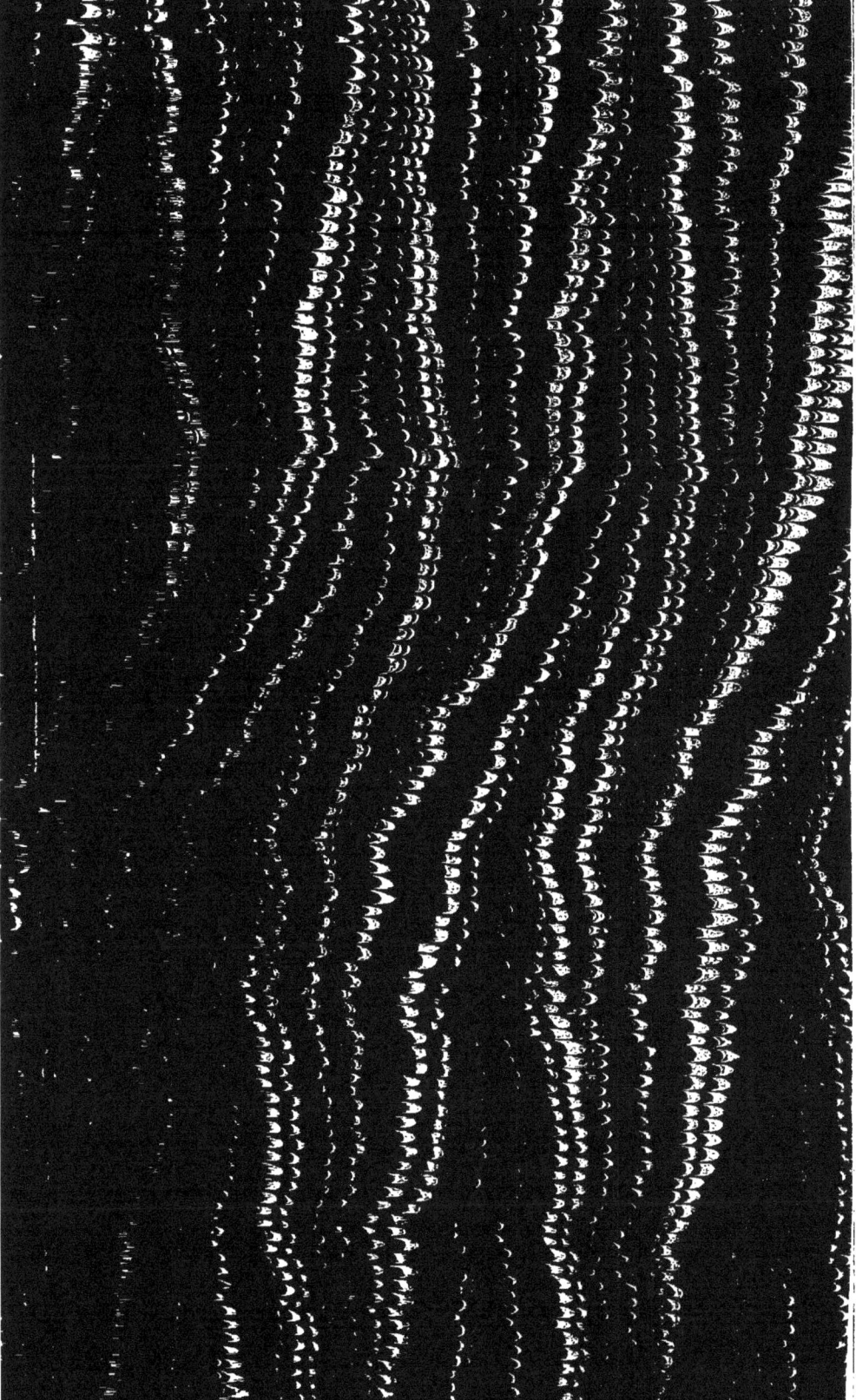

SIBERG

NOTICE HISTORIQUE

SUR LA VIE ET L'ÉPISCOPAT

DE MONSEIGNEUR

JEAN JACOUPY

ÉVÊQUE D'AGEN

PRÉCÉDÉE D'UNE NOTICE SUR M. L.-A.-EUGÈNE GUILLON

Chanoine - Secrétaire de M⁹ʳ Jacoupy

COMPLÉTÉE PAR UNE NOTICE SUR M⁹ʳ JULES DE MASCARON

Évêque & Comte d'Agen

PAR

M. J.-B. DELRIEU

CHANOINE

Doyen du Chapitre de la Cathédrale d'Agen

ORNÉE DES PORTRAITS DE MM⁹ʳˢ JEAN JACOUPY & JULES DE MASCARON

publiée

AVEC L'APPROBATION DE M⁹ʳ CHAULET D'OUTREMONT

ÉVÊQUE D'AGEN

AGEN

IMPRIMERIE DE PROSPER NOUBEL

M. DCCC. LXXIV

NOTICE HISTORIQUE

SUR

MGR J. JACOUPY

ÉVÊQUE D'AGEN

NOTICE HISTORIQUE

SUR LA VIE ET L'ÉPISCOPAT

DE MONSEIGNEUR

JEAN JACOUPY

ÉVÊQUE D'AGEN

PRÉCÉDÉE D'UNE NOTICE SUR M. L.-A.-EUGÈNE GUILLON

Chanoine - Secrétaire de Mgr Jacoupy

COMPLÉTÉE PAR UNE NOTICE SUR Mgr JULES DE MASCARON

Évêque & Comte d'Agen

PAR

M. J.-B. DELRIEU

CHANOINE

Doyen du Chapitre de la Cathédrale d'Agen

ORNÉE DES PORTRAITS DE MM^{grs} JEAN JACOUPY & JULES DE MASCARON

publiée

AVEC L'APPROBATION DE Mgr CHAULET D'OUTREMONT

ÉVÊQUE D'AGEN

AGEN

IMPRIMERIE DE PROSPER NOUBEL

1874

IMPRIMATUR

Aginni, 24 Julii 1874.

† HECTOR, *Episcopus Aginnensis.*

Monseigneur,

Vous n'êtes arrivé que d'hier au milieu de nous, et déjà tous les besoins de votre sainte et chère Eglise d'Agen sont étudiés, connus : le très grand nombre de ses paroisses est visité par le pasteur : les détails les plus minutieux n'échappent pas à sa sollicitude, dans l'intérêt de leur service respectif et de leurs œuvres : le zèle vous multiplie jusqu'à la recherche des particularités de son histoire passée : votre cœur d'évêque ne lui voudrait pas une histoire oublieuse, et vous fouillez, Monseigneur ; et votre désir excite à fouiller.

Cette œuvre a aussi sa piété : si vous êtes le père de ce diocèse, nous en sommes les enfants et avec Votre Grandeur nous devons aimer sa gloire.

Sous ces caractères séniles, un vieil enfant de 1802, de l'époque bénie de la réorganisation de votre diocèse, se hasarde à mettre sous vos yeux, des *fragments*, récits de ses anciens, qu'il *avait recueillis* dans sa mémoire pour les *empêcher de périr* à jamais, et surtout l'étude consciencieuse et filiale des documents nombreux, authentiques, dont s'autorise le récit de ce grand Épiscopat.

Si le travail informe, rapide, de cette double notice pouvait vous paraître de quelque utilité à vos intentions paternelles, ce vieil enfant serait heureux d'en voir agréer l'hommage par Votre Grandeur : peut-être tout tronqué qu'il soit, ce travail aiderait à faire bénir l'ineffable Miséricorde qui aima notre Église natale d'un amour privilégié, en suscitant à sa résurrection, des coopérateurs et des pères si éminents en science et en vertu.

J'ai l'honneur d'être

Monseigneur,

De Votre Grandeur,

Le très humble et très respectueux fils en J.-C.,

J. DELRIEU, Chanoine.

Agen, 28 septembre 1872.

Agen, le 14 août 1873.

Monsieur le Chanoine,

J'applaudis de grand cœur à la pensée que vous avez eue de recueillir en un petit volume tout ce que votre mémoire vous rappelle de pieux souvenirs sur Mgr Jacoupy et sur les prêtres qui, à la restauration du culte en France, apportèrent à notre Diocèse le tribut de leur science et de leur vertu.

Après nous avoir donné quelques aperçus généraux sur ce travail de renaissance religieuse, il vous sera plus facile qu'à tout autre de nous initier aux détails intimes de la vie de nos saints prédécesseurs, redoutables, dit-on, pour les grands hommes, mais qui donnent aux amis de Dieu ce je ne sais quoi de sublime dans la simplicité qui est un de leurs principaux traits de ressemblance avec le Divin Maître.

Je vous remercie de votre pensée, Monsieur le Chanoine, et je suis convaincu que vous trouverez dans l'Église d'Agen un grand nombre d'âmes élevées et généreuses, qui applaudiront à votre dessein et qui s'efforceront de vous seconder dans les sacrifices nécessaires à sa réalisation.

Veuillez croire, Monsieur le Chanoine, à la nouvelle assurance de ma respectueuse affection en N. S.

† HECTOR, *Évêque d'Agen.*

Ce 8 décembre 1873, fête de l'Immaculée-Conception, au moment de livrer à l'impression, nous recevons la lettre suivante de Son Eminence Monseigneur le Cardinal DONNET, Archevêque de Bordeaux.

Quelque honorable qu'elle soit pour notre œuvre, nous avons hésité à en enrichir notre recueil, parce que notre travail, nous avons tout lieu de le craindre, ne répondra pas à l'attente d'un juge si autorisé, malgré son indulgence habituelle et la bienveillance dont il daigne nous honorer.

Mais le témoignage de cet Auguste Prince de l'Eglise, de l'Illustre Métropolitain de notre province ecclésiastique, sera la plus glorieuse couronne de cette mémoire que nous avons à cœur de perpétuer dans l'amour et la reconnaissance de ses diocésains : nous serions coupable de la deshériter d'un suffrage si élogieux, motivé par Son Eminence sur la vénération et l'estime personnelle que lui inspire toujours le souvenir de cet illustre suffragant.

Cette lettre devient la page essentielle de notre travail : elle en consacre les intentions : elle en résume à elle seule les motifs et les titres.

ARCHEVÊCHÉ DE BORDEAUX.

Bordeaux, le 6 décembre 1873.

MONSIEUR LE CHANOINE,

Il m'est bien doux de vous renouveler par écrit le témoignage de sympathique intérêt que je vous ai déjà donné de vive voix, au sujet de l'œuvre que vous avez entreprise pour acquitter la dette de deux beaux diocèses envers un saint évêque.

Quoique leurs noms soient presque oubliés de la génération actuelle, les hommes éminents qui ont relevé les autels renversés par la tourmente révolutionnaire, méritent de prendre place parmi les grands bienfaiteurs de notre pays. Nous leur devons les seuls gages de salut qui nous restent dans la crise effrayante que nous traversons. Après ce phénomène, unique dans l'histoire, d'un grand peuple privé officiellement de religion durant de longues années, ils ont allumé dans les âmes la foi et l'espérance d'un meilleur avenir, ils ont comme rappelé Dieu de l'exil, pour le replacer au foyer domestique et au cœur de la société. Evoquer la mémoire de tels hommes, retrouver leurs traces, raconter leur vie, recueillir leurs œuvres, c'est payer une dette sacrée de reconnaissance, et je vous félicite du zèle que vous avez mis à cette noble entreprise. C'est de plus offrir d'utiles enseignements aux ouvriers de l'heure présente appliqués aussi à combler bien des vides et réservés à des tâches peut-être plus rudes que celles de leurs devanciers. Ils trouveront dans cette publication des exemples à suivre, d'éloquentes leçons, des encouragements efficaces. J'aime à vous en remercier d'avance en leur nom.

Parmi les régénérateurs de la province ecclésiastique de Bordeaux, Mgr Jacoupy a tenu une place distinguée. Appelé aussi après le Concordat, sur un siége illustré par les Caprais, les Joly, les Mascaron et tant d'autres, il les a certainement égalés, peut-être surpassés, par l'activité et la persévérance de son zèle apostolique. Je ne sache rien de mieux rempli que ses quarante années d'épiscopat, à une époque où tout était à refaire dans deux intéressants diocèses, réunis alors sous la même houlette pastorale ; vous avez recueilli avec un soin fidèle tous les souvenirs de cette longue carrière. Je ne connais encore votre livre que par la table sommaire que vous en avez publiée ; mais ce simple canevas m'a fait comprendre l'intérêt et la portée du travail.

Au reste, la mémoire de ce vénéré et bien-aimé suffragant m'est restée chère ; je n'ai pu le connaitre que dans ses dernières années, mais assez pour apprécier son incomparable bon sens, sa droiture de jugement, son tact exquis, son expérience consommée, qualités qui valent mieux que les dons brillants de l'esprit, et que rehaussait une bonté sans égale.

J'ai vu de près ce digne prélat, et j'ai pu l'admirer davantage dans les huit années qu'il a passées dans la retraite.

J'aime surtout à me rappeler son admirable modestie. En vain essayai-je de lui faire accepter les honneurs dus à son caractère et à ses services, son humilité se refusait à tout. En déposant la charge épiscopale, il avait prétendu mourir à lui-même, pour vivre caché en Dieu et se préparer au grand voyage par la méditation des vérités éternelles. Il ne conserva qu'un seul privilége, n'exerça qu'une seule fonction : celle de bénir, de consoler les prêtres et les fidèles de ses deux anciens diocèses qui venaient le visiter dans sa retraite. Ici son cœur d'or était à l'aise et sa joie sans mélange.

Vous savez, Monsieur le Chanoine, le terrible accident qui emmena sa fin ; trois mois de cruelles souffrances, endurées avec la plus religieuse résignation, achevèrent la ressemblance du disciple avec le Divin Maître.

Un de ses parents qui fut aussi pendant vingt-deux ans son plus fidèle coopérateur, a perpétué parmi nous, jusqu'à ces derniers temps, le souvenir des vertus de Mgr Jacoupy. Personne n'appréciait mieux que moi les vertus solides et les qualités aimables qui distinguaient M. le chanoine Liaubon. Il a reçu, à son tour, la récompense due à ses longs travaux et à sa vie toute de foi et d'édification.

Vous le voyez, Monsieur le Chanoine, votre livre doit m'être d'autant plus cher, que sachant me montrer en toute circonstance fidèle au culte des souvenirs, je n'en trouve pas de meilleurs que ceux rappelés par le livre que vous nous promettez. Le talent bien certainement que vous mettrez à votre histoire, en fera une œuvre pour le succès de laquelle je forme des vœux d'autant plus sincères que j'aime à saluer en vous une de mes plus anciennes connaissances dont j'ai apprécié les hautes qualités dès mon arrivée dans votre beau pays.

Agréez, Monsieur le Chanoine, la nouvelle assurance de mes meilleurs sentiments.

† Ferdinand, Card. DONNET,
Archev. de Bordeaux.

NOTICE

SUR M. LOUIS - AGRICOL - EUGÈNE GUILLON.

I

Cette notice ouvre et complète la notice de Mgr Jacoupy.

Nous ne craignons pas d'atténuer la gloire de notre illustre Pontife en publiant la valeur de l'ouvrier providentiel que Sa Grandeur se plaisait, dans son humilité, à présenter à tous comme l'*Evêque noir* de son administration.

La valeur de Moïse et d'Aaron ne fut point amoindrie par la valeur du grand artiste que Dieu leur adjoignit pour la construction du Tabernacle.

Moïse et Aaron sont demeurés les grands Pontifes du Seigneur : Béséléel n'est qu'un grand ouvrier dans l'Histoire Sainte.

Unis de cœur et de dévouement dans l'œuvre laborieuse de la régénération de notre sainte Eglise d'Agen, ses enfants pourraient-ils les séparer dans leur reconnaissance et dans leur filiale vénération ?

II

Notice sur M. Guillon. Préambule. Rareté des documents : sa cause : conservation de ceux qui restent.

Pour s'autoriser à écrire la vie d'un *homme qui n'était plus*, d'Agricola son beau-père, Tacite « constate l'*usage* des « anciens, toujours fidèles à transmettre à la postérité les

« actions et les mœurs des hommes illustres : l'usage même
« de son siècle, tout insouciant qu'il était des vertus con-
« temporaines, toutes les fois qu'un mérite éclatant savait
« surmonter un vice, commun aux grandes et aux petites
« cités, l'*ignorance du bien* et l'envie ; et Tacite demande
« indulgence parce qu'il a à parcourir des temps ennemis de
« toute vertu. »

Nous avons plus besoin d'indulgence que Tacite ; et parce que nous n'avons rien des richesses de ce profond génie ; et parce que nous manquons presque de tous les matériaux nécessaires pour une simple notice.

Tacite avait recueilli avec une exactitude respectueuse et filiale tous les documents qui pouvaient aider son cœur à sauver de l'oubli une mémoire bien chère, la vie et le nom d'un illustre parent ; et nous, nous sommes venus trop tard, pour recueillir : notre jeunesse cléricale n'a point été impressionnée des vertus éminentes du prêtre modeste, dont les travaux et les écrits méritèrent si bien de notre Eglise renaissante, au commencement de ce siècle. Nous n'avons entendu qu'un écho lointain de l'admiration et de la reconnaissance de ses contemporains ; mais les contemporains n'ont rien écrit, rien recueilli : ils n'étaient pas pourtant *insouciants*, moins encore *ennemis de toute vertu* ; mais leurs jours étaient tellement tourmentés par les épreuves personnelles et par les malheurs publics ; mais leur activité avait tant à se dépenser, chaque jour, aux besoins de leur saint ministère, que leur bonne volonté n'était pas à écrire.

D'ailleurs ces hommes de Dieu, si ardents à faire inscrire dans le livre de vie, n'étaient point partisans du bruit qui se fait dans le monde. Nous en avons connu quelques-uns, très capables par leurs talents, de fournir des mémoires intéressants sur la vie de leurs maitres et de leurs supérieurs ecclésiastiques, qu'ils avaient vus à l'œuvre : mais ils n'avaient souci que pour retracer en exemples les vertus et les enseignements de leurs modèles : leur répugnance à occuper le public de leurs actions, ou des actes remarquables de leurs anciens, ou de leurs frères allait jusqu'à blâmer sévèrement, à interdire même la plus innocente manifestation ; et puis c'était la volonté formelle, la pratique de leur humble et modeste Évêque.

Un jour, à l'insu de notre bien-aimé et bien vénérable supérieur, deux professeurs du Petit-Séminaire, tout embaumés des vertus naissantes et de la mort précieuse devant Dieu, d'un jeune élève ; encore tout éplorés de la perte qui enlevait à l'Église des talents véritables, ils firent insérer dans le *Lot-et-Garonne*, un récit élogieux de la cérémonie funèbre et des regrets unanimes de la communauté.

Mᵍʳ Jacoupy manda M. Tailhié qui ne lisait aucun journal et montrant le malencontreux article : « Voilà, Monsieur... Que cela ne se renouvelle pas », et M. Tailhié, non moins ennemi que son Évêque de ces *affiches mondaines*, *admonestait* au nom de Sa Grandeur, et au sien, les professeurs téméraires dont l'un n'a pas oublié, malgré sa vieillesse, les paroles et le ton indigné.

Les pères voulaient à leurs enfants le tempérament de leur vertu.

Nous nous écartons de cette tradition bien louable sans doute ; mais notre Église cathédrale, mais le Chapitre capitulaire, mais le diocèse peut-il laisser s'éteindre, sans une ombre de gratitude, la mémoire de ces pères dans la foi par la résurrection du culte, du ministère sacré, des séminaires, des congrégations religieuses de charité ou de piété ? C'est bien le zèle de leur infatigable dévouement qui nous a créé ce précieux héritage ! MM. Rous, de Fabri, Gardelles, Darguil, Maydieu-Saint-Paul, Dayries, Bercegol, Gary, Graulhié, et tant d'autres, ne seront pas même connus de nom, par nos successeurs dans la vie ! Si dans les bonnes familles, les saintes traditions du foyer domestique encouragent les enfants aux vertus héréditaires, si noblesse oblige dans le siècle, pourquoi dans le sanctuaire, dans la famille sacerdotale, la vie de ces dignes modèles ne servirait pas à diriger sur leurs traces les enfants de la tribu sainte ? La déportation, l'exil, les cachots, les casemates de Blaye et d'autres forts, la réclusion, les forêts même nous ont rendu d'illustres athlètes ; après la lutte, nos paroisses aussi ont été, comme dans tous les diocèses de notre France, marquées du sceau de Jésus persécuté ! peut-être un regard sur ces combats, sur ces sacrifices, sur ces bras vieillis déjà dans l'épreuve, relevant des ruines et reconstruisant la maison de Dieu, aurait son enseignement ; car les jours ne sont pas rassérénés.

Nous ne sommes parvenu qu'à glaner quelques souvenirs, éparpillés, comme les quelques épis, après la moisson, sur un champ vaste et dépouillé, et pourtant nous sommes heureux d'en former une modeste javelle : elle protestera du moins, à sa façon, contre une accusation d'ingratitude, et laissera soupçonner ce qu'aurait de gloire notre sainte Église natale, sans l'incurie des temps ou sans l'abnégation de ses membres : peut-être aussi malgré notre pauvreté, donnerons-nous éveil à des soins, à des recherches plus fructueuses, et notre histoire diocésaine n'aura plus les lacunes et les oublis du passé.

Nous achevions ces lignes, attendant du sol natal quelques épis nouveaux, afin de grossir notre cueillette agenaise, lorsque le 30 septembre 1871, une lettre de l'archevêque d'Avignon nous exprimait le regret de n'avoir pu se mettre sur les traces, ni de cette mémoire, ni de la famille : nous demeurons réduits aux récits de nos anciens, de ceux surtout qui lui ont succédé, presque immédiatement, dans les fonctions et la confiance dont l'honorèrent l'estime et l'amitié de Mgr Jacoupy.

Au reste nos meilleurs témoins, nos meilleures preuves *vivent et vivront* toujours dans les publications contre-signées de sa main. Elles attestent *le bon trésor* de science et d'érudition sacerdotales qu'il avait su se faire, par de fortes études, et un travail opiniâtre et intelligent : elles n'attestent pas moins les ressources que, dans ces jours critiques, l'excellence de son bon cœur, la prudence de son zèle, sa haute intelligence dans l'art d'écrire, et son goût exquis, surent y puiser, pour la gloire de Dieu et le service de son Église.

Bonus homo de bono thesauro cordis sui profert bonum
(Luc. iv. 45.)

Voilà la base véritable de la perpétuité de son nom, dans la reconnaissance de l'Église d'Agen et de l'AMITIÉ, nous l'espérons, dont Dieu l'a couronné dans le ciel.

Quo qui usi sunt participes facti sunt amicitiæ Dei in æternum. (Sap. vii, 14.)

III

Naissance. Études ecclésiastiques : premiers succès du prédicateur. Chanoine de Saint-Agricol, collégiale d'Avignon, sa paroisse. M. de Boulogne l'attire à Paris.

Ce grand coopérateur de la renaissance de notre diocèse à la vie publique de la religion et à la hiérarchie orthodoxe, était né à Avignon, le 19 février 1756. Aucune recherche n'a pu nous mettre sur les traces de sa famille.

Il avait été élève du séminaire diocésain dont les prêtres de la Congrégation de Saint-Sulpice avaient alors la direction. Ses progrès antérieurs dans les classes secondaires et dans les cours théologiques avaient attiré l'attention des supérieurs, dans cette cité des papes français où l'université de Boniface VIII (1303) et les différents priviléges de plusieurs pontifes, ses successeurs, entretenaient l'émulation pour les lettres et pour l'enseignement ecclésiastique. Des succès dans la chaire obtenaient au jeune prêtre un canonicat, à la collégiale de Saint-Agricol, le plus riche des huit chapitres d'Avignon, et le plus ancien, puisqu'on fait remonter sa fondation à Arnaud de La Vie, neveu de Jean XXII, au commencement du xive siècle.

Mgr de Boulogne, mort en 1825, cardinal, évêque de Troyes, l'un des plus célèbres prédicateurs de son époque, appela son jeune compatriote, le chanoine de Saint-Agricol, à Paris et lui ouvrit, sous son patronage, les premières chaires de la capitale. Ses succès y furent prompts et brillants : de cette époque datèrent l'estime et la tendre amitié dont ne cessa de l'honorer Mgr de Boulogne, son maître et son modèle : Mgr de Boulogne était plus âgé de onze ans.

IV

Sa retraite dans la capitale ; dix années de la Révolution. Conférencier de Saint-Sulpice, 1802. Secrétaire de Mgr Jacoupy. Occasion. Motifs honorables de ce choix et de son acceptation.

Lorsque la Révolution éclata, M. Guillon put se soustraire à ses fureurs, au sein même des orages, dans ce Paris où son ministère et ses vertus lui avaient gagné l'estime de quelques familles chrétiennes qui lui confièrent l'éducation de leurs enfants.

Dans cet asile de l'hospitalité, pendant les dix années de cette tourmente, M. Guillon absorba sa douleur, dans la prière, dans la méditation des Saintes Écritures et des Pères : pour l'instruction de ses élèves il avait repris l'étude des lettres humaines où son goût exquis et l'élévation de son intelligence lui firent acquérir dans l'art d'écrire et de composer cette supériorité qui rehausse l'étendue de son érudition et la finesse de son esprit.

Des cahiers nombreux de cette époque furent les seuls manuscrits que ses parents laissèrent, à Agen, lorsqu'ils vinrent recueillir son modeste héritage. C'étaient des traités de littérature, de philosophie, d'histoire, de sciences qu'il avait compulsés et rédigés de sa main, pour former ses élèves.

A l'apaisement des esprits, après le 18 brumaire, M. Guillon sortit de sa retraite et rentra dans les fonctions du saint ministère. Il s'attacha à la paroisse de Saint-Sulpice et déjà ses prédications donnaient à cette chaire un commencement de cette réputation, élevée si haut par les célèbres conférences que M. de Frayssinous ouvrit dans cette paroisse en 1803.

C'est de cette église, où un cœur ambitieux aurait pu rêver des dignités ou de la gloire, dans un prochain avenir, que l'humble et vertueux prêtre nous venait à Agen pour y accepter les modestes fonctions que la providence lui avait choisies, comme nous l'allons raconter.

M. l'abbé Jacoupy partait de Saint-Martin-de-Ribérac, s'éloignant d'une maison en deuil, où il n'était rentré, après dix ans de déportation, que pour embrasser sa mère, et sa mère bien-aimée y était morte, la veille de son retour : « *Sans elle, nous disait plus tard le vénérable Évêque de quatre-vingts ans, je n'aurais jamais quitté l'Angleterre, pour revoir la France.* » Et à tant d'années de la tombe de sa mère, sa piété filiale s'attendrissait toujours, et il nous montrait le modeste, bien modeste gage de souvenir, qu'il avait reçu de sa mère en pleurs, au départ, et qu'il n'avait pas pu lui rendre, au retour : « *Le petit couteau me parle de ma mère, tous les matins, car il ne m'a quitté jamais, parce que je n'ai pas pu le lui rendre.* » Vile était la valeur du don, dit le poète, mais le cœur y attachait un prix inestimable. Pourtant aux premiers jours de cette perte, il n'oublia pas qu'il était prêtre, et que l'Église de sa patrie manquait de ministres.

Fort de cette conscience qui lui avait fait préférer l'exil pour demeurer fidèle au devoir, le prêtre surmonta cette première et cruelle épreuve du foyer domestique et alla chercher à se consoler dans les travaux de son sacerdoce.

Le diocèse de Périgueux ne formait plus qu'un diocèse avec celui d'Angoulême, où résidait le trop fameux évêque constitutionnel M. Lacombe. C'était son évêque légitime, selon la discipline de l'Église ; le confesseur de la foi vint lui demander un emploi modeste, car il s'offrait comme un simple vicaire de la plus petite paroisse du Périgord. — « D'où venez-vous, Monsieur, disait brusquement le constitutionnel ? — Monseigneur, je viens d'Angleterre où j'avais suivi mon évêque, Mgr de Flamarens. — Je n'aime pas les *vagabonds*, retirez-vous ; il n'y a pas de place pour vous dans mon diocèse. »

Aussi étrangement repoussé de son Église natale, le confesseur de la foi se retourna vers Paris, dans l'espoir d'y trouver une fonction quelconque, aux environs, où il reprendrait les habitudes de l'exil, dans la patrie.

Le hasard lui fit rencontrer, dans un hôtel, un homonyme, un général de son nom, *Jacopin* ou *Jacoupy*, assez bien venu du premier Consul. Après une entrevue à la mode du Périgord et de la République, ils se trouvèrent cousins, fils de frères, et le général se chargea de la paroisse suburbaine. Sur ses réponses précises à des questions brèves mais vives sur son protégé, le premier Consul saisissait la feuille des bénéfices et la première lettre alphabétique lui présentant le siége d'Agen à remplir : « Je le fais évêque d'Agen... es-tu content ? » Le général rentrait triomphant de sa réussite ; mais l'humble prêtre s'effraya du succès et malgré les violents reproches du trop puissant cousin, il ajourna une acceptation qui répugnait à sa conscience et se contenta de promettre qu'il consulterait l'homme de confiance de Bonaparte pour les affaires ecclésiastiques.

M. l'abbé Jacoupy se rendit donc à Saint-Sulpice, auprès de M. Émery. Élève des Sulpiciens à Limoges et à Périgueux, une confiance naturelle le conduisait au supérieur des directeurs de sa jeunesse cléricale. La réponse de M. Émery était motivée et négative; l'abbé se retirait résolu, avec le calme et la simplicité qui venaient de soumettre sa présentation à l'évêché d'Agen.

Cependant le concierge venait remettre la correspondance au vénérable vieillard ; fortement préoccupé, M. Emery s'informait s'il n'avait pas rencontré un prêtre étranger, dans les escaliers ou les corridors. Le concierge ne l'avait pas rencontré, mais le prêtre ne pouvait pas être sorti, car la porte était fermée et il en avait les clés à la main. Sur l'ordre du supérieur, le concierge ramenait le prêtre étranger.

M. Émery, frappé de l'obéissance aveugle et édifiante de son consulteur, s'était pris à réfléchir sur l'esprit d'intrigues et d'ambition qui assiégeait le pouvoir, surtout à ce moment ; et l'abnégation sacerdotale du modeste abbé lui révélait l'élu de Dieu pour le siége d'Agen : le refus était pour lui un signe de vocation. « — Monsieur l'abbé, j'ai réfléchi, il vous faut accepter... vous n'avez point demandé.... vous n'avez point sollicité... il vous faut accepter... — Mais, Monsieur le Supérieur, mes études, mon inexpérience, mon incapacité, j'ai eu l'honneur de vous le dire, me font un devoir de suivre votre première décision. — Non, mon ami ; il vous faut accepter : je vous trouverai un homme solide, un excellent secrétaire... je me charge de vous, revenez dans deux ou trois jours. »

Après ce court délai, M. Émery disait : « J'avais compté sur M. l'abbé de Boulogne ; mais il a promis ailleurs : venez demain à Saint-Sulpice, vous entendrez prêcher un prêtre, attaché à la paroisse : vous en serez content ; j'ai la confiance qu'il ne nous refusera pas. » C'était M. Guillon, ancien élève lui aussi des Sulpiciens, dans le séminaire de sa ville natale.

Le lendemain, en effet, M. Guillon acquiesçait à l'honorable demande. M. Jacoupy se trouva lié par cet arrangement providentiel. Les encouragements, les sollicitations presque de son éminent conseiller, le secours puissant qu'il assurait à sa faiblesse lui donnèrent cœur ; *sans l'empêcher de sentir vivement la charge du fardeau redoutable : il finit par comprendre qu'il devait ce sacrifice au rétablissement de la religion.*

Rendant compte de cette acceptation, il écrivait à Mgr de Bonnac : « Je vous succède sans vous remplacer, Monsei-
« gneur ; car mon goût particulier m'aurait fait préférer
« d'être *Laurent* plutôt que *Xiste :* mais quand la Providence
« s'explique par les événements et par la voix du vicaire de
« Jésus-Christ : quand elle inspire au premier Consul le
« dessein de ressusciter l'Église Gallicane, dans l'étourdisse-
« ment où nous jettent et la nouveauté des circonstances et
« le souvenir récent de nos maux et l'aurore d'un jour plus
« serein : on ne s'occupe plus de soi ; on se laisse entraîner
« par cette force invincible qui dispose de tout dans cet
« univers. »

A la délicatesse des pensées et du style, on sent que M. Guillon tenait déjà la plume, à Paris, auprès de Monseigneur d'Agen.

Après sa consécration, Monseigneur recevait l'ordre de se rendre immédiatement dans son diocèse pour en faire la réorganisation. Il prenait congé du Cardinal-Légat qui, avec des instructions particulières, l'envoyait *dans la plénitude des pouvoirs du Saint-Siége pour arracher et pour planter, pour renverser et pour réédifier.*

V

M. Guillon à Agen. Haute estime de son Évêque et du clergé. Travaux, prudence, habileté du Secrétaire dans la réorganisation. Ménagements et fermeté. Les deux dernières illuminées d'Agen.

Monseigneur arrivait à Agen accompagné de ce secrétaire d'élite, que le commerce intime et le dévouement de quelques mois lui avaient rendu si cher et si précieux : aussi, toujours humble, toujours si semblable à lui-même, aux premiers jours de son autorité, que nous l'avons vu et admiré dans la vigueur de son règne et à la fin de sa longue carrière, Mgr Jacoupy se plaisait, en toutes rencontres, à présenter son ami et son secrétaire aux membres divers de ce nombreux clergé et aux personnages de distinction qui venaient saluer sa bienvenue et rendre hommage à Sa Grandeur : « *Voilà l'Évêque noir de votre diocèse ; moi, je suis l'Évêque du caractère, l'Évêque de la mission de Dieu et de la Sainte Église auprès de vos âmes.* »

Fidèle aux ordres du Saint-Siége, il commençait immédiatement l'organisation urgente du clergé et des paroisses.

On se formerait difficilement aujourd'hui une appréciation des études, des travaux multiples et complexes que réclamèrent les préliminaires indispensables de ce vaste remaniement des personnes et des choses.

La juridiction épiscopale devait s'étendre sur les deux

départements du Gers, de Lot-et-Garonne et sur cinq démembrements importants de cinq diocèses supprimés ou partagés.

Des prêtres originairement étrangers, ou primitivement employés dans cette agglomération ; des prêtres déportés, incarcérés et fidèles ; des assermentés ou ordonnés par l'évêque constitutionnel ; d'anciens religieux de tout ordre, se présentaient au choix de l'administration nouvelle.

Les besoins, l'esprit de chaque localité, des recommandations puissantes de toutes les classes ou des autorités en place venaient compliquer l'embarras.

Les intrus se maintenaient en possession des paroisses et des principales cures, soutenus par l'esprit schismatique des partisans de la constitution civile et l'hostilité secrète des parvenus dont l'intrusion avait su se faire des amis. Sans parler des oppositions menaçantes des autres localités, les intrus de la ville d'Agen recevaient avec un air de protection l'Évêque légitime ; le curé intrus de Saint-Caprais et les siens, laïques ou prêtres, fêtaient Monseigneur et l'administration légitime, à un banquet splendide, sous la galerie de la maison qui sert aujourd'hui de maîtrise. M*** en avait fait son presbytère : l'esprit de conciliation ne permettait pas un refus.

Il fallait calmer, chercher du moins à dissiper les craintes d'une scission menaçante qu'une opiniâtreté individuelle ne tarda pas à changer en schisme.

Trente années d'une administration douce et facile, l'initiative héroïque de Mgr de Bonnac, dès le premier appel, à refuser le serment à l'Assemblée Constituante, les sages et fermes paroles de ses instructions à son diocèse, la gêne, la détresse même de la déportation qu'il endurait encore sur la terre étrangère, tous ces souvenirs avaient leur écho dans le cœur des principales familles, dans le cœur des bons prêtres de son ordination. Sa voix aimée, son généreux exemple avaient encouragé, motivé la fidélité de leur conduite : les regrets de ces bons fidèles, de ces bons prêtres, étaient vifs et naturels : la prudence, la charité imposaient des ménagements, des concessions dans une sage mesure pour asseoir l'autorité naissante du nouvel Évêque.

Les archives de l'Évêché conservent encore le cahier des notes, succinctes ou chiffrées, écrit de la main et par les soins de M. Guillon. Les études sur les antécédents, les principes du personnel ecclésiastique, destiné au diocèse d'Agen seul, témoignent d'un labeur immense d'observations ; et ces recherches laborieuses devaient embrasser les besoins, les dispositions des localités, etc. Le Gers réclamait peut-être un soin plus minutieux ; mais il fournit des aides expérimentés et sûrs. Agen avait fourni les siens ; mais M. Guillon, pour répondre à la confiance particulière de Mgr Jacoupy, devait résumer et présenter le travail commun.

Il fallait faire agréer les placements motivés, arrêtés dans des conseils interminables : et combien de susceptibilités frustrées, de localités peu disposées pour le sujet élu, de patronages éludés ! les mécontents n'étaient pas les moins nombreux : l'apaisement des esprits et des cœurs importait beaucoup à la société, à bout depuis longtemps de désordres et de résignation, beaucoup surtout à la religion.

C'est dans cette âpre besogne de chancellerie que le clergé apprit à connaître, à admirer la prudence habile, la délicate aménité du secrétaire : ceux qui ne sortaient pas contents, ne se retiraient jamais blessés. On ne voulait pas maintenir les intrus incapables, ou douteux, dans les postes usurpés : on s'appuyait de l'administration ancienne : et on remettait les titres des paroisses, possédées avant la Révolution : *on était si nouveau, si livré par l'urgence à l'improviste ! ne devait-on pas respecter les classements judicieux des supérieurs anciens ?* La bonhomie de la forme et des paroles arrêtait ou atténuait des observations.

Les perplexités et les longues fatigues de cette organisation avaient brisé les forces ; la santé de Mgr l'Évêque et de M. Guillon en resta quelque temps altérée, malgré leur constitution si robuste.

Quoique l'administration eût employé tous les égards et tous les ménagements que pouvaient permettre la prudence et le devoir, afin d'assurer une paisible acceptation, dans l'ordonnance du 8 octobre 1803 qui en notifiait le règlement définitif, avec la sanction du pouvoir civil, pour limites des cures et des succursales, Monseigneur exprimait ainsi au clergé et aux fidèles les craintes et les dispositions bienveillantes de sa sollicitude :

« La désignation des ministres a peut-être contrarié des
« goûts qu'il n'était pas permis de consulter, qu'il était diffi-
« cile de prévoir et impossible de satisfaire.

« Quelques omissions involontaires ont pu laisser, pour
« un instant, de côté, des prêtres recommandables, dont
« l'oubli ferait à l'Église un tort que nous nous empresse-
« rons de réparer.

« Des méprises inévitables dans un pareil travail, des dé-
« fauts, nécessités par les circonstances et les localités, ont
« vraisemblablement besoin d'une réforme, que nos désirs
« appellent, dont la justice du gouvernement nous donne
« l'espoir et que nous nous ferons un devoir de réclamer. »

Mais après cet exposé de sa paternelle condescendance, le Prélat affirmait, avec une vigueur apostolique, l'autorité, dont l'avait revêtu le Vicaire de Jésus-Christ, comme *l'unique source immédiate de tous les pouvoirs valides et légitimes dans tout le diocèse.*

Sans doute la lettre pastorale du mardi 30 novembre 1802 avait préparé le diocèse à se ranger sous la houlette de ce pasteur dont la voix, concentrée dans le bercail, avait fait retentir dans toutes les chaires chrétiennes ces paroles de sublime enseignement, pleines d'une éloquence, d'une sagesse, d'un zèle et d'une charité qui nous promettaient de voir revivre, parmi nous, les Joly, les Mascaron, nos plus dignes, nos plus illustres pontifes. Néanmoins l'insubordination fit son église en dehors de l'Église ressuscitée, bénie, reconnue seule pour fille légitime, de la mère de toutes les Églises, de Rome : *centre et source de toute catholicité.*

Les *illuminés*, dont le nom même est inconnu de nos jours, entretenus par des prêtres qu'un attachement aveugle pour l'ancienne autorité, des déceptions d'amour-propre ou l'ignorance avaient égarés, les *illuminés* ont entretenu un schisme déplorable dans plusieurs localités. Ils ont vécu ainsi malgré les attentions les plus charitables, les écrits les plus lucides des Bonnefons, des Graulhié, de tant d'autres curés fidèles, sans autel, sans sacrement, sans hiérarchie. La mort leur enleva leurs prêtres rebelles, sans les convertir, et le plus grand nombre s'éteignit ainsi, sans consolation, à la bonne foi, nous l'espérons, mais loin de la source des eaux vives.

Les deux dernières *illuminées* d'Agen, pauvres filles, modèles de vertu, bénies de tous les cœurs chrétiens, pour la sainteté de leur vie exemplaire, sont mortes en 1867 et 1869. Elles répandaient sur tous leurs pas, dans le commerce extérieur, la bonne odeur des parfums évangéliques dont elles s'étaient imprégnées au jour de leur docilité au pasteur véritable ; mais elles s'irritaient contre tout conseil, tout enseignement salutaire. Dieu a eu pitié de leurs âmes et la grâce du retour a payé leurs bonnes œuvres.

M. le curé de la Cathédrale et M. le curé de Notre-Dame-d'Agen ont eu l'ineffable consolation de recevoir et de louer leur rétractation sincère : les pieuses amies, leurs admiratrices, avaient longtemps prié pour elles ; et accompagnèrent avec joie le Dieu de l'Eucharistie qui venait les nourrir en viatique après de longues années, loin de la table sainte. Leur mort fut douce, consolante et nous fit adorer et bénir les ineffables secrets de la miséricorde divine.

VI

Succès émouvants des publications épiscopales. Félicitations renvoyées par l'Évêque à son Secrétaire. La part de M. Guillon dans les éloges. La part aussi légitime de Mgr Thème de toute émission écrite. M. Bouylaud et M. Feutrier, 1828.

A part ces contempteurs superbes de l'obéissance chrétienne, les premières ordonnances de Mgr Jacoupy avaient mis l'autorité de ses pouvoirs en paisible possession ; elles avaient gagné au nouveau pasteur l'admiration des intelligences, les sympathies des cœurs, parmi le clergé et parmi les fidèles ; et ce ne fut pas que dans le diocèse qu'elles produisirent une vive sensation, elles eurent du retentissement dans toute la France.

En effet, quarante ans après leur publication, l'imprimeur de l'évêché, encore sous le charme de sa première admiration, pour les lettres ou mandements sortis de ses presses dans les onze années de ce début glorieux, nous disait dans le tête à tête : « J'en ai bien vendu, bien expédié ! Dès la première lettre pastorale, je reçus des ordres de toutes parts, de toute la France, d'adresser, sans nouvel avis, des exemplaires de tout ce que ferait paraître Mgr *Jacoupy* : mes tirages étaient toujours insuffisants pour les réclames tardives. »

M. Raymond Noubel était un homme de lettres, bon écrivain et bon juge : à son langage, on pouvait sentir que ce n'était pas le libraire qui nous parlait alors.

Les félicitations, les hommages arrivaient aussi à l'évêché d'Agen et Mgr Jacoupy ne manquait jamais de les transmettre à son dévoué secrétaire : « C'était son bien ; il ne voulait pas, il ne devait pas s'approprier le bien des autres, voler son cher abbé Guillon, » et en lui remettant les lettres élogieuses, il lui disait en riant : « Le bien d'autrui tu ne prendras, ni retiendras *furtivement*. »

Nous avons hâte de dire que Mgr Jacoupy avait sa bonne part dans cette propriété de M. Guillon.

Cette vaste érudition profane ou ecclésiastique, la richesse du style dans sa sobriété, la savante économie de la distribution, toutes les beautés, toutes les délicatesses de tact, de goût dans les pensées, toutes les beautés de ce langage, si ample, si facile, si relevé à la fois, c'était la propriété de M. Guillon ; mais les idées mères du thème étaient de Monseigneur : il les donnait toujours avant le travail, avant la mise en œuvre : il ne signait jamais sans s'être assuré de l'exactitude rigoureuse : en un mot, selon l'expression pittoresque de M. Emery, dans les derniers adieux, *l'Évêque était le réservoir, le Secrétaire, le robinet, mais le robinet intelligent* auquel était abandonnée la distribution.

En 1828, le ministre Martignac envoyait un préfet pour fusionner les divergences d'opinions qui régnaient ici. M. le baron Feutrier avait, pour réussir, toutes les qualités du cœur et des manières. Il gagna vite les sympathies de ses administrés : les salons de la préfecture se remplirent, les soirées et les bals profitaient au commerce et aux pauvres. Il demanda et obtint de Mgr Jacoupy une messe solennelle à la Cathédrale, avec un prédicateur capable de préparer, de stimuler la quête. Monseigneur confia ce soin au préfet des études de son Petit-Séminaire, à M. Bouytaud, et lui donna son *thème* : le thème fut éloquemment rempli, à la satisfaction de tout le brillant auditoire et des dames quêteuses. Mais l'orateur eut des allusions malsonnantes pour les oreilles des bals et des soirées de la préfecture. S'appuyant des citations des Pères, de saint Chrysostôme en particulier, il prêta aux pauvres un langage chrétien « qui ne leur permettait pas d'accepter en
« aumônes l'argent des plaisirs et du luxe du monde :
« pouvaient-ils se nourrir d'un pain qui leur reprochait la
« perte des âmes de leurs bienfaiteurs ! »

Après la cérémonie, M. le préfet accompagnait les dames quêteuses au Petit-Séminaire, pour remercier le prédicateur. M. Bouytaud entendit des remerciements et des éloges bien sentis, plus chaleureusement exprimés, mais on ne sut pas taire des plaintes sur la *sévérité d'une morale qui contrastait avec la bénignité de l'Évangile.* Ces plaintes, avec les éloges sans doute, mais ces plaintes, étaient articulées immédiatement à l'audience épiscopale.

Après la réception de M. le préfet et des dames quêteuses, les témoins officieux de l'accusation, Monseigneur mandait le prédicateur et réclamait le cahier de l'allocution, qu'il se fit lire d'un bout à l'autre ; et radieux de la fidélité et de l'éloquence contenue de son interprète : « Merci, lui disait-il,
« merci ! je suis très content, tous les reproches sont pour

» moi. C'est à moi à vous en décharger auprès de M. le pré-
« fet ; adieu, merci, ça va très bien. »

Nous nous sommes permis cet écart pour établir la pratique constante de Mgr Jacoupy.

VII

Caractère timide du Secrétaire. Précautions méticuleuses. Franchise, fermeté du Prélat. Accord toujours intime, édifiant.

M. Guillon se conformait avec soin au *thème* donné, et le prélat n'avait jamais à se plaindre que de cette timidité, de cet esprit d'accommodement et de réserve qui n'allait pas à l'allure vive et franche de son supérieur.

L'abbé Guillon était timide jusqu'à la pusillanimité, avons-nous souvent ouï dire à Monseigneur lui-même, dans les dernières années. « A ma prise de possession, il ne vou-
« lait pas admettre tout le cérémonial : je voulais ma soutane
« abattue, et mon caudataire. — C'était praticable aux jours
« calmes de la royauté... mais... — J'insistais... — Mais,
« Monseigneur, les esprits aujourd'hui... les circonstances
« actuelles... ne permettent pas ce déploiement... C'est...
« — Je le veux ; et il se rendit à la fin. Au retour je lui
« demandai, en plaisantant, des nouvelles de mon cau-
« dataire. »

Dans les correspondances épineuses avec le gouvernement, avec les administrations diverses, Monseigneur donnait, édictait sa pensée : le secrétaire cherchait des mitigations : « Que risquez-vous ? Je signe : sur moi seul tombera
« la responsabilité. »

En dehors de ces dissentiments de ménage, l'harmonie était toujours parfaite et le contentement réciproque.

VIII

Mandements de la coopération de M. Guillon. Quelques critiques attardées. Justifications, réponses. Allure du Prélat et du Secrétaire en dehors des publications imposées.

Nous sommes bien dispensés de parler des publications des onze premières années de ce glorieux épiscopat : le jugement public a prononcé et prononce encore avec compétence : elles sont recherchées et devenues trop rares.

On les accusa dans le temps :

1° D'adulation permanente envers le pouvoir ;
2° De sécheresse religieuse ;
3° D'érudition catholico-profane.

Des hommes sérieux vengeaient la mémoire de Mgr Jacoupy et de M. Guillon, sur tous ces chefs.

Sans absoudre d'une manière absolue, l'histoire à la main ils plaidaient pour le premier chef « l'entraînement des circonstances, les merveilles du Consulat, cette main bienfaisante comblant l'abîme entr'ouvert sous les pieds, cicatrisant les plaies profondes de l'État, s'occupant de rendre à la patrie ses sentiments, de rétablir la famille, de restituer les enfants à leur mère, des Français à la France, la France à l'Europe ; aux lois leur empire, à l'ordre sa tranquillité. »

Ce tableau de la première lettre manquait-il de vérité ?

Mais aux yeux de la religion quelles actions de grâce, quelle louange ne devaient pas la papauté et l'épiscopat au jeune héros qui rendait à la France son culte aboli, ses prêtres, ses autels.

Les triomphes des armées de la patrie n'exaltaient-ils pas tous les cœurs à l'unisson. Si Mgr Jacoupy fut coupable d'adulation, il le fut avec tous ses collègues dans l'épiscopat, à cette époque ; il le fut avec l'immortel Pie VII qui vint couronner le héros que la France reconnaissante et fière éleva sur le pavois.

Tous se laissèrent éblouir par les prestiges de cette gloire naissante, tous s'abandonnèrent aux espérances et aux promesses que semait l'ambition pour envahir l'autorité divine, comme elle avait envahi toute autorité humaine. Hélas ! le Souverain Pontife dans la captivité de Fontainebleau, après l'usurpation de ses États, les évêques sous une pression despotique expièrent dans les gémissements et les larmes une condescendance qu'ils avaient crue selon Dieu et selon les intérêts de la religion.

Le dernier mandement contre-signé par M. Guillon demande un *Te Deum* pour le *Roi de Rome* nouveau-né : aucune protestation, aucun signe de douleur, aucun accent de regret contre le dépouillement du Pontife roi : la phrase se pare pour proclamer cette intronisation, mais aussi pour proclamer plus haut encore le *souverain domaine de Dieu sur les princes et sur les empires*.

« Rome peut devenir une portion de l'immense héritage du
« Roi nouveau-né, *s'il plaît ainsi au Très-haut qui domine*
« *les empires des hommes et qui les donne à celui qu'il veut.*
« Pour montrer qu'il n'y a rien d'immuable que lui et sa
« religion, *il change les temps, transporte la souveraineté,*
« *renverse et relève les trônes.* »

Mais aussi quelle parole de foi, quelle énergie dans la proclamation de *cette autorité* toute divine « de ce royaume
« suscité par le Dieu du Ciel, qui ne sera jamais dissipé,
« ne passera point en d'autres mains ; verra autour de lui
« tomber et disparaître tous les autres royaumes et lui seul
« demeurera ferme éternellement. »

Les trônes croulaient autour de nous : nos Évêques, celui d'Agen avec eux, adoraient en silence et dans le tremblement la Main qui châtie, renverse et relève, et cependant sous les décors de la phrase *imposée* perce la menace des oracles divins : ils courbaient la tête sous l'impuissance de retenir le pouvoir temporel de leur Auguste Chef : mais ils la relevaient et *l'offraient à l'échafaud, résolus, comme les martyrs qui avaient tenu leurs siéges avant eux, résolus à la porter à tour tour sur la place de Grève, à Paris, pour la défense du pouvoir spirituel, de la royauté absolue de l'Évêque de Rome sur toute l'Église.*

Voilà l'attitude, voilà l'énergie des paroles de Mgr Jacoupy. L'histoire les a recueillies et les conserve à la gloire de ce siége d'Agen que son illustre prédécesseur avait honoré, avant lui, à l'Assemblée Constituante. Voilà l'adulation que portait au Concile national l'imitateur généreux de Mgr de Bonnac.[1]

En écrivant ces lignes, nous avions pleine confiance dans la réimpression des pièces incriminées, sans être connues : elles auraient donné une réponse autrement péremptoire : cette réimpression n'a pas lieu : quoique les archives des fabriques et les bibliothèques des presbytères n'en soient pas riches, il en reste encore assez pour justifier nos assertions : nous prions de relire, ne fût-ce que les mandements du 4 août 1803 pour la fête de l'Assomption et du 14 juillet 1804 sur les fabriques. Nous nous trompons beaucoup si cette lecture ne change pas la calomnie en éloges et en admiration sur cette chaleureuse piété, et cette sublime simplicité de style et de doctrine qui sait ennoblir les plus vulgaires détails et les pratiques les plus communes de la religion. Nous suppléons à cette lacune si regrettable par le texte inédit des discours

---

[1] Sous la Restauration, un auteur de 1826, en jetant le même reproche de reconnaissance et d'adulation sur tous les évêques de France, depuis le Concordat, modifiait ainsi son portrait.

« Mgr Jacoupy ne fut pas ingrat envers celui à qui il devait son élévation, car jamais il n'a laissé échapper l'occasion de *célébrer ses vertus.* Selon ce prélat non moins bon citoyen que sujet reconnaissant, Bonaparte voulait devoir plus à la douce influence de la religion et aux leçons des prêtres du Seigneur, qu'à l'autorité. C'est à lui, disait-il, qu'on doit la liberté de prêcher l'Évangile sur les toits, et d'être impunément chrétien et apôtre. »

La reconnaissance ne pouvait-elle pas proclamer ce bienfait, dans les premiers mandements auxquels on fait allusion et d'où le sens de ces paroles est emprunté ?

L'auteur anonyme ajoute :

« Depuis la Restauration, la règle de conduite de Mgr Jacoupy a été la

et des allocutions diverses de Mgr Jacoupy dont nous avons les autographes sous les yeux.

M. Guillon, on le verra dans la suite, fut le second *Laurent* du second Xiste d'Agen.

La simple lecture réfute les deux autres accusations. Sans doute on n'y trouve pas la sensibilité expansive, ascétique de la piété, l'érudition des maitres de la vie spirituelle : hélas ! tout était ruines dans ces âmes bouleversées par les doctrines du xviiie siècle ou par les principes impies de 93. La piété n'avait à se présenter aux hommes de ce temps qu'avec les vérités fécondes, régénératrices de la religion : parce qu'elles seules pouvaient relever les âmes et la société dans cette France, telle que la Révolution et le philosophisme l'avaient faite. Il fallait inculquer les grands principes de l'autorité divine, de l'autorité de l'Église fondée par Jésus-Christ. Toute l'érudition de la science ecclésiastique n'avait pas d'autre mission : cette mission était remplie ; elle fondait à nouveau, elle réorganisait.

Un jour, on lui faisait le reproche de ne pas assez employer l'Ecriture Sainte : toutes ses compositions en étaient semées.

« même : aussi lui a-t-elle acquis l'amour de ses diocésains, et l'estime de ses supérieurs. »

Cette critique parle ainsi du modèle de Mgr Jacoupy et de tous les évêques de France :

« Mgr d'Aviau, archevêque de Bordeaux, paya, comme tous ses confrères, son tribut à la gloire de Napoléon et vanta sa piété, ses vertus et sa magnanimité » page 60. Et pourtant, avec les mêmes vœux pour le roi de Rome, le mandement de Mgr d'Aviau ne laisse soupçonner ni douleur, ni étonnement, ni les menaces du Ciel. Accusera-t-on le saint archevêque d'avoir trahi le dévouement filial de tous les jours de sa vie, au Souverain Pontife et à l'Église ? La victime et le juge compétent de ces tristes circonstances, l'immortel Pie VII, trois mois avant sa mort, dans son bref du 25 avril 1823, ne laissait pas, malgré ces abstentions forcées, d'honorer de *son affection la plus tendre* ce grand archevêque de Bordeaux, dont Sa Sainteté *connaissait parfaitement* et l'éminente vertu et l'attachement singulier pour le Siége apostolique, attachement dont il avait déjà donné des preuves si multipliées et si éclatantes.

M. Guillon répondait le lendemain par un mandement tissu de textes sacrés fondus ou formant la lettre du travail écrit.

M. Guillon avait peut-être mieux senti que ses accusateurs la monotonie du même thème, le dégoût du panégyrique. Il se récriait quelquefois, mais les messages de l'Empire venaient s'imposer... on n'obéissait plus par *entraînement*, on continuait d'obéir... devait-on aigrir le pouvoir? Déjà les relations officielles étaient tendues, difficiles... M. Guillon reprenait la plume, pour sauvegarder les intérêts religieux... Mais un jour il se refusa nettement : « Toujours des *Te Deum*, toujours des chants de victoire, toujours l'encensoir à la main ! » Il se refusait obstinément... mais les zélateurs du pouvoir impérial trouvaient l'autorité ecclésiastique en retard pour une injonction du Gouvernement... On assiégeait l'Évêque d'importunités *commandées* de plus haut, d'exigences de ce zèle factice que les hommes en place savent outrer pour se maintenir ou s'avancer... Le secrétaire conseillait un dispositif analogue à la cérémonie... et les paroles se faisaient acerbes, menaçantes. L'Évêque s'interposait et le lendemain le bon prélat avait son mandement toujours digne et sans bassesse. *Les intérêts de la religion réclamaient les ménagements.*

Au milieu de ces anxiétés et de ces lassitudes, la composition conservait toujours la même fraîcheur dans les idées, le même coloris dans le style ; mais l'appel à la prière, mais le soin d'élever les âmes à Dieu, à cette providence miséricordieuse qui seule pouvait donner à la terre la paix tant désirée, cet appel s'échappe du cœur *à chaque page*, *à chaque ligne*.

Le cœur de l'Évêque et de son interprète ne sont pleinement à l'aise que dans les publications de leur ministère sacerdotal ! Oh ! dans ces pages, ils se montrent les instruments de Dieu, de l'Église, de la sanctification des âmes.

Les lettres et ordonnances pour la réorganisation du diocèse, pour les carêmes, le Séminaire, la dignité des prêtres, les besoins du pauvre, l'amour et le respect du

Saint-Siége, voilà les preuves de leur piété, de leur foi, de leur dévouement.

IX

Vie privée. Ses quelques délassements, dans quelques lectures choisies, sacrifiées, dans quelques amis, ses visites au Séminaire. Ses études de chaque jour.

Les travaux de l'administration, du secrétariat, de son cabinet particulier, condamnèrent M. Guillon à se renfermer dans l'intérieur du palais épiscopal : les besoins impérieux de chaque jour absorbèrent presque tous les instants des onze années de sa vie à Agen, dans les fatigues et le sacrifice. Aussi se répandait-il peu au-dehors.

Il cultiva quelques amis dont le commerce allait à ses goûts de littérature, de poésie, de gracieux badinage et il trouvait avec eux de courts, mais d'agréables divertissements. Ses visites chez les confrères devenaient pour lui des moments d'édification ou de recherches utiles, souvent nécessaires ; il se fit un devoir d'honorer les vertus de plusieurs, de profiter de l'expérience et de l'érudition de quelques-uns : ces heures étaient trop rares à son gré, surtout au gré de ces vénérables du sanctuaire qui apprenaient mieux chaque jour à bénir la divine providence du puissant auxiliaire qu'elle avait ménagé à l'administration.

Les allées favorites de M. Guillon étaient au Séminaire : cet établissement diocésain lui fut singulièrement à cœur ; il en avait appelé la création de tous ses vœux et préparé l'ouverture à force de zèle et de pieuse industrie : aussi la lettre du 19 juin 1808 publie-t-elle la vive satisfaction du prélat, malgré l'exiguité momentanée des salles provisoires et l'état précaire de cette maison. Le cœur y parle avec une effusion pathétique pour en démontrer aux « fidèles
« *l'urgente nécessité*, le bien qu'ils en recevront pour tant de
« paroisses en deuil ; pour perpétuer la succession d'un
« ministère si indispensable au salut des âmes, à la société
« tout entière, pour l'instruction de la génération nais-

« sante : » elle faisait appel à la charité de toutes les âmes pieuses et sollicitait des secours d'établissement et d'existence.

M. Guillon venait fréquemment s'entretenir des jeunes clercs, si peu nombreux encore, de leurs besoins, de leurs aptitudes, de leur progrès, avec l'ardent chasseur des vocations ecclésiastiques, le pourvoyeur providentiel de leur indigence respective : il était heureux d'entendre, de seconder M. Gardelles, ce vénérable supérieur, ce père de tant de bons prêtres jusqu'en 1822. Profondément pieux, M. Guillon questionnait beaucoup sur les dispositions des jeunes gens à la piété : car malgré sa science et son amour pour le succès des études, il mettait au premier rang dans les témoignages satisfaisants qu'il transmettait au prélat, les dispositions aux vertus sacerdotales.

Il choisissait de préférence pour ces visites de prédilection, l'heure réglementaire de la récréation des élèves : il se mêlait à eux, se faisait l'un d'entre eux par son affable simplicité, les égayait par ses anecdotes, ou par des entretiens tout pétillants d'esprit ou remplis d'utiles à-propos. Il s'y traînait encore avec peine, les derniers jours, lorsque la cruelle maladie qui l'enleva l'étendit sur sa couche.

Les anciens élèves de cette fondation, de qui nous avons appris ces détails trop succincts, se montraient avec un douloureux pressentiment les ravages que la souffrance avait déjà faits sur ce corps robuste, sans altérer sa gaieté et le vif intérêt qu'il se plaisait à leur témoigner.

M. Guillon fit quelquefois des vers. Cet esprit aussi fin que délicat aurait aimé ces jeux de l'imagination et du badinage : mais il n'en composait que pour plaire à Monseigneur, lorsqu'il devait accompagner Sa Grandeur, à la campagne de Mme de Galibert, la grande Sunamite d'Agen, qui avait ouvert une hospitalité si généreuse aux deux envoyés de la Providence avant que Monseigneur eût une habitation officielle.

La variété de ses connaissances le ramenait à la lecture des classiques, mais choisis et de bon goût : ils lui servaient à s'entretenir la main ; il avait appris d'eux à écrire pour la pensée, sans ce vide et stérile remplissage de phrases sonores : mais il s'en imposait la privation pour réserver ses moments de loisirs à l'étude plus indispensable de l'Écriture Sainte, des saints Pères, des Conciles, de l'histoire ecclésiastique et de la théologie morale principalement. Un échec momentané lui révéla, au début, les ressources quotidiennes que sa position devait trouver dans cette étude assidue.

Le second conseil qui fut tenu sous la présidence de Sa Grandeur, à l'Évêché, on ouvrit, à l'improviste, et on exposa un cas de conscience fort épineux : les théologiens du conseil (il y en avait d'une science acquise et pratique), ces théologiens trouvèrent *médiocres* les solutions proposées par le nouveau secrétaire ; et lui-même se trouvait peu content de ses raisons : il fit renvoyer au lendemain cette discussion : le lendemain M. Guillon captivait ses confrères par la lucidité de son exposé, mais par la variété, la solidité des preuves de la solution qu'il leur soumettait ; il indiquait les sources, les auteurs, et leur présentait les textes afférents à la question.

Tous se rangèrent sans discuter, à cette savante réponse. M. Gardelles convenait plus tard, qu'il n'aurait pas fallu de longues années pour faire de cet *homme un fameux théologal*.

Avec ses exercices de piété on comprend quelle dut être la vie privée d'un homme qui attachait ainsi du prix au temps.

X

Travaux préparatoires au Concile national, du futur théologien de son Évêque. Cette nouvelle application aggrave son dépérissement et empêche son départ. Ses derniers conseils, ses derniers adieux à son supérieur et à son ami. — A Paris, Mgr de Troyes cherche et réclame M. Guillon. Mgr d'Agen explique cette absence : le mémoire. Exclamations de regrets de Mgr de Boulogne.

L'indiction du Concile national avait apporté un surcroît de travail à M. Guillon. L'ouverture présumée devait avoir lieu à Paris dans la Basilique de N.-D., le jour de la T.-S.

Trinité, 9 juin 1811. Tous les Évêques de France et d'Italie y étaient convoqués : les questions étaient soupçonnées ou connues : connues aussi étaient des tendances malheureusement hostiles à la souveraineté du chef de l'Église. Les Évêques sincèrement orthodoxes s'en préoccupaient vivement.

M#gr# Jacoupy recommanda dans son mandement du 14 mai, aux prières de son clergé et des fidèles, cette assemblée si importante pour l'Église de France : « il était de leur devoir et de leur intérêt d'attirer les secours du Ciel sur leurs pasteurs réunis. » Nous n'avons trouvé qu'un simple dispositif de prières, pour la préparation et la durée du Concile. Sa teneur même semble indiquer qu'il ne s'en fit pas d'autre annonce officielle.

Monseigneur, depuis plusieurs mois, préparait son départ avec une sollicitude consciencieuse : M. Guillon devait accompagner Sa Grandeur en qualité de théologien, et le théologien avait multiplié ses recherches, ses études et ses longues méditations. Ce redoublement d'application avait aggravé sa maladie, mais on espéra que le repos de quelques jours amènerait le soulagement ; bientôt au contraire les douleurs prirent une intensité désespérante, et Monseigneur partait accompagné de M. de Fabry, son vicaire-général.

M. Guillon, averti par des souffrances trop aiguës, avait prévu, sans le dire, l'impuissance de se dévouer pour son Évêque dans ces graves circonstances. Il avait surmonté son mal jusqu'à compulser et rédiger toutes les notes, tous les documents utiles pour les difficultés qu'il était permis de prévoir, et il en fit la remise avec sa modestie et sa simplicité ordinaires.

Dans les derniers adieux d'une séparation que le Prélat et son ami acceptèrent de Dieu, avec résignation, *dans toute son amertume*, le confident intime, de cette voix autorisée toujours par la modeste reconnaissance de son digne supérieur, conseillait de prendre pour guide, dans toutes les éventualités, la conduite et les exemples de son vénérable doyen, M#gr# d'Aviau, le conseiller ordinaire de sa confiance.

Mgr d'Agen arrivait à peine à Paris que Mgr de Troyes accourait à son hôtel, et sans saluer, ne connaissant pas ce théologien, M. de Fabry : « Et où est Guillon ! où est Guillon ? — Je l'ai laissé mourant, chez moi, à mon départ ! — Ah ! mon Dieu ! quel malheur ! quel malheur ! — Je le porte avec moi... répondit Mgr Jacoupy à Mgr de Boulogne... voici... — Quel malheur ! quelle épreuve, mon Dieu ! » et Mgr d'Agen présentant à Mgr de Boulogne le volumineux mémoire de son ami pour le Concile : « Ce n'est pas lui ! Monseigneur, ce n'est pas lui !!! quelle perte !... et ses ressources si promptes pour les dispositions imprévues !... quelle perte !!!

Les deux Prélats confondirent leurs regrets et leur douleur sur la perte de leur ami commun ; mais les intérêts de l'Église leur faisaient déplorer la perte d'un puissant auxiliaire.

XI

M. Guillon demande et reçoit les derniers sacrements. Son dernier exemple aux fidèles. Ses paroles de foi à ses amis éplorés. Sa mort.

Cependant M. Guillon s'éteignait à Agen, dans le palais épiscopal.

Les progrès du mal s'étaient faits plus rapides, les déchirements plus aigus... et sa foi, sa résignation, son abandon à Dieu plus vifs et plus calmes : sa tâche était remplie, sa vie pleine ; sans illusion sur sa fin prochaine, il avait demandé les derniers sacrements.

M. Rous, le premier vicaire-général, lui apporta le saint viatique, accompagné du chapitre de la Cathédrale, de plusieurs prêtres de la ville, en habit de chœur, et d'une foule de peuple, consternée de l'imminence inattendue du péril... On avait fermé les portes à cette affluence pour ne donner entrée qu'au clergé, dans la chambre du malade : il comprit cette mesure de précaution, au bruit des voix et des plaintes du dehors. « Oh ! je vous en prie, ouvrez les portes...

j'aurai plus de prières..... il est juste que le peuple soit témoin de la mort de ses prêtres! nous lui devons ce dernier exemple. »

Cette cérémonie avait édifié, attendri. Le pieux malade, toujours calme au milieu des larmes de ses confrères et dans ses plus vives douleurs, sollicita une grâce dernière, le sacrement de l'Extrême-Onction : on se rendit à ses instances.

Ces devoirs accomplis, MM. Rous et Gardelles et les autres vénérables confrères s'étaient un peu éloignés, pour lui laisser un peu de repos, et ils s'affligeaient et ils déploraient entre eux, à voix basse, la perte qu'allait faire l'administration et tout le diocèse, en sa personne. M. Guillon avait compris leur anxiété et recueillant son peu de force, il dit d'une voix mourante, mais accentuée par la foi : « Il n'y a pas d'homme nécessaire à l'œuvre de Dieu. » Ainsi mourait entre leurs bras ce cher confrère, qu'ils avaient possédé si peu d'années. Ses dernières paroles leur demandaient des prières et le bon souvenir de leur Évêque.

M. Guillon terminait les jours d'un long et cruel martyre, privé de la présence et de la bénédiction de Monseigneur, son Évêque et son ami, le 10 juillet 1811.

XII

Journal de Lot-et-Garonne : éloge nécrologique. Retentissement de cette perte. Les funérailles. Le silence et l'oubli sur cette tombe.

Le 20 du même mois, un de ses admirateurs lui consacrait un dernier hommage de son estime et de sa respectueuse amitié, dans le *Journal de Lot-et-Garonne.* C'est l'écho des regrets contemporains, nous sommes heureux de le retrouver et de le transcrire.

« M. Louis-Agricol-Eugène Guillon, chanoine de l'église Cathédrale d'Agen et secrétaire de Monseigneur l'Évêque, est mort dans le palais épiscopal, le mardi 10 de ce mois, à

8 heures du soir. Il a succombé sous les longues et cruelles souffrances dont il était atteint *(de la pierre)*; la perte de ce digne et respectable ecclésiastique a répandu la consternation dans toute la ville. Nous sommes certain que ce sentiment douloureux va se propager dans tout le diocèse avec la nouvelle que nous annonçons.

« M. l'abbé Guillon était né à Avignon, le 17 février 1756. Après ses études théologiques, il fut pourvu d'un canonicat dans une des collégiales de sa ville natale ; caché dans Paris, pendant les orages de la Révolution, il y travailla, après le 18 brumaire, dans la paroisse de Saint-Sulpice. Ce fut le supérieur du Séminaire de ce nom, feu M. Émery, qui l'offrit à Mgr l'Évêque d'Agen et qui lui conseilla de se l'attacher. A ce suffrage si recommandable pour M. l'abbé Guillon, il est glorieux qu'on puisse joindre celui de M. de Boulogne aujourd'hui Évêque de Troyes, son compatriote, qui l'honora toujours de son estime et de sa tendre amitié.

« La nature des fonctions de M. l'abbé Guillon auprès de Mgr l'Évêque d'Agen a révélé, dans bien des circonstances, les rares talents et les vertus bienfaisantes qu'une aimable modestie le portait à cacher à tous les regards. La profondeur de son érudition, l'élévation et la pureté de ses sentiments et les grâces de son esprit se sont aussi manifestées plusieurs fois dans le ministère de la chaire.

« Les témoignages les plus vrais de l'estime et de la douleur publiques l'accompagnèrent dans la tombe. Les citoyens de toutes les classes se sont portés en foule à ses obsèques, pour mêler leurs larmes et leurs regrets. Le souvenir des qualités qui le faisaient vénérer et chérir vivra dans ce diocèse. L'Église d'Agen doit le placer au rang de ses plus dignes ministres. »

(*Journal de Lot-et-Garonne*, 20 juillet 1811.)

Ainsi jugea, ainsi déplora l'opinion unanime de tous les fidèles : mais cette perte fut bien plus sensible et bien plus douloureuse, pour les membres de l'administration, du chapitre de la Cathédrale et de tout le clergé du diocèse.

M. Guillon leur était enlevé à 56 ans, dans la force de l'âge encore, dans la maturité de ses talents et de son expérience, lorsque neuf ans de sollicitudes et de méditations dans sa part de l'administration lui avaient révélé les besoins et les ressources de cet immense diocèse. Son intelligente coopération manquait ainsi tout à coup aux bons prêtres de ce nombreux clergé dont il encourageait le zèle par ses conseils et son vigilant appui auprès de l'autorité. Les confesseurs de la foi, de l'unité avec le Saint-Siége, espéraient consumer, avec lui, leur vieillesse, le reste de forces que leur avait laissé l'exil, à réparer, dans leurs paroisses, les ravages du schisme et de l'impiété ; et les jours se faisaient mauvais, l'avenir menaçant ; et leur Évêque était loin d'eux ; et l'homme de sa confiance, celui qu'il leur avait présenté avec bonheur, dès son arrivée, comme *l'évêque noir*, *l'évêque extérieur* du diocèse, la mort venait de l'enlever ! et ils pensaient à la douleur de l'*ami*, de l'*Évêque du caractère*, du prince de leur tribu ! L'auguste Prélat ne s'était pas éloigné du lit de tortures, sans lueur d'espérance, et la nouvelle fatale allait s'ajouter aux perplexités qu'ils lui connaissaient à Paris.

Aussi les funérailles de M. Guillon eurent pour le clergé une tristesse particulière ; elles furent célébrées avec toute la pompe que pouvait permettre la pauvreté du sanctuaire, dans cette Cathédrale improvisée et nue encore ; le chapitre s'efforça de suppléer aux honneurs dont l'absence de Monseigneur faisait sentir la privation pour leur vénérable confrère. Il n'y eut point d'oraison funèbre sur le mort tant regretté : le clergé et les fidèles s'entretenaient d'une voix attristée des actes passés, et des espérances de cette vie qui venait de s'éteindre pour le diocèse.

Deux vieillards respectables, morts chanoines de notre Cathédrale, avaient toujours de la tristesse dans la voix, en nous parlant de cette journée : ils l'avaient vu, au milieu d'eux, dans leur récréation au Séminaire, il y avait à peine quelques semaines. L'un de ces Messieurs avait aidé les séminaristes dans les ordres sacrés, à porter le cercueil.

Pas une pierre commémorative sur cette tombe ! Des souvenirs effacés sur la terre de cet apostolat laborieux et fécond ! Les traces perdues de son existence, de sa famille même sur la terre natale ! Tout a donc péri ici-bas pour l'homme éminemment digne de mémoire !... Mais *un horizon céleste sur ses lèvres mourantes avait dit à ses amis l'espérance* qui reposait dans son cœur : son nom, ses travaux, ses sacrifices, il allait les trouver dans *la terre des vivants* où *le dépositaire puissant de son trésor* conservera, toujours immortelle, la gloire de son sacerdoce.

Gaudete quod nomina vestra scripta sunt in cœlis. (Luc. X, 20.)

XIII

Manuscrits. Leur nombre, leur variété, leur importance, en dehors des travaux du Secrétaire. Sermons; chronologie de la carrière oratoire de M. Guillon.

La variété et la multiplicité des manuscrits qui nous restent de M. Guillon, quelque incomplets qu'ils puissent être, à part ses sermons et des allocutions diverses pour des circonstances importantes de tout genre, dans cette période émouvante d'événements et d'intérêts civils et religieux ; ces manuscrits, ébauches, résumés, *mémoires*, nous jettent dans une stupéfaction indicible.

Quelque facilité de travail, quelque perspicacité d'intelligence qu'on lui suppose, où a-t-il trouvé le temps pour toutes ces études ? Car elles sont toutes positives, toutes du domaine laborieux : chez lui l'imagination, l'intelligence, le cœur mettent en œuvre, polissent des matières premières qu'il a acquises, qu'il tient en réserve dans sa vaste érudition profane, ecclésiastique, philosophique, littéraire, diplomatique ou civile. A part le temps indispensable pour recueillir, pour élaborer et composer, les rapports sociaux ou administratifs de sa position lui prenaient une large part dans ses heures de cabinet, et pourtant, sans songer à une publication d'auteur, il avait une immense provision de travaux écrits à l'âge de la pleine maturité, où la mort l'a frappé.

A part les manuscrits de science et d'histoire, pour les élèves qu'il formait, dans les jours de sa retraite forcée, toutes ses veilles et toutes ses études et tous ses travaux furent consacrés à la gloire de Dieu et au bien des âmes.

Ses nombreux sermons sont dignes de la réputation que les *travaux du secrétaire* lui ont si universellement faite dans le diocèse : le choix des sujets, leur variété, cette diction sobre et forte témoignent sans doute du mérite de l'éloquent orateur, mais surtout de la piété et du zèle du prêtre selon le cœur de Dieu.

M. Guillon léguait au chapitre de la Cathédrale un calice d'argent et des aubes. Sa famille laissait à l'évêché sa bibliothèque et ses manuscrits.

En tête de ses sermons, M. Guillon avait inscrit les dates et les églises où il les avait prêchés. Ces suscriptions nous indiquent, en partie, la chronologie de sa carrière oratoire.

M. Guillon entra dans la chaire, dès les premiers jours que l'Eglise put lui confier la distribution de la parole sainte. En effet, le lendemain de son ordination, le jeune diacre consacrait à l'honneur de la Très-Sainte Trinité, les prémices de sa voix, par son discours sur l'*Adoption divine*, qu'il avait approprié à la fête et à l'esprit de la congrégation des hommes, dans sa ville natale (1777). Ce premier fruit de ses compositions lui demeura cher. Chanoine de la collégiale de Saint-Agricol, il le redisait le IIIe dimanche de l'Avent en 1782, durant le petit Avent dont il fut chargé dans cette basilique.

Le jeune chanoine avait 26 ans. Des succès heureux dans Avignon et dans des localités voisines avaient déjà marqué son début et avaient signalé aux membres de ce chapitre célèbre l'adoption dans leurs rangs, de cet enfant de leur paroisse.

Cette année et les années suivantes, jusqu'en 1790, il occupa diverses chaires, à Avignon, à Villeneuve-les-Avignon, à Pernes, à la Principal, au chapitre de Tarascon, etc., etc.

Durant cette période de quatorze années, les dates autographes n'indiquent aucune chaire de la capitale, soit que les sermons qu'il y prêcha se trouvent encore confondus dans la masse de ses autres manuscrits qu'il aurait pu retrouver dans sa famille, soit qu'il les eût perdus au milieu des troubles de sa vie cachée, à Paris, pendant la Révolution.

Après le 18 brumaire il fut attaché au service de Saint-Sulpice, à Paris. Il y avait ouvert le grand cours de ses instructions, par le préambule sur le Décalogue, le 18 juillet 1802, et par un sermon sur les outrages faits à Jésus-Christ dans la Sainte-Eucharistie, le 1er août de la même année, lorsqu'il accepta la place de confiance qui l'attacha à Mgr Jacoupy, par le choix honorable de M. Émery.

M. Guillon prêchait, à son arrivée à Agen, le 22 février, pour l'oraison des quarante heures, dans l'église de Notre-Dame-du-Bourg, où la paroisse de la Cathédrale faisait ses offices. C'était le mardi gras, 22 février 1803.

Au milieu des travaux incroyables de l'administration, il composa à Agen les principaux sermons qu'il prêcha, aux grandes solennités de l'Église et des fêtes nationales, soit à Saint-Caprais, devenu Cathédrale, soit à Notre-Dame-du-Bourg.

Toutes ces compositions sont, pour ainsi dire, palpitantes encore de leur émouvante actualité. Les auditeurs d'élite qui se pressaient en foule, autour de la chaire, dans les jours de démonstration officielle, avaient tous subi ou déploré les malheurs insignes que retraçait à leur souvenir récent la peinture saisissante de l'orateur, victime survivante ou témoin attristé des maux de la patrie. Tous partageaient sa vive émotion ; mais tous aussi partageaient l'admiration et l'action de grâces sur les miracles éclatants de la divine Providence en faveur de la patrie, par le retour inespéré de l'ordre et de la religion.

L'éloquence chrétienne rencontre rarement, grâces à Dieu, des époques pareilles pour l'inspirer et donner lieu au déploiement de toutes ses ressources.

M. Guillon, sans s'amoindrir jamais, sans décliner les situations délicates que lui amenaient des exigences impérieuses ou les intérêts sacrés de la religion, traversa avec un éclatant succès, aux applaudissements unanimes des hommes compétents de l'époque, cette carrière bien longue certes, même pour un talent supérieur, du 15 août 1803 jusqu'au 2 décembre 1810.

La lecture, mais avec une connaissance positive de cette histoire contemporaine, pourrait seule faire apprécier l'économie des moyens que le prêtre catholique sut ménager au service de la société et de la religion.

Outre ces sermons d'éclat, il reste encore des sujets où la foi et le zèle du prêtre se produisent avec effusion et en toute liberté. Noël, Pâques, la Fête-Dieu, les fêtes de la Sainte-Vierge, la communion pascale, le péché mortel, le pardon des ennemis, etc., etc.

La piété et le cœur du prêtre se manifestent par le choix des sujets et par l'esprit qui inspire et conduit la composition.

M. Guillon débuta dans la chaire par sa confiance et son amour filial envers la Mère de Dieu. Sa dévotion nous a légué huit discours à l'honneur de notre auguste Mère des Cieux.

Son amour pour Jésus-Christ dans son adorable Eucharistie lui a consacré plusieurs sermons, sur les outrages qui lui sont faits dans ce sacrement, sur l'amour qu'il nous y témoigne, sur les visites que nous devons lui rendre, etc., etc.

Il nous reste de cette époque un sermon qu'il alla prêcher à Avignon, à l'appel de sa ville natale, le 27 septembre 1806, pour le premier rétablissement public de la croix et son érection sur le rocher qui domine la cité.

Suivent plusieurs autres compositions non moins remarquables sur divers autres sujets.

Nous aimons à redire que par tous ces travaux oratoires M. Guillon a justifié la légitimité de sa naissance dans ce Comtat-Venaissin qui a donné à la chaire le père Lejeune, l'abbé de Poule, Maury, et le protecteur et l'ami, son compatriote, Mgr de Boulogne.

AVANT - PROPOS.

L'éloge funèbre de Mgr Jacoupy avait été écrit pour être prononcé, dans une cérémonie fort longue. M. Souèges avait fait en sorte, disait-il lui-même, d'être concis sans être obscur. Une réserve pleine de délicatesse empêcha des développements : on n'ajouta point de notes à cette publication : les ecclésiastiques de cette époque avaient une connaissance suffisante des principaux traits de cette vie et de cet épiscopat; et pourtant ils regrettèrent les détails intéressants que les notes auraient ajoutés au texte.

Aujourd'hui, après vingt-cinq ans, le travail de M. Souèges laisse plus à désirer, malgré la rigoureuse exactitude de sa concision : cette concision même nous fait oser entreprendre de donner à la pensée, à la rapidité oratoire, l'étendue et la simplicité que la chaire interdisait à l'orateur. D'ailleurs M. Souèges, nous l'avons appris de lui-même, dans des communications intimes, M. Souèges se trouvait gêné dans l'expression de sa reconnaissance et de sa piété filiale. Le prêtre, l'orateur et l'ami dut et sut se restreindre souvent dans une allusion inaperçue, là où le récit naïf pouvait seul révéler cette simplicité épiscopale, toujours si digne dans sa grandeur, toujours si exemplaire et si touchante pour les prêtres qui ont eu le bonheur d'en jouir.

Jamais père en effet ne s'ouvrit avec plus d'abandon à ses enfants, jamais avec plus de cœur. Si dans les cérémonies, dans tous les rapports de la vie extérieure, Monseigneur était attentif à conserver en tout la dignité ou la majesté de son caractère auguste, il suivait le sentiment instinctif de sa position hiérarchique. La noble aisance de ses manières si distinguées, la richesse de la plus heureuse constitution, le maintien habituel de ce port, de cette marche imposante, la gracieuse sérénité de son visage, la beauté mâle de cette tête superbe rehaussaient à ravir la personne du Pontife, dans les représentations officielles, surtout dans la célébration de nos fêtes chrétiennes.

C'était une grande récompense pour les élèves des Séminaires, lorsque les supérieurs faisaient assister la communauté aux grandes solennités de la Cathédrale : leur souvenir a laissé dans notre mémoire une bien douce impression ; et dans nos entretiens nous aimons toujours à nous représenter l'auguste célébrant descendant les degrés de l'autel et s'avançant, dans sa marche gracieuse et recueillie, les yeux arrêtés sur l'hostie sainte, vers la table de la communion ; ou, avec l'encensoir fumant, accomplissant à l'autel les fonctions liturgiques. Mgr Jacoupy était si imposant, si majestueux sous les ornements pontificaux, que Mgr d'Aviau voulut un jour le faire officier dans sa métropole, pour procurer à son chapitre et à ses fidèles l'édification à la fois et leur pieuse jouissance dans l'accomplissement des saints mystères.

Dans la chapelle de son palais, lorsqu'il célébrait en son particulier, on n'était pas moins frappé de l'esprit de foi et de dignité sacerdotale dont quelques assistants et les deux clercs envoyés de son Grand Séminaire le voyaient si religieusement pénétré. Exact à l'heure indiquée, ces deux acolytes le trouvaient toujours à l'autel, revêtu des ornements sacrés, et ayant préparé lui-même tout ce que réclamait l'action du sacrifice. Mais son recueillement, sa gravité, la ponctuelle observation des moindres rubriques dans la prononciation, dans les évolutions diverses, étaient pour eux une leçon, un modèle efficace du redoutable ministère que l'ordination sainte allait bientôt leur confier à l'autel. On les a entendus souvent, et on entend encore redire leurs impressions dans ces moments solennels où l'Évêque leur apparaissait comme un autre Moïse en la présence de son Dieu, *sustinuit Deum, tanquam videret*.

Le précepte de l'Apôtre, *exemplum esto*, était si avant dans son cœur que dès les premiers jours de son arrivée à Agen, se sentant élevé sur sa chaire épiscopale afin *d'éclairer par la bonté de ses œuvres et procurer la gloire de Dieu* avec l'édification de ses enfants, l'Évêque ne craignit pas de prendre des leçons des anciens de son Église. Il se méfia de ses habitudes dans les cérémonies de l'autel. Les troubles des dix années de sa déportation, les agitations, après son retour, les soins inattendus de sa promotion, sa promotion même avaient pu jeter des négligences, des inexactitudes dans ses pratiques. Il chargea pendant quelque temps de le surveiller à l'autel, dans sa chapelle, de le reprendre et de l'instruire, le vénérable M. Gardelles, le futur supérieur qu'il destinait à son Séminaire pour y former de dignes sujets au sacerdoce. Lui-même plus tard surveillait, reprenait, instruisait ses jeunes prêtres, se souvenant de son Séminaire et des jours de son vicariat.

Un prêtre d'une ordination récente venait prendre ses dernières instructions pour le vicariat d'un chef-lieu d'arrondissement : c'était en présence du supérieur de son Petit-Séminaire où l'excellent abbé avait été professeur. Monseigneur lui demanda s'il serait long à la messe ; le jeune abbé était fort timide, M. Tailhié répondait pour lui, qu'il la disait bien, mais qu'il était un peu court. « Ça lui passera, disait l'Évêque. A Roncenac, mon curé me surveilla, à mon insu, dans les premiers jours : il me trouvait si court qu'il me soupçonnait de tronquer les cérémonies ou les paroles saintes : après un examen minutieux il me rendit justice, m'exhortant toutes fois à tempérer l'ardeur de la jeunesse : ni long, ni court, mon cher abbé. »

Cette grave circonspection, sans altérer jamais la douce sérénité de son visage et de ses manières, ne l'abandonnait jamais en public.

Mais si les distances étaient toujours tranchantes entre le Pontife et ses ministres, dans l'intérieur de son palais, le Pontife s'effaçait pour n'être plus qu'un frère avec des frères, un père avec ses enfants. « Ici, soyez libres, disait-il aux professeurs de ses Séminaires : c'est l'heure de nous détendre ; après le travail, le délassement est nécessaire. Allons, récréons-nous, amusons-nous entre amis. En public, c'est autre chose : c'est votre devoir et le mien. » La conduite et la conversation de notre vénéré Prélat, du père bien aimé de notre sacerdoce, nous traduisait en acte ce texte de saint Jérôme, dans la vie de Népotien : *in publico episcopum, domi, patrem noveras; gravitatem morum hilaritate frontis temperabat; gaudium in risu, non cachinnum intelligeres.*

Ce portrait de l'évêque Héliodore n'est-il pas le portrait de Mgr Jacoupy, aux yeux de tous ceux qui l'ont connu ?

Il nous a été donné de jouir longtemps et souvent, soit dans les réunions où il daignait nous inviter, dans son palais, soit dans plusieurs autres rencontres, de ses conversations familières où il nous racontait avec le charme dont il avait le secret, diverses particularités de sa vie ; elle avait été accidentée de tant de scènes, de tant de situations émouvantes qu'il nous disait en les rappelant : « Si je savais écrire, je ne serais pas embarrassé pour laisser des mémoires. »

Nous n'écrirons pas comme il savait raconter : mais autant qu'il sera en nous, notre récit conservera l'empreinte de cette humilité sans bassesse, de cette grandeur naturelle, de cette paternelle affection sans familiarité ; écusson glorieux que la rectitude admirable et la sûreté de son jugement, l'élévation de ses sentiments et la bonté de son cœur ont pu graver indélébile dans nos souvenirs. Nous reproduirons souvent ses conversations textuellement, avec sa phrase, ses tours, parce que nous en avons conservé un recueil précieux et fidèle. Elles n'auront point, sous notre plume, l'accent et la vie qui nous les rendaient si attachantes ; mais ce calque tout informe qu'il soit, en conservera les linéaments.

C'est dire que nous ne composons pas à plaisir une noble vie : la photographie actuelle de son portrait fait dire maintenant à tous, à première vue : Oh ! le bel homme ! et à ceux qui l'ont connu : C'est Mgr Jacoupy vivant ! Notre tableau, nous en avons la conscience, reproduira une physionomie véritable des actes, des sentiments de notre humble et illustre Pontife. Ceux qui ne l'ont pas connu pourront soupçonner qu'il fut un homme distingué, un digne et grand Évêque ; mais ceux qui l'ont connu intimement ne diront pas, sur notre récit : C'est bien là tout notre Évêque! Car on ne dira jamais dans toute la vérité combien il était bon !

Puisse seulement notre humble essai nous servir, par cette notice, à rendre à cette mémoire vénérée l'hommage du respect profond et de la reconnaissance filiale qui nous la font entreprendre.

NOTICE HISTORIQUE

SUR LA VIE ET L'ÉPISCOPAT

DE

MGR L'ILLUSTRISSIME & RÉVÉRENDISSIME JEAN JACOUPY.

> Infirma mundi elegit Deus et ea quæ non sunt.
> [I Corinth. 1, 27, 28.]
>
> Dieu s'est choisi des hommes sans nom et sans autorité dans le monde, que le monde regardait comme des hommes de néant.

I

Naissance obscure toujours aimée. Le registre de la famille, extrait des archives de la paroisse de Saint-Martin-de-Ribérac. Joie de ce cadeau.

Il n'y eut pas beaucoup de sages, beaucoup de nobles, dans le choix divin, pour renverser l'idolâtrie et la philosophie païennes. Des hommes sans autorité selon la chair, des hommes de néant selon le monde, furent les instruments des merveilles de la grâce, dans l'établissement de notre sainte religion. La chair n'eut rien à revendiquer dans le plan divin : l'homme n'eut point à se glorifier dans le succès universel de son exécution. Dieu en réserva toute la gloire à sa miséricorde toute puissante.

Ainsi se présente à l'histoire la résurrection merveilleuse de la religion catholique, dans notre patrie, dans notre diocèse en particulier, après les malheurs et les bouleversements à jamais déplorables du philosophisme et de l'impiété sacrilége de la Révolution.

En 1835, nous recevions au Petit-Séminaire la visite d'un honorable négociant de Bordeaux, de M. Régis, neveu de M. Besse, curé de Penne. M. Régis avait à cœur une démarche auprès de Mgr Jacoupy; on la lui avait montrée délicate : il nous consultait. Dans un achat de paperasses, utiles au pliage dans son magasin, il avait trouvé des registres de l'église de Saint-Martin de Ribérac : on y lisait tous les actes qui pouvaient concerner la famille Jacoupy. M. Régis désirait les offrir à l'enfant de la famille et de la paroisse : mais sa prélature le faisait hésiter. Sans hésiter nous répondîmes que son offrande serait bien accueillie, qu'elle ferait plaisir, parce que nous connaissions les sentiments de Monseigneur : et nous rendant compte de la réserve qui l'avait retenu, nous ajoutions que pour tout autre personnage, des titres de cette origine pourraient bien ne pas aller à Sa Grandeur.

M. Régis trouvait auprès de l'excellent Prélat la bienveillance qu'il avait toujours dans ses réceptions. Enfant de son diocèse, mais négociant à Bordeaux, de passage à Agen, le visiteur profitait de cette circonstance pour présenter ses hommages respectueux et un manuscrit ancien de l'église de Saint-Martin de Ribérac : à ce nom de Ribérac, Monseigneur intrigué avait saisi ses lunettes et, à la première vue de cette écriture : « Ah! mon Dieu! et c'est l'écriture de mon vénérable curé de Saint-Martin!!! le brave homme! c'était mon bienfaiteur, mon père, mon curé bien-aimé!!! » et son visage s'était coloré, ses yeux étaient presque en larmes, et ses mains tournaient les feuilles du registre avec une agitation fébrile, et ses regards avides trouvaient enfin la page désirée, les actes qui concernaient sa famille : Monseigneur calma son empressement, remercia avec effusion et accompagna son cher donateur, le chargeant de ses amitiés pour son oncle, son bon curé de Penne.

Rentré dans son cabinet, Monseigneur reprenait, feuilletait son registre, et tout à coup il agitait la sonnette du secrétariat, et M. Liaubon, son parent, son secrétaire-général, le trouvait rayonnant de joie, avec son vieux manuscrit :
« Asseyez-vous là, Liaubon, écoutez. »

« Jean Jacoupy,

Fils légitime de Pierre Jacoupy, maréchal, et de Peyronne Conturon du présent bourg, né le 28 avril 1761, a été baptisé le lendemain. Le parrain a été Jean Descombres, la marraine la sœur paternelle du baptisé.

Gros, *curé de Saint-Martin.* »

et faisant passer sous les yeux de son parent l'acte de cette naissance : « Voilà, mon cher ; il n'y a pas de nobles, de comtes, de barons... mon père, maréchal-ferrant... ma mère, la bonne femme!... une artisane, ma marraine c'était ma sœur... mon parrain, un sellier, ami de mon père. »

Et reprenant le vieux manuscrit : « Je suis bien content de l'avoir... Je veux le mettre dans mon prie-Dieu... C'est pour moi une relique... j'y retrouve tous ceux que j'ai connus... mon père... ma bonne mère... la signature de mon bon curé... il m'a bien fait plaisir. » Et tout attendri il continuait de parcourir ce pieux registre de souvenirs si précieux à son cœur.[1]

S'applaudit-on différemment, dans d'autres conditions, à la rencontre d'un diplôme titré ?

Et cependant il avait envoyé son homme de confiance à la maison de M. Régis et lui faisait porter son invitation à dîner pour le lendemain : M. Régis, pressé de se rendre à Penne, auprès de son oncle, nous priait de faire agréer ses excuses auprès de Sa Grandeur.

A quelques jours de là, Monseigneur demandait avec un intérêt plus marqué, des nouvelles de M. le curé de Penne et nous racontait d'une manière tout épanouie, le plaisir et les émotions de la visite et du cadeau de M. Régis. Ce registre authentique de toute sa parenté allait si bien à ses plus chers souvenirs !

---

[1] Nous avons sous les yeux ces extraits de la main de **M.** Gros, curé de Saint-Martin, homologués à Ribérac le 15 mai 1787. **M.** J. Jacoupy était le quatrième de dix enfants, deux du premier lit, huit du second, tous en vie à cette date.

II

Souvenirs et goûts de son adolescence. Les chevaux, sa passion d'autrefois. Ses courses à Saint-Avit : Mme de Galibert, sa noble Sunamite d'Agen. Le vieux cheval de Guirot au Caoulèt. Récit de M. Tailhié. L'enfant de saint François, curé de Boussorp.

Dans la familiarité, Monseigneur trouvait plaisir à rappeler les hardiesses de son âge d'adolescent, et aussi les espiègleries de sa passion pour les chevaux.

Il en avait de très beaux et de très fringants dans l'écurie de son père : ceux-là, disait-il, avaient toujours soif, et c'était toujours lui qui les menait à l'abreuvoir : l'abreuvoir était toujours le plus éloigné, pour son goût, mais non pas au goût de son père. Cependant s'il s'en trouvait de récalcitrants, de trop rebelles à la main du valet d'écurie, le maréchal appelait toujours Jean à son aide.

Un jour qu'il avait à mettre au travail le cheval vicieux d'un seigneur du voisinage, les domestiques, les aides ordinaires abandonnaient le patron, et la besogne devenait impossible au maréchal : « Si j'avais encore Jean!. » Jean était prêtre alors et le père voulait respecter le prêtre dans son fils : mais le prêtre apprenait l'embarras et le fils accourait, et à l'aide de Jean la besogne devenait possible.

Cet amour de l'équitation, sa passion d'autrefois, comme il l'appelait, lui avait laissé, non pas des remords mais des regrets assez amers.

Dans les premiers ans de son épiscopat, si le travail pouvait lui permettre de s'échapper, de prendre un jour de vacance... il faisait avertir Pierre en secret, Pierre l'intendant fidèle de Mme de Galibert : Pierre trahissait le secret, et annonçait la visite à l'heureuse châtelaine, qui ne manquait jamais de jouer la surprise et de se plaindre respectueusement des impromptus que Sa Grandeur lui ocasionnait ; mais Mme de Galibert lui avait improvisé d'avance une brillante société des notabilités de Saint-Avit et d'Aiguillon.

Pierre connaissait les goûts de l'hôte si avidement désiré

par sa respectable maîtresse et Pierre ne manquait pas de lui faire sa cour à sa manière.

Le plus beau cheval du château, soigneusement tenu, plus soigneusement nourri et préparé à la course, venait piaffer impatient, à la porte du palais, à l'heure indiquée. Le cavalier n'était pas sourd à cette époque.

Habillé à la française (c'était le costume imposé par la loi civile, mais aussi le costume qui allait à merveille pour l'exercice trop aimé), le beau cavalier se rendait à l'impatience du généreux animal et sautait en selle avec l'ardeur et l'adresse de l'adolescent de Saint-Martin de Ribérac.

La croix pectorale sur la poitrine, le chapeau aux glands verts sous le bras gauche, sa belle chevelure entourant d'un triple contour soigneusement enroulé la tonsure de l'Évêque, Monseigneur contenait l'ardeur du coursier et la sienne : il traversait le Gravier avec la gravité de son rang et cette allure durait tant qu'il était en vue, tant qu'il cheminait sur la grand route ; mais lorsque à l'abri des regards, le chemin de traverse autorisait l'élan désiré, le Prélat rentrait sa croix sous l'habit, flattait son coursier de la voix et du geste et lui donnait la main... Le visiteur arrivait vite et rayonnant, au château, où de respectables ecclésiastiques l'attendaient toujours.

« Dieu me fait expier ces courses ; car j'en suis resté *hernieux*, » nous disait-il en 1835, dans le langage de Montaigne.

Après une marche de 17 kilomètres sur un cheval superbe, Monseigneur, à 76 ans, faisait son entrée à Penne, au milieu d'une population agenouillée qu'il bénissait avec sa majesté première, la taille haute, et maîtrisant de l'autre main les rênes de son cheval, avec toute l'aisance du visiteur de Saint-Avit, tandis que son vicaire-général, très bel homme d'ailleurs et dans la force de l'âge, le suivait accroupi sur sa selle et les membres rompus de lassitude.

Pour descendre une côte raide et raboteuse, on lui offrait un solide cheval, mais vieux « : Il marchera sans broncher, j'en réponds.... ah ! si je n'étais pas !... »

Jusque dans ses dernières visites pastorales, Monseigneur montait à cheval, et il les aimait beaux et ardents, comme dans sa jeunesse.

Naturam expellas furca , tamen usque recurret. (HORACE.)

Un jour d'automne, il faisait sa promenade dans la voiture de son fidèle Ambroise : c'était sur la route de Villeneuve ; au-delà du Grézel, un ecclésiastique passe à cheval et salue : Monseigneur avait reconnu M. Tailhié : soudain il agite la sonnette et fait appeler M. Tailhié. Le vénérable supérieur, toujours à cheval, se présente à la portière : après un échange ordinaire de questions et de réponses, Monseigneur se prend à plaisanter sur sa monture et défend, pour l'honneur de son Petit-Séminaire, d'entrer en ville sur cette rossinante.
— Monseigneur, vous ne la paieriez pas l'argent qu'elle vaut.
— Ça ! mais, selle et harnais compris (moins le triste cavalier pourtant), du tout, os et peau, je ne vous en donnerais pas trente francs. — Monseigneur, nous ne serions pas d'accord à ce prix. — Adieu, l'abbé, tenez-lui bien la bride, dans la côte, sinon gare.... Quelle haridelle, mon Dieu !!! — Et je ne l'aurais pas donné pour trente francs, ajoutait M. Tailhié. M. le supérieur revenait de Guirot, de la maison de campagne de Mme Trasrieu, sa mère. M. le curé de Boussorp (La Croix-Blanche), ex religieux capucin, l'attendait sur la route et le priait d'arriver à son presbytère : « J'ai quinze cents francs de mes petites épargnes, qui pèsent toujours dans mes examens de conscience : sans doute on peut garder la poire pour la soif, comme on nous enseignait au couvent.... mais quoique sécularisé, à mon grand regret, je ne dois pas oublier mes vœux de pauvreté..... je suis vieux..... il ne m'en faudra pas tant sans doute, et d'ailleurs Dieu y pourvoiera. » Après s'être débarrassé, dans les mains du supérieur, d'une aumône bien utile à ses élèves, le vénérable vieillard conduisait M. Tailhié au cimetière et lui montrait ouverte la tombe qu'il s'y était préparée : « J'y viens tous les jours méditer sur ma mort prochaine. »

M. Tailhié racontait avec admiration la préparation quotidienne du saint religieux, et les bonnes paroles qui accompagnaient son aumône de quinze cents francs, qu'il touchait dans les bourses de sa vieille selle, en refusant l'estimation de Mgr Jacoupy.

Nous sommes heureux d'ajouter que le même curé, dix ans après le premier fruit de ses privations journalières, eut une pareille aumône à offrir à un quêteur de son ordre qui le visitait sur l'avis de M. Tailhié (1834).

III

Le jeune Jacoupy clerc d'avocat à Bordeaux. Affection de la famille Ségalier. Souvenir et reconnaissance de l'ancien clerc. Son collègue de cabinet, le jeune Cousseau.

Le jeune Jacoupy avait ainsi grandi dans les exercices de la maison paternelle : ses parents se préoccupaient de son avenir, sans songer d'abord à se priver de sa présence et peut-être aussi, dans la pensée du maréchal-ferrant, de ses utiles services. On se détermina pourtant à l'éloigner.

Le jeune Jacoupy fut envoyé à Bordeaux, où M. Ségalier, avocat au Parlement, le recevait en qualité de secrétaire. Il trouvait dans le cabinet de son patron un autre jeune homme, neveu de la famille, le fils aîné de Mme Cousseau, de la baronnie de Trémons, nièce de M. Ségalier. Ces deux jeunes gens ne tardèrent pas à être intimement liés, de cette amitié de l'adolescence qui embaume toute la vie. La bonté du caractère, une docilité affectueuse et invariable, ses prévenances, ses attentions délicates gagnèrent au nouveau clerc la bienveillance de M. Ségalier et de toute la maison. Aussi lorsque M. Gros le rappela du consentement de ses parents, de sa vertueuse mère surtout, pour lui faire commencer ses études secondaires; les regrets les plus sincères accompagnèrent son départ et il retrouva plus tard les témoignages de l'affection qu'il avait inspirée.

Prêtre, ce fut dans cette famille qu'il prit sa dernière hospitalité, en France, lorsqu'en 1792, il vint s'embarquer à Bordeaux, pour subir la déportation. Son ami, M. Cousseau, l'accompagna jusqu'au navire qui allait le porter en Angleterre.

Évêque, se rendant dans son diocèse, Monseigneur alla faire visite à Portès, aux sœurs de son ancien patron. Ces pieuses chrétiennes tombèrent à ses genoux, implorant sa bénédiction et ne l'appelaient jamais que des noms de son auguste dignité : « Ne m'appelez donc plus que comme autrefois, Mesdemoiselles ; dites-moi : Jacoupy ; ces souvenirs me sont plus chers que toutes les qualités dont vous cherchez à m'honorer. »

Évêque, Monseigneur retrouvait dans son diocèse, à Trémons, canton de Penne, son collaborateur du cabinet de M. Ségalier. Il le visitait dans son habitation, lorsqu'il était appelé dans ces contrées par ses visites pastorales : il entretenait une correspondance avec lui, et exigeait qu'il ne connût à Agen d'autre hôtel que sa table et son palais. Il voulut donner le sacrement de confirmation à sa fille aînée, dans sa chapelle épiscopale. Mais ces bontés de l'ami ne faisaient pas taire la conscience de l'Évêque. M. Cousseau souffrait, et, fidèle chrétien, il demandait dispense du maigre à son Évêque. L'Évêque lui répondait qu'il autorisait volontiers tout ce que le médecin pourrait conseiller.

Après 1840, la fille de M. Cousseau visitait à Bordeaux, dans sa retraite, l'ami de son bon père. L'Évêque se sentait rajeunir ; il retenait dans ses mains, la main de sa fervente visiteuse, lui montrait sa chapelle domestique et se plaisait à lui raconter les bontés de la famille Ségalier pour sa jeunesse et les preuves d'amitié que lui avait données si affectueusement son digne père.

On vient de le voir, la mémoire du cœur ne vieillit point chez Mgr Jacoupy : nous pourrions confirmer ce témoignage par des à-propos charmants, des réminiscences aimables, de délicates allusions, de graves avis, rappelés avec une tendresse paternelle : les années de sa retraite à Bordeaux et sa correspondance nous en fourniraient des pages : mais ces détails seraient superflus : chez lui le cœur marqua tous les jours de sa longue vie.

En arrivant dans son diocèse, Monseigneur y trouvait encore deux amis de l'exil, deux confrères de la gêne et de l'appui fraternel à Londres.

M. d'Aubas de Ferrou ne fut pas des moins empressés à rendre ses hommages respectueux à l'arrivée d'un Prélat dont il avait pu estimer à Londres, dans une fréquentation suivie, la noblesse des sentiments et la dignité du Prêtre catholique. Le diocésain se fit aussi un devoir et un honneur de continuer avec son Évêque les relations affectueuses des mauvais jours. Mais au palais, les occupations, le cérémonial, les rencontres inattendues ne se prêtaient pas aux épanchements, aux récits, aux récapitulations, au *meminisse juvabit* : Monseigneur venait s'en dédommager à la place Caillives, chez M. d'Aubas, et alors dans la liberté du tête à tête, de la famille, de la vie privée, quel abandon amical ! Au sein de la paix et de la patrie, quelle jouissance à redire les jours de la terre étrangère, les grands personnages aimés et secourus, les épreuves du passé et les contrastes du présent ! Quelle gaieté ! quelle délicate sympathie, le malheur ancien imprime dans les âmes, nous disait un témoin de ces fréquentes entrevues.

Ces entrevues furent plus rares, par l'éloignement d'habitation, avec le général Lacrosse de Meilhan. Si elles furent toujours bien honorables pour l'Évêque, elles furent bien utiles au diocésain. Les rapports d'estime d'homme à homme, donnaient à l'Évêque une sollicitude secrète pour l'âme de son diocésain et au diocésain des velléités incomprises, fugitives sans doute, mais efficaces plus tard.

Mgr Jacoupy transférait de Castelmoron à Meilhan un sujet de son choix, M. Casimir Casse, mort chanoine de notre Cathédrale. « Vous remettrez cette lettre à votre nouveau paroissien : présentez-vous à lui de ma part avec confiance, et soyez son curé à ma place. » Les qualités personnelles de M. Casse et la recommandation de son Évêque auprès de l'ami de Londres valurent au nouveau curé de Meilhan des rapports toujours parfaits, mais dans les derniers jours des consolations plus abondantes que n'auraient osé les espérer son curé et son Évêque. M. Casse était heureux de nous redire la lettre qu'il avait pu écrire à Sa Grandeur, après la mort de M. le général. Son récit s'imprégnait d'une heureuse sensibilité au souvenir de la docilité chrétienne, de l'avidité religieuse de son cher malade et des saintes dispositions où il avait vu cette vie s'éteindre entre ses bras.

A plusieurs reprises, par lettre et de vive voix, l'Evêque et l'ami remercia M. Casse d'avoir été le digne curé de ce cher diocésain.

IV

Rappelé de Bordeaux, le jeune Jacoupy fait ses études secondaires à Saint-Martin ; ses études théologiques, à Poitiers d'abord, à Périgueux. Son bon curé ; sa bonne mère. Belle parole de Napoléon. Les impressions toujours vivantes de cette époque inspiraient souvent de sages avis à l'Evêque, pour ses jeunes clercs, Petit-Séminaire, M. Tailhié, pour ses jeunes prêtres : 1825, audience après l'ordination.

M. le curé de Saint-Martin de Ribérac envia au monde cet enfant de sa paroisse. Ses bonnes qualités, sa modestie, les dispositions chrétiennes de la première communion qu'il lui voyait conserver : cette belle nature de jeune adolescent et *pulchro veniens in corpore virtus*, tout augmentait, dans l'excellent prêtre, l'affection paternelle dont il le trouvait chaque jour plus digne, après l'avoir soigneusement étudié. M. le curé s'ouvrit de son projet auprès de la famille, de la mère chrétienne surtout : le jeune clerc fut rappelé de Bordeaux et confié aux soins de M. Gros, qui le prit chez lui, lui donna les leçons qui devaient le préparer au sacerdoce.

Après ses études secondaires, le jeune Jean Jacoupy entra successivement au Séminaire de Limoges et de Périgueux, dirigés l'un et l'autre par les prêtres de la communauté de Saint-Sulpice.

Nous ne savons rien de ces études ecclésiastiques. Monseigneur ne parlait de lui que pour se louer des autres, il se louait beaucoup des attentions personnelles qu'il avait reçues de ses maîtres et de tous ses supérieurs, et de la vigilance incessante de sa respectable mère : sur cette époque il nous disait la propreté qu'elle exigeait du séminariste, qu'elle lui avait fait pratiquer depuis l'enfance et qu'il conserva jusqu'à la tombe : c'était à sa mère que le vénérable vieillard attribuait la pratique, devenue chez lui naturelle, des égards, des politesses, des manières respectueuses qui le distinguèrent dans sa haute dignité, comme elles l'avaient distingué dans l'exil, et dans les humbles fonctions qu'il eut à remplir dans l'Eglise, après son ordination.

Monseigneur demeura fidèle aux impressions de la famille jusqu'à la simplicité et à la modestie dans ses habits et dans ses ameublements, sans jamais déroger aux convenances.[1]

Aussi voulait-il dans les jeunes clercs de ses Séminaires, la simplicité, la modestie dans les habits et dans leur tenue. « Séminariste, il n'avait jamais eu, lui, que les étoffes, « que les toiles de sa famille, de sa mère. *Il ne devait jamais ce qu'il portait et il n'en était pas moins bien.* C'est « ainsi qu'on s'habitue à s'exempter de dettes criardes, qu'on « se tient à l'abri des langues si empressées toujours à « s'exercer sur les contrastes de la naissance et d'un superflu « luxueux, toujours compromettant dans la vie du prêtre. »

---

[1] La reconnaissance et le culte filial de Napoléon pour Mme Lætitia sont historiques.

Un jeune marin s'échappait du bagne, rompait son ban pour la troisième fois, se jetait à la mer et touchait enfin à la plage désirée, mais rompu d'efforts et de fatigues : saisi de nouveau, la justice militaire le condamnait à mort.

On présenta un recours en grâce. — Motifs de la sentence ? — Indiscipline, récidive. — Causes ? — Faiblesses de cœur, attrait irrésistible. — Ah ! ah ! quelque intrigue... quelque engagement... des liaisons... et l'indiscipline obstinée... » le front de l'Empereur s'était rembruni... son visage annonçait le refus... on se hâtait d'ajouter : « Sire, le besoin d'embrasser sa mère, de consoler sa mère... — Il a donc une brave femme de mère... car on n'aime pas à ce point si... accordé, accordé... disait le prince d'une voix émue, en pensant à l'Impératrice-mère.

« Vos élèves sont tous mis comme des fils de famille ou
« de fortune : les fournitures des habits, de l'accoutrement
« général sont trop riches, la coupe est trop élégante... Ça
« ne vaut rien, mon cher supérieur, gare les dettes, gare les
« langues... j'en sais des nouvelles quelquefois. »

Son jeune supérieur du Petit-Séminaire partageait et pratiquait les principes de cette sage modération ; mais il faisait remarquer à l'inspecteur sévère de sa communauté la différence des temps et des goûts. — Les draps de ses élèves étaient bien moins chers que les cadis de famille, les toiles plus belles ou plus apparentes que les toiles de ménage d'autrefois, sans être aussi dispendieuses... Il n'y a qu'à sauver les cœurs des goûts excentriques... « Réussissez, si vous pouvez... ça ne me regarde pas... je vous en charge, et vous en laisse toute la responsabilité. »

C'était surtout aux audiences qu'il accordait, après les ordinations, que son inspection se faisait minutieuse ; les anciens s'en souviennent et en parlent comme nous.

A celle du 28 mai 1825, un des prêtres nouvellement ordonnés, se présentait, avec ses confrères, mais avec boucles d'argent aux souliers, ceinture de soie damassée, à grandes franges, poudre et calotte luisante, enfin en soutane habillée : Monseigneur le savait riche de sa famille, et ses notes depuis la cinquième du Petit-Séminaire n'avaient pas laissé à désirer. Mais à ce premier aspect, il arrivait à lui, avec un œil mal satisfait : Et que porterez-vous donc, Monsieur, dans le monde, si vous devenez curé ?... M. Rous, son vicaire-général, intervenait : « C'était le plus beau jour de leur vie : ces jeunes prêtres célébraient leurs noces spirituelles... — C'est possible, disait l'Évêque en se laissant apaiser, mais prenez-y garde, l'éclat ne vaut rien. » Nous pourrions nommer ce jeune condisciple, sans qu'il eût à rougir.[1]

---

[1] Ces observations de Mgr Jacoupy au jeune supérieur de son Petit-Séminaire et aux jeunes prêtres qu'il venait d'ordonner, pourront paraître sévères aujourd'hui : elles traduisaient pourtant l'esprit du vénérable clergé

V

Vicaire de Roncenac. Sympathie prompte, générale. Accusation d'un seigneur du village. Justification devant son Évêque. M. Gros le demande pour son successeur. Refus admirable. Curé intérimaire de Cumond : adhésion connue aux brefs de Pie VI. Regrets des paroissiens... Certificats de la commune et du district. Avis de l'Évêque aux jeunes vicaires.

Devenu prêtre, M. l'abbé Jacoupy était envoyé dans la petite paroisse de Roncenac, en qualité de vicaire. Concentré dans cette obscure et laborieuse fonction, ses bonnes manières, ses attentions délicates pour tous les paroissiens en général lui attirèrent bientôt l'estime et la sympathie. Recherché des grands, il sut pratiquer leur commerce, sans se livrer : la plus recherchée de ses sociétés était celle de son bon curé, des bons paysans auxquels ses entretiens pouvaient être utiles. Sévère observateur des règles de son saint ministère, si quelque cas insolite se présentait, si une nouveauté de langage, une formule d'accusation au tribunal de la pénitence lui paraissait mystérieuse, il s'abstenait d'interrogations, suspendait son jugement et sa réponse, et consultait son vénérable curé. Cette réserve, disait-il à de jeunes prêtres, m'a épargné force étourderies.

Un seigneur de la localité qu'il avait dû négliger, dans la vie sociale, se susceptibilisa de cet éloignement et accusa le jeune vicaire de l'avoir signalé, en chaire, dans son prône. L'Évêque de Périgueux mandait M. l'abbé Jacoupy : pour toute justification, le vicaire soumit son prône écrit et sans rature. Aussi devenu Évêque recommandait-il d'écri-

---

de son époque, surtout des anciens règlements de notre province ecclésiastique.

Voici celui que S. E. le cardinal de Sourdis, archevêque de Bordeaux, donnait à son Séminaire le 4 juillet 1609.

« Tous les séminaristes seront habillés d'une mesme façon et couleur, scavoir de tané brun ou couleur de minime, du drap de moindre prix que faire se pourra et au meilleur marché : et de ce drap pourront lesdits séminaristes se faire une southane pour porter ordinairement, et une robe de chambre pour porter pardessus, en hiver et lorsqu'ils en auront besoin. »

re toujours et de se méfier de la sensibilité dans des improvisations délicates : « Des paroles méditées en secret, au pied de votre crucifix, ne vous compromettront jamais. »

M. le curé de Saint-Martin remerciait Dieu des bonnes nouvelles et du bien de son cher élève dans le ministère : il se prit à nourrir l'espérance de l'avoir pour aide dans ses vieux jours et de lui laisser à cultiver la paroisse qui avait nourri cette vocation. Des témoignages respectables fortifièrent ses espérances et son désir. Afin de se l'assurer pour successeur, il lui promettait la résignation de son bénéfice : mais le vicaire n'acceptait pas, s'excusant sur sa jeunesse, sur son inexpérience, sur l'influence que n'aurait pas son ministère, dans sa paroisse natale. M. le curé ne désespéra pas de réussir et il se disposait à solliciter en cour de Rome, les provisions nécessaires, lorsque la constitution civile du clergé rompit tous ces projets. M. l'abbé Jacoupy, sans écouter sa tendresse, se soumit aux décisions du Saint-Siége et n'écoutant que la voix de Pie VI, dans ses brefs du 10 mars, surtout du 13 avril 1791, il se disposa à partir pour l'exil, sur les traces de son illustre Évêque Mgr Emmanuel de Grossolles de Flamarens.

Mais avant de le suivre sur la terre étrangère, disons une réminiscence peut-être dans les souvenirs du Pontife, de ce que nous venons de lui voir pratiquer dans son vicariat.

Dans les réceptions des prêtres qu'il venait d'ordonner, Mgr Jacoupy n'était jamais sévère que par exception, ses allocutions habituelles étaient gaies, bienveillantes ; son cœur s'épanchait : car il aimait à exprimer la joie que les témoignages des supérieurs lui avaient causée avant l'ordination ; il les en félicitait, et les exhortait à en mériter de nouveaux de la part de MM. les curés auprès desquels ils allaient être envoyés vicaires : et un jour en 1825, à l'ordination de septembre, il donnait les conseils d'une respectueuse délicatesse qu'il trouvait dans sa mémoire et dans son cœur

« Vous êtes jeunes, Messieurs, et quelques-uns d'entre vous vont aller au secours de vénérables curés, dont les cheveux ont blanchi, comme les miens. Parmi eux, vous trouverez des confesseurs de la foi, ou des prêtres dont les rudes fatigues de leur fructueux ministère ont usé les forces : la vue s'est affaiblie chez presque tous ; le sentiment du goût pour les décorations extérieures a baissé : vous remarquerez peut-être en arrivant, des sacristies moins bien ordonnées que vous pourriez le souhaiter, les marches de l'autel couvertes de poussière ; les nappes elles-mêmes, les gradins entachés de cire ou d'autres misères inconvenantes : n'accusez pas, mes amis, excusez leur âge : ils ont été zélés avant vous, comme vous vous promettez de l'être. N'allez pas vous laisser emporter à votre ardeur louable : et pendant que votre bon curé fera son action de grâces aux pieds de l'autel dont il vient de descendre, n'allez pas, sous ses yeux, secouer les tapis ou les nappes, brosser, épousseter, rétablir à votre gré la propreté et la décence que vous serez jaloux de conserver. Epargnez-leur la vue et le bruit de vos soins empressés : vous les blesseriez ; ils y trouveraient un reproche, épargnez leur en le soupçon. Laissez-les rentrer dans leur presbytère : attendez leur absence : alors seulement remédiez à tout ce qu'il sera possible de corriger dans une tenue qui n'est pas le fait de la négligence, mais de l'affaiblissement des yeux et de l'âge.

« Je vous en prie, Messieurs, entourez de respect et d'attentions ces anciens de notre clergé : honorez-les, ils le méritent ; vous vous assurerez ainsi leur amitié et l'estime de leurs paroissiens. »

VI

Départ de Saint-Martin. Rétractation inspirée, obtenue... Réparation du serment irréfléchi. Son bienfaiteur, M. Gros succombe à sa douleur. Adieux à sa famille.

M. l'abbé Jacoupy partait pour l'exil avec les témoignages que l'Évêque souhaitait à ses prêtres dans leur vicariat ; car Monseigneur de Périgueux avait voulu récompenser le désintéressement du jeune vicaire de Roncenac, actuellement dans le diocèse d'Angoulême, et l'avait appelé, en témoignage de sa satisfaction, à la cure de Cumond, près Saint-Privat.

M. Jacoupy continuait à Cumond, mais avec une sollicitude nouvelle, le dévouement sacerdotal, qui avait fait admirer le zèle et la conduite du vicaire de Roncenac ; lorsque sa fidélité à l'Église lui imposa le sacrifice de toutes les affections de son troupeau et le détermina à obéir, sans hésitation, au témoignage de sa conscience.

En quittant Cumond, il se rendit à Saint-Martin, pour dire un dernier adieu à ses parents et au vénérable curé son bienfaiteur et son second père. Hélas ! il trouva ce bon vieillard plongé dans la plus profonde douleur : il le vit se jeter à ses pieds et lui demander pardon, disait-il, du scandale qu'il venait de donner.

La municipalité de Ribérac avait mandé le vieux prêtre et par habileté, par ruse, lui avait fait apposer sa signature, au bas d'une formule de serment à la constitution civile. Ce ne fut qu'en rentrant chez lui, que M. Gros s'était rendu compte de son imprudence et de la gravité de sa faute. M. Gros se trouvait sous le coup de ces accablantes réflexions lorsque son fils adoptif se présentait au presbytère de Saint-Martin.

Le jeune prêtre attendri calma les anxiétés du bon vieillard : on avait surpris sa bonne foi : Dieu ne lui imputerait pas une erreur où son cœur et son esprit n'avaient pas de part et il l'encourageait à réparer devant les hommes la malheureuse démarche où l'avait entraîné la séduction des hommes.

M. Gros fortifié par l'exemple personnel et les bonnes paroles de son jeune ami, allait faire sa rétractation, qu'il signait et faisait signer par trois témoins honorables, exigeant qu'elle fût enregistrée et consignée dans les archives de cette municipalité, où on la voit encore.

Le cœur soulagé par cette rétractation solennelle, sans craindre les dangers qu'elle pouvait lui faire courir, M. Gros rentrait, pour remercier et faire ses derniers adieux, ses derniers, car M. Jacoupy ne touchait pas encore la terre étrangère, que son père spirituel n'était plus : M. Gros était mort de douleur.

La conscience de ce bon office avait fortifié le pieux confesseur, au milieu des déchirements que sa nature excessivement sensible éprouvait en se séparant de tous les siens.

La famille de M. l'abbé Jacoupy était chrétienne, elle bénissait le prêtre obéissant à sa conscience ; mais la nature avait ses déchirements. A la dernière heure de la séparation, le jeune confesseur ne manqua pas de force ; mais le cœur fut brisé, en embrassant ses chers parents. Ses frères, ses sœurs lui remettaient un gage de souvenir. Sa vertueuse mère, tout entière à sa douleur, l'embrassait en sanglottant, absorbée comme dans la prévision d'une séparation dernière : « Pour la raviver, je lui dis avec un accent de reproche ; et vous, ma mère, vous ne me donnez rien ?... Sans me répondre, toujours en larmes et me pressant sur son cœur, elle me remit ce que le hasard lui faisait rencontrer dans sa poche, un pauvre couteau... et je m'arrachai de leurs bras, pour abréger ces tristes adieux. »

VII

Les prêtres français à Londres. Difficultés des premiers jours pour le jeune vicaire, le pauvre fils du maréchal-ferrant.. Son industrie, sa cellule, son ménage. Les leçons dans la grande ville. Le laquais éconduit : excuses de son maître au prêtre exilé. Le capitaine réclame la place refusée à son valet. L'abondance après la gêne ; intimité réciproque.— Nommé gouverneur d'une colonie anglaise, le capitaine conjure son ami de le suivre... Offres séduisantes. Refus du prêtre catholique. Gaité du vieil Évêque au récit de ces jours.

L'abbé Jacoupy, avec plusieurs confrères, prenait la route de l'Angleterre où se réfugiait leur Évêque : la Providence dispersait ainsi les membres de ce clergé fidèle de notre Église gallicane, afin de répandre la bonne odeur de J.-C. par l'exemple de leurs vertus et les travaux de leur ministère, au milieu des nations où la défaillance et la révolte d'un clergé indigne avaient introduit le schisme et l'hérésie : *Ideo dispersit vos inter gentes ut vos enarretis mirabilia ejus.*

L'histoire date, en particulier pour l'Angleterre, la renaissance du catholicisme, dans son royaume, à l'arrivée providentielle des prêtres et des évêques français dans sa capitale.

Après bien des péripéties, le vicaire de Saint-Martin de Ribérac arrivait et s'installait à Londres.

Les premiers jours de l'exil furent difficiles et pénibles. Le pauvre vicaire n'avait pas apporté de grandes ressources : il chercha à s'en faire dans la privation et l'industrie.

Logé dans une cellule, à un cinquième étage, il reprit les soins du séminariste, en ajoutant ceux de pourvoyeur et de cuisinier. Les dimanches et les mercredis, le pourvoyeur allait au marché, à la boucherie, et au retour le cuisinier mettait le pot au feu et allumait sans prodigalité. Alors le prêtre vaquait à ses exercices, disait son bréviaire, et faisait sa préparation pour aller dire une messe tardive, mais dont l'honoraire modeste avait son utilité pour le ménage : le feu suffisamment alimenté, le prêtre se rendait à la chapelle et rentrait immédiatement, pour faire tomber dans la marmite, au bout d'une cuiller, un peu de graisse, juste la quantité indispensable.

Le garçon mettait la table, *servait, et à la mode, tout à la fois, dans un seul plat,* le bœuf du potage, mais un joli morceau ; et aussitôt, avec solennité il disait au maître : « Monsieur est servi ! »

Monsieur, sans laisser refroidir, se mettait à table : ce n'était pas sans appétit. « Je commençais toujours par faire trois parts de mon bœuf : pour le dimanche, pour le lundi, pour le mardi ; mais c'était bien inutile quelquefois ; car le dimanche mangeait le lundi et le mardi.... et les jours suivants, abstinence forcée.... J'étais jeune alors et je courais aux leçons toute la journée : encore plusieurs collègues n'étaient pas aussi bien partagés que moi. »

Et le bon Évêque septuagénaire partageait l'hilarité que nous donnait son charmant récit: *meminisse juvabat :* « Pour me procurer ce confortable, continuait-il, j'avais à courir dans des quartiers opposés, à travers cette immense ville, par une boue noirâtre que le soleil ne dessèche jamais. J'étais parvenu à m'y procurer des leçons de français dont le rendement modique ne suffisait pas à satisfaire en plein la faim dévorante que leurs fatigues ouvraient chaque jour.

« Je rentrais un soir tout harassé, et je m'étais mis à l'aise dans mes *appartements*, je veux dire dans ma cellule : un garçon entre à l'improviste et d'un ton assez dégagé : Moussiu le prêtre, moi avoir voyagé sur le continent, et moi vouloir me parfaire dans votre langage que je parle tant *piou;* et moi prier Moussiu, de me donner des leçons. — Retirez-vous, je ne donne pas des leçons à des laquais. Je le congédiai de la sorte, parce que cette espèce de clientelle m'aurait déconsidéré dans les bonnes maisons ; car j'avais reconnu tout de suite le garçon d'un capitaine de navire qui logeait au premier.

« Le garçon mécontent de mon accueil alla se plaindre à son maitre...; les prêtres français étaient des orgueilleux, qui méprisaient les gens qui pouvaient les aider à vivre....

« Quelques moments après, on frappait à ma porte et d'une voix fort modeste « M. le capitaine faisait demander à Moussiu le prêtre quand il pourrait le recevoir. — Dites à M. le capitaine que je suis à sa commodité.... » et aussitôt je m'habille, je prends ma canne et mon chapeau, et je descends chez le capitaine, en me faisant annoncer. Le capitaine vient me recevoir, et m'introduisant dans son cabinet, il me fait des excuses pour l'impertinente proposition de son valet ; l'éducation n'avait pas pu lui apprendre le respect qu'il devait aux prêtres français pour leur caractère religieux et pour l'indigence même qui honorait les sentiments et la conduite de leurs convictions ; et pour réparer la perte d'un écolier *insolent*, il me priait de l'accepter à sa place. Seulement il ne pouvait pas laisser à mon choix l'heure de la leçon, parce que toutes les heures de sa journée étaient occupées : il n'avait que l'heure de son déjeûner et il me priait de le partager avec lui, tous les jours, afin de causer avec lui en français, parce que c'était toute la leçon qu'il pouvait prendre, dans cette condition. J'acceptai l'heure et le déjeûner. Il me comptait une guinée par leçon de ce genre.

« Ma chambre changea de numéro, ma vie aussi. Le capitaine était un homme intelligent, instruit, parfaitement élevé. Il avait pour moi les attentions les plus honorables : nous fûmes bientôt amis. Ses chevaux, ses voitures, sa campagne, tout son domestique était à mes ordres.

« Après quelques années d'une intimité cordiale, le capitaine fut nommé gouverneur d'une île dans les colonies anglaises. Il me pressa longtemps de l'accompagner dans son gouvernement où il me répondait d'une bonne fortune et de la constance de son amitié; je lui dis, en le remerciant de son offre généreuse, que l'ami serait heureux de l'accompagner, mais que le prêtre catholique ne pouvait pas accepter auprès de lui un séjour où il ne lui serait pas permis de vivre dans les pratiques de sa religion.

« Le capitaine fut chagrin de mon refus; mais mon refus ainsi motivé ne l'étonna pas, et il m'en témoigna avec cœur l'acquiescement qu'il y donnait.

VIII

Retour à la gêne, à l'industrie; le faubourg de Londres. La forêt voisine. La cueillette de potirons; l'heureuse rencontre. Le maître de français devient riche. Le seigneur du château, ses prévenances d'abord, son examen, sa conclusion. Les honoraires du Milord au précepteur des enfants de son intendant.

« Après le départ du capitaine, et des secours de son amitié, je rentrai dans la gêne : peut-être avais-je mené mon aisance à guides trop faciles ; peut-être avais-je trop partagé.... je retournai à ma première industrie ; mais j'allai habiter dans un faubourg de Londres, à la campagne, assez loin des logements dispendieux de la grand'ville, et assez près des leçons qui m'y étaient nécessaires.

« Il y avait près de mon bourg une belle forêt : j'y faisais mieux que des promenades d'agrément dans la belle saison, j'y ramassais de bonnes salades et de bons ceps.

« J'en sortais un jour avec de jolies cordes de potirons bien frais, gras, charnus, et je débouchais sur la route, lorsqu'une suite de riches calèches traversa ma vue ; j'allais continuer longeant le chemin, la calèche du milieu s'arrête et un Monsieur à la portière me fait signe de la main, de m'approcher, d'aller à lui.... je m'approchai et saluai respectueusement, car le Monsieur avait tout l'air de quelque grand seigneur ; et d'une voix empressée, pleine de bienveillance, le Monsieur me disait : « C'est un poison !.... c'est un poison !.... jetez ces champignons-là ; n'en mangez pas, ils vous tueraient. — Je les connais parfaitement.... je suis enfant du Périgord de la France.... j'en mange depuis quelques jours ici.... et ils ne m'ont fait aucun mal.... — Comment vous osez en manger, vous êtes un prêtre français, un malheureux exilé, et cette espèce de nourriture.... — Oui, Milord, répondis-je en m'inclinant, mais cette espèce de nourriture est un choix de bon goût. — Ah ! mon Dieu !... et bien faites-moi l'amitié, Monsieur l'abbé, d'accepter mon dîner, pour ce soir... vous m'enseignerez à préparer vos potirons, et vous en mangerez à ma table.... » Je remerciai avec modestie et n'acceptais pas ; mais soit ma bonne mine, soit ma retenue même, le seigneur redoubla d'instances : « Je demeure au château de ce bourg.... à ce soir, je vous en prie. » Je ne pouvais plus refuser sans impolitesse ; je me rendis au château. »

Les potirons furent servis : leur suave odeur tenta plus d'un appétit ; mais le préjugé retint le seigneur et ses nobles convives, malgré le *bon exemple* de l'enfant du Périgord. Le seigneur du château eut pour son hôte les attentions les plus honorables et voulut jouir de la conversation du prêtre français, dans une promenade particulière, au parc. Dans cette promenade et ces causeries, avec son noble interlocuteur, l'abbé Jacoupy s'était montré avec sa modestie et sa réserve habituelle; mais aussi avec la grâce et la politesse qui le distinguaient. *Ce prêtre français faisait honneur à sa soutane*, et lorsqu'il voulut prendre congé du châtelain, le seigneur qui venait de le soumettre à son examen, sans qu'il pût s'en douter, l'invitait pour le dîner du lendemain, à la même heure. « Je devais me rendre à l'invitation de votre seigneurie, Milord, et je vous ai obéi avec reconnaissance ; mais je vous prie d'agréer mes excuses.... je puis vivre et je sais vivre dans mon exil. — .... Non, non, Monsieur l'abbé..... ce n'est pas dans la pensée de mon invitation nouvelle.... j'ai besoin de vous.... vous me rendrez service.... — Pour un service, Milord, je serai demain à la disposition de votre seigneurie, à la même heure. »

Le lendemain dans la promenade au parc, le seigneur lui disait : « Je ne viens qu'en visite sur mes domaines de ce village : j'ai un intendant dont je suis parfaitement satisfait : il a des enfants ; je voudrais qu'ils prissent un peu des manières de votre France, et de sa langue ; vous me rendriez service en acceptant de leur donner des leçons.... — Milord, j'ai étudié pour entrer dans le sacerdoce ; je n'ai été qu'un petit vicaire... je n'en sais pas assez pour devenir un précepteur de maison. — Vous en savez au-delà de ce que je désire pour eux et de ce qui leur convient.... acceptez, je serai très content....

« A ces conditions l'excuse n'était plus possible, j'acceptai.

« Le jour suivant, je fus installé au château, où le seigneur passa encore une semaine et partit.

« Le soir de son départ, l'intendant arrivait dans *mon appartement* avec quatre pièces du plus beau drap, des toiles magnifiques, etc., et me remettant une avance de dix mille francs que sa seigneurie me priait d'agréer en témoignage de sa satisfaction, se réservant de régler plus tard mes honoraires.

« Je me mis sur le pied d'un petit seigneur ; je me fis faire quatre soutanes, etc.

IX

Usage des bienfaits de la Providence. Ses confrères : de nobles souffrances.
Relations sociales. Attentions respectueuses envers son Évêque.

« L'argent et l'or m'arrivaient : tout était à mes ordres dans cette maison seigneuriale ; l'intendant me comblait de prévenances ; je pouvais rentrer riche, très riche en France, si jamais la France se rouvrait pour le fils du maréchal-ferrant de Saint-Martin et pour le prêtre.... je ne songeais pas à y rentrer riche... je pensais à de vénérables confrères, à des chefs, à de grands noms de famille de mon pays.... dans les privations et les malheurs de notre exil.... Pauvre, ils m'avaient admis avec dstinction dans leur société !!! La Providence ne m'invitait-elle pas à leur venir en aide ? »

Et le vénérable vieillard se félicitait d'avoir donné, d'avoir forcé de recevoir, sans préoccupation de retour : « Usez comme moi des bienfaits de Dieu !.... Est-ce que je songe à me restituer ? »

Ces délicates attentions, la forme du don plus généreuse que le don en lui-même lui assurèrent des amitiés honorables qui lui demeurèrent dévouées après l'exil..; nous en retrouverons des preuves.

Cette position nouvelle que la Providence lui avait faite (il était heureux de le reconnaitre), cette position le mit en rapport avec la haute aristocratie et la bonne société. Il admirait les mœurs anglaises... cette religion de principes pour l'autorité civile, pour la liberté privée et le respect pratique des lois... Ce n'était pas l'urbanité française... il y avait moins de forme, moins de parade... mais dans ces froides manières, un fond réel de bienveillance dans les bonnes pratiques ; aussi vantait-il la civilisation de cette terre hospitalière... Monseigneur ne l'avait vue et goûtée que dans les hautes régions... les entrées dans le grand monde donnèrent à ses sentiments élevés, à la bonté de son jugement, surtout à son tact naturel, une aisance rare et distinguée.

Cependant l'humble vicaire de Saint-Martin ne négligeait pas ses confrères qui lui demeurèrent toujours chers : surtout il continua de regarder comme un devoir son assiduité à entourer de ses respects son Évêque de Périgueux Mgr de Flamarens : l'exil était plus pénible pour ces grandeurs dans l'épreuve que pour le fils du maréchal, et le petit vicaire : aussi le bon prêtre s'étudiait-il, avec une filiale régularité, à adoucir par ses visites respectueuses l'isolement où vivait son Évêque. Mgr de Flamarens se montra sensible à cette fidélité et en demandait la continuation presque avec prière et lui exprimait sa reconnaissance : « Venez, venez plus souvent... vous me faites du bien... je vous en remercie... avec vous je suis en France... je suis dans notre cher Périgord... Venez... vous êtes la consolation de votre Évêque ! » Pourtant M. l'abbé Jacoupy se souvenait qu'il n'avait jamais été reçu à la maison de campagne où son Évêque avait tenu sa cour : il y avait toujours fait antichambre lorsque des affaires de la paroisse l'y appelaient, et c'était toujours à quelque secrétaire qu'il était renvoyé. Le contraste des réceptions d'autrefois et des réceptions touchantes de Londres était frappant, et dans sa franchise il dit un jour au Prélat, mais en riant, qu'il n'était pas accueilli ainsi au château épiscopal de la campagne.

Mgr d'Agen se souvenait-il de la sensibilité du vicaire aux réceptions épiscopales d'autrefois ? Tous ses prêtres eurent toujours à se louer de leurs visites : le Prélat les embrassait avec bonté, les faisait asseoir, les écoutant avec faveur, avec amitié, lorsqu'il le pouvait, avec fermeté dans l'occasion, toujours avec dignité ; et on trouvait le cœur dans ses manières, sans s'apercevoir d'une étiquette de commande. Il savait demeurer affectueux sans sortir de la supériorité de son rang auguste.

Nous ne faisons que transcrire le témoignage unanime de son clergé et de personnages haut placés dans le monde.

Monseigneur devait-il cette délicatesse d'attentions aux souvenirs de Périgueux, à l'exil, à Londres ? il la devait à la bonté de son cœur.

X

Retour en France. Rentrée douloureuse dans la maison paternelle. Consolations dans l'exercice du saint ministère.

Ce bien-être social qu'il tenait de la Providence ne lui faisait pas oublier sa patrie et ses malheurs, son Église natale et sa désolation, le foyer paternel et sa vertueuse mère. Aussi lorsque le prêtre put entrevoir la possibilité d'être utile à la religion dans son pays, lorsque le fils put espérer d'arriver à sa mère et de l'embrasser, il fut prompt à se détacher des séductions du monde et des attraits de la société anglaise.

Mgr de Flamarens ne pouvait rentrer en France : son dévouement à de plus hautes infortunes le retenait dans l'exil, mais il bénissait le retour de l'humble vicaire, et dans ses tendres adieux, le Prélat, en lui donnant les pouvoirs utiles pour son diocèse, n'oubliait pas de se louer des attentions respectueuses de son jeune prêtre.

M. l'abbé Jacoupy y avait annoncé son arrivée à sa famille. Il arrivait heureux, impatient de se jeter dans les bras de sa mère.

« Aux approches de Saint-Martin, personne des miens n'était venu à ma rencontre : personne pour prendre mon cheval, à la porte de notre maison ; on me laissait le soin de l'entrer moi-même à l'écurie. Une porte ouvrait de l'écurie dans la cuisine, je croyais entrer à l'improviste. Hélas ! toute ma famille m'attendait, mais en pleurs, mais en sanglots... mes yeux ne la voyaient pas... mes frères, mes sœurs, à travers leurs cris déchirants purent à peine me faire comprendre qu'elle était morte... ma mère venait d'être enterrée la veille de mon arrivée !!! Je tombai à la renverse et après une longue syncope et de violentes convulsions, je me relevai brisé pour pleurer avec eux... »

« Sans ma mère, ajoutait notre bon Évêque, d'une voix attendrie, je n'aurais peut-être jamais quitté l'Angleterre. Je lui rapportais le gage qu'elle m'avait donné en m'embrassant pour la dernière fois... j'étais si heureux de venir lui dire que je m'en étais servi, tous les jours, en souvenir d'elle... Ah ! mon Dieu ! pauvre mère !!! Ce petit couteau de ma mère ne me quitte jamais... je l'ai là-haut dans la chambre (c'était dans une visite pastorale à Penne, en 1834) je n'oublie jamais de le mettre moi-même dans ma boite à coiffure... je m'en sers tous les matins pour enlever la poudre ou régulariser la raie au haut du front, et je pense à ma mère... la pauvre femme ! »

Lorsque la douleur et les fatigues du retour purent permettre à l'ancien vicaire de faire usage des pouvoirs qu'il avait reçus directement de l'Évêque légitime de son diocèse, il alla chercher de la consolation dans le saint ministère et il se rendit utile auprès des âmes chrétiennes qui avaient conservé leur fidélité et leur attachement à la seule hiérarchie reconnue par l'Eglise et en communion avec le Saint-Siége. C'était honorer la mémoire de sa mère et obéir à la pieuse ambition qui avait préparé son enfance et sa jeunesse aux travaux du sacerdoce.

XI

Indignement repoussé par l'Évêque Lacombe, devenu le légitime Évêque d'Angoulême et de Périgueux par le concordat. Tentative obligée d'un emploi, dans la formation du diocèse de Paris. Entrevue fortuite. Le général homonyme : Ils se trouvent cousins-germains. Nomination au siége d'Agen. Refus, acceptation. Regard rétrospectif sur la conduite de la Providence envers son élu.

Cependant les feuilles publiques commençaient à annoncer les négociations des deux puissances pour le rétablissement public de la religion en France et le remaniement de ses diocèses. Enfin le concordat du 25 juillet 1801 venait apporter l'espérance au cœur des bons prêtres et des bons catholiques. Le diocèse de Périgueux allait être réuni au diocèse d'Angoulême et l'ex-évêque constitutionnel de la Gironde allait être promu à ce nouveau siége. C'était Dominique Lacombe, le plus obstiné de ces Évêques et le plus rebelle d'entre eux. M. l'abbé Jacoupy eut connaissance de son arrivée à Angoulême ; il devenait son légitime supérieur par la disposition du vicaire de J.-C. Le confesseur de la foi alla lui offrir ses services et lui demander sa place dans le cadre de la réorganisation.

Le nouvel Évêque ne se croyait que ferme *dans ses principes de l'Église nationale*, la victime de cette constitution schismatique le trouva plus dur *que la roche sur laquelle est bâtie la ville de Montréjeau où il était né.* (Lettre de Lacombe.)

« — Qui êtes-vous, Monsieur ?— Je suis un petit vicaire de votre diocèse, Monseigneur ; je suis natif de Saint-Martin de Ribérac. — D'où venez-vous, Monsieur ? — J'arrive d'Angleterre où j'avais suivi Mgr de Flamarens, mon Évêque. — Je n'aime pas les vagabonds ; retirez-vous : il n'y a pas de place pour vous dans mon diocèse. »

Aux dix années de la déportation, le pays natal ajoutait douleur sur douleur : et le prêtre et l'enfant du diocèse s'éloignait d'Angoulême où nous le retrouverons encore avec Mgr Lacombe.

Brusquement chassé de chez les siens, par celui qui avait mission de l'y retenir, M. l'abbé Jacoupy se retourna vers Paris où les besoins pourraient lui faire trouver un emploi dans les paroisses de la campagne, aux environs de la Capitale.

Dans l'hôtel où il descendait à Paris, il entendit nommer un général de la République dont l'homonymie intrigua sa curiosité. L'abbé demanda à être introduit chez lui ; le général était encore au lit ; il entr'ouvrait les rideaux et d'un ton d'impatience : « Que demandes-tu, citoyen ? qu'y a-t-il pour ton service ?— Général, je viens d'apprendre que vous étiez de Saint-Martin de Ribérac, dans la Dordogne, que vous portiez un nom qui aurait des rapports au mien... — Et après ? — Je m'appelle Jacoupy ; je suis fils d'un maréchal-ferrant de ce village : j'ai pensé que nous pourrions être parents et... — Jacoupy, Jacopin... c'est bien la même gamme... mon père était le forgeron du village..., ton père en était le maréchal-ferrant?... mon père était le frère de ton père.. ainsi nous voilà cousins-germains : touche-là. » Après la poignée de main fraternelle, le général offrait ses services au cousin auprès du général Bonaparte et obtenait du premier Consul la promesse *désolante* que nous avons racontée dans la notice de M. Guillon, au sujet de l'Évêché.

M. Émery revenait sur une première décision négative qui allait si bien à la conscience de son consulteur, répondait aux objections que l'humilité et la défiance opposaient à une réponse plus réfléchie, plus motivée devant Dieu, dans la situation actuelle de la France, et procurait au futur Évêque d'Agen l'éminent secrétaire dont nous avons cherché à esquisser la vie.

Tranquillisé sur une vocation qu'il n'avait pas prévue, que la Providence lui montrait comme l'œuvre de son inspiration, par les décisions des hommes chargés de pourvoir à ses intérêts sacrés dans le rétablissement miraculeux de la religion ; tranquillisée par le puissant auxiliaire que cette Providence divine ménageait à sa faiblesse, cette conscience se laissa conduire et se dévoua au sacrifice.

Nous ne pouvons pas ne pas porter un regard rétrospectif sur les circonstances et les évènements que nous avons rencontrés jusqu'ici, afin de reconnaître et d'admirer la préparation secrète de Dieu pour conduire le nouvel élu, sur le siège de l'Église d'Agen.

Les soins chrétiens d'une mère pieuse, l'adoption paternelle du vénérable curé de Saint-Martin, qui le retire du cabinet de M. Ségalier, pour l'introduire dans le sanctuaire, les témoignages unanimes qui le portent à céder son bénéfice et le refus édifiant du pauvre vicaire, la position sociale que Dieu lui ménage dans son noble exil pour la foi afin de grandir l'éducation du fils d'un maréchal-ferrant à la hauteur de l'emploi qu'il lui destine ; le désintéressement et le charitable usage des ressources qu'il met dans sa main, à son insu ; la tendresse filiale qui le ramène en France pour embrasser une mère bien chère dont il n'apprend la mort qu'en mettant le pied dans la famille ; la répulsion brutale de son Évêque qui le chasse de son diocèse et le pousse vers Paris ; l'obtention fortuite d'une élévation dont les difficultés s'aplanissent par des moyens évidemment merveilleux ; ce sommaire historique ne nous autorise-t-il pas à prêter à Mgr Jacoupy le langage de David, et à lui faire dire à Dieu, dans son humble reconnaissance : *Tenuisti manum dexteram meam, Domine, et in voluntate tua deduxisti me ?* (Ps. **72**)

XII

Préconisation. Serment du 18 avril 1802. Joie de Pie VII sur cette solennité, devant le Sacré Collége. Joie des Évêques élus et de la Capitale. Leur consécration dans l'église des Carmes. Impressions de ce grand jour toujours présentes au cœur de Mgr Jacoupy.

M. Jacoupy nommé par le Gouvernement, agréé par Son Éminence le Cardinal Légat *à latere*, après les témoignages et les informations canoniques de la Nonciature, recevait ses bulles d'institution apostolique, exigée par le nouveau Concordat, avec tous les autres Évêques, le saint jour de la Rédemption, 16 avril 1802, et prêtait serment entre les mains des Consuls et du Représentant du Saint-Siège, qui officiait pontificalement, le jour de la *Résurrection* (18 avril 1802).

« Le saint jour de la Résurrection, on publia avec la plus grande pompe et solennité, les 17 articles du Concordat entre le Saint-Siége et le Gouvernement français, notre constitution apostolique où nous les avons ratifiés.

« Les Consuls de la République assistèrent avec tous les autres magistrats du Gouvernement avec tout le magnifique appareil de leur puissance et de leur grandeur, aux fonctions augustes de cette Religion qu'ils professent, et rendirent à Dieu de solennelles actions de grâces pour le bienfait signalé qu'il avait accordé à la France, en lui rendant la Religion catholique et avec la Religion la paix entre elle et le monde entier.

« Depuis cet heureux jour, quel nouvel aspect la France ne présente-t-elle pas à l'Univers ? Les temples du Très-Haut ouverts de nouveau ; l'Auguste nom de Dieu et de ses Saints paraissent sur leurs frontispices, les ministres du sanctuaire paraissent dans leurs fonctions, sont rassemblés autour des autels, avec les fidèles ; les ouailles sont de nouveau assemblées sous de légitimes pasteurs ; les sacrements de l'Église administrés de nouveau avec la liberté et la vénération qui leur est due ; l'exercice public de la Religion catholique solidement rétabli ; le *Souverain de l'Église, avec lequel quiconque ne recueille pas, dissipe, solennellement reconnu* ;

l'étendard de la croix de nouveau déployé ; le jour du Seigneur de nouveau sanctifié ; enfin un *schisme déplorable*, qui, tant à raison de la grande étendue de la France, qu'à cause de la célébrité de ses habitants et de ses villes, exposait la *Religion catholique aux plus grands dangers*, le schisme, dis-je, est *dissipé* et *détruit*.

« Tels sont les grands biens, les biens avantageux et salutaires dont nous devons nous réjouir dans le Seigneur. » (Allocution de Pie VII, dans le consistoire du 24 mai 1802.)

La solennité de ce grand jour, l'enthousiasme de tous les assistants, l'allégresse de tous les Évêques, de tout ce nombreux clergé, célébrant leur rentrée dans les fonctions saintes, par des hymnes d'action de grâces que leurs cœurs et leurs voix rendaient à Dieu ; oh ! ce jour donna de la force et de la confiance à Mgr Jacoupy. Jésus-Christ semblait se ressusciter de nouveau, dans la résurrection de son Eglise, en France : ce miracle de sa miséricorde parlait à tous les yeux ; et ses disciples consolés, se réjouissaient avec leur père commun, son Vicaire Auguste sur la terre.

Gavisi sunt discipuli, viso Domino.

La lecture de cette allocution du 24 mai, plus que sa préconisation personnelle, établit dans la paix et l'abandon cette âme si pieusement dévouée au Saint-Siége, et le nouvel élu pour le siége d'Agen se prépara dans la prière et la retraite au jour de sa consécration.

Ce jour unique dans la vie parle sans cesse au cœur des Évêques selon l'esprit de Dieu ; mais le sacre du 18 juillet eut encore un caractère plus divin pour les nouveaux élus.

Les maux et la restauration de leurs siéges, le sang des martyrs et des Pontifes et des prêtres qui venaient de les empourprer de leur sacrifice et ajouter leurs noms sacrés aux noms de tant d'illustres prédécesseurs ; le théâtre d'une héroïque fidélité, cette église des Carmes, le choix du Pontife de leur consécration, tout ajoutait à leur ferveur, et ils imploraient une abondance de grâces particulières pour un fardeau toujours redoutable, mais dont leurs consciences s'effrayaient dans ces jours plus difficiles.

Les paroles de l'orateur, de M. de Boulogne, retentirent, jusqu'aux derniers jours de sa vie, aux oreilles de Mgr d'Agen. « Lisez, Messeigneurs, lisez sur ces dalles, sur ces murs qui vont entendre vos serments, lisez de quel amour, à quel prix vous devez contracter l'alliance avec le divin Pasteur, avec vos Églises, acquises, sanctifiées par l'effusion de son sang, consacrées de nouveau par le sang de vos vénérés prédécesseurs ! ! !... » « Ah ! mon Dieu ! ça me fait frémir toutes les fois que j'y pense ! Cette église des Carmes avec ses enseignements, les traces encore fraîches du sang des victimes, dans le massacre du 2 septembre, quand j'y pense, je frémis toujours... et je suis le dernier de cette consécration... lorsque nous fîmes le tour de la nef, pour bénir les fidèles, je marchais après tous les autres ; j'étais le plus jeune, et j'entendais dire sur mon passage : « Celui-là durera longtemps, et je dure encore... » Ce saisissement salutaire, cette impression profonde durait aussi, après trente-cinq ans d'épiscopat, au moment où nous écoutions le récit du vénérable Pontife.

XIII

Le nouvel Évêque se prépare à sa mission ; difficultés particulières. Conduite de Mgr de Bonnac appréciée sur l'allocution pontificale du 24 mai 1802. Extraits de cette mémorable allocution. Mgr Jacoupy annonce sa promotion à Mgr de Bonnac. Sa lettre. Réponse ambigue, fine, polie. Affirmation de l'autorité canonique seule légitime, pour l'administration du nouveau diocèse d'Agen.

Ces jours solennels avaient eu pour cette âme une large effusion de grâces et de provisions spirituelles ; le nouvel Evêque se livra à la préparation extérieure de sa mission : elle se montra dans cette étude directe, rude et difficile. Il s'arma de courage et mit sa confiance en Celui qui l'envoyait.

Tous ses collègues allaient trouver comme lui, dans leurs diocèses, les ravages du schisme et de l'impiété. Mgr Jacoupy allait rencontrer dans le sien un tiraillement, un schisme particulier.

Le 24 mai, jour de l'Ascension, après le *Te Deum* d'action de grâces pour la conclusion du Concordat, Pie VII recevait dans la grande Basilée de San Giovanni « les félicitations du « Sacré-Collége : tous les Cardinaux s'étaient plu dans cette « circonstance essentielle, à le proclamer le Restaurateur « de l'Église, à reconnaître ce qui avait été fait comme la « plus grande chose qui eût eu lieu dans les temps « modernes.[1] »

Mais Mgr Louis de Bonnac n'était pas du « grand nombre « de ces pasteurs vigilants, qui avant la nouvelle circon- « scription des diocèses et les changements nouveaux qui « venaient d'être faits en France, toujours attachés au cen- « tre de l'unité, au siége de Sa Sainteté, au mérite de leur foi, « de leur patience, de leur vigilance pastorale et de toutes « les vertus qui avaient illustré l'Église, (sur l'invitation qui « leur avait été faite par leur chef auguste pour le bien de « l'Église) venaient ajouter le sacrifice volontaire de leur « siége, ce qui avait achevé de les couvrir de gloire. »

(Allocution du 24 mai.)

Mgr de Bonnac persistait dans son abstention : les lettres d'Agen arrivaient au nouveau Pasteur, pleines de soumission filiale et de dévouement empressé ; mais elles ne cachaient pas les divergences regrettables que l'attitude et la conduite de l'ancien Évêque entretenaient dans le clergé et parmi les fidèles. Sans se promettre un succès bien désirable, Mgr Jacoupy tentait la voie d'un hommage respectueux, premier acte de son épiscopat, auprès de son prédécesseur, quatorze jours après sa consécration.

---

[1] Cet acte de souveraineté nous rappelle la célèbre parole de Bossuet au sortir d'une méditation sur la promesse de Jésus-Christ à saint Pierre : *Tu es Petrus;* l'Évêque de Meaux disait dans une conviction profonde : Le Pape peut tout dans l'Église. Dans sa défense, il avait fait dire aux Évêques gallicans :

Concedimus... papam nihil non posse cum necessitas id postularit, XLIII vol., page 64.

Lettre de M<sup>gr</sup> Jacoupy à M<sup>gr</sup> de Bonnac.

14 thermidor an x (2 août 1802)

MONSEIGNEUR,

Au retour d'une déportation de près de dix ans, nommé à l'Évêché d'Agen, je sens vivement que se charger de ce fardeau redoutable est un sacrifice qu'on doit au rétablissement de la religion. Vous contribuez à le rendre plus pénible, parce que je vous succède, sans vous remplacer ; parce que mon goût particulier m'aurait fait préférer d'être *Laurent* plutôt que *Xiste*. Mais quand la Providence s'explique par les événements et par *la voix du Vicaire de Jésus-Christ;* quand elle inspire au premier Consul le dessein de ressusciter l'Église gallicane ; dans l'étourdissement où nous jettent et la nouveauté des circonstances et le souvenir récent de nos maux et l'aurore d'un jour plus serein, on ne s'occupe plus de soi, on se laisse entraîner par cette force invincible qui dispose tout dans l'univers.

Il ne m'est pas possible cependant, Monseigneur, d'oublier ma faiblesse, à la vue de cette formidable responsabilité qui va peser sur ma tête et de ne pas chercher les moyens d'y suppléer. Un des meilleurs sans doute est de recourir à cette expérience que vous avez acquise, à cet amour que vous inspire le troupeau qui vous fut confié. C'est en sa faveur que j'ose vous demander des conseils aussi précieux qu'utiles. Tout ce qui peut contribuer au bien que je suis chargé de faire trouvera un appui dans votre cœur et une approbation dans tous les cœurs honnêtes. Vous avez déjà commencé d'y concourir et j'apprends d'Agen que vous avez eu la bonté d'y écrire et de disposer les esprits à recevoir le nouveau pasteur, à honorer dans sa personne l'autorité du Saint-Siège qui l'envoie. Recevez-en mes remerciements et soyez persuadé que parmi les sacrifices exigés de vous et de moi par les circonstances, le mien est le plus pénible à l'occasion du vôtre. Me serait-il permis, Monseigneur, de vous rappeler qu'il est conforme aux principes de Gerson, qui, dans son traité *De auferibilitate Papœ*, fait relativement au Pape quelques suppositions qui peuvent aujourd'hui s'appliquer aux Évêques et peuvent justifier la conduite de Sa Sainteté.

Vous apprécierez, Monseigneur, les motifs qui m'animent et vous agréerez les vœux que je forme pour votre bonheur et votre tranquillité, et qui ne seront satisfaits qu'avec ceux de votre famille dont les bontés me pénètrent.

J'ai l'honneur d'être, avec un profond respect,

Monseigneur, etc.

Mgr de Bonnac, tout en gardant l'opinion de son refus à l'invitation du Souverain Pontife, lui faisait cette réponse habile et délicate :

30 thermidor an x (18 août 1802).

Monsieur,

J'ai reçu la lettre que vous m'avez fait l'honneur de m'écrire, en date du mardi 15 thermidor an x. J'ai reconnu dans vos expressions les dispositions dans lesquelles on m'avait mandé que vous étiez, dispositions bien faites pour soulager une partie des peines dont mon cœur affligé ne peut pas ne pas être pénétré. J'ai prévenu, autant que je l'ai pu, ainsi qu'on vous l'a dit, les esprits des fidèles et du clergé de *mon* diocèse, en faveur de celui qu'il plairait au Souverain Pontife d'instituer, et *j'autorise* tout ce qui pourra se faire ou se fera par lui, à l'avantage de la religion et au soulagement des consciences. Je renouvelle cette *autorisation* avec d'autant plus de force et de vivacité que je ne puis douter, d'après les sentiments dont vous me paraissez animé, de la faveur distinguée de la Providence, envers tous *mes* diocésains, en faisant tomber sur vous, *Monsieur*, le choix et l'institution de Sa Sainteté.

Éprouvé, comme moi, par dix ans de déportation, vous ne vous êtes assurément chargé du fardeau qui vous est imposé, qu'après de mûres et sérieuses réflexions. Il est immense, *Monsieur*, je ne puis vous le dissimuler.[1] Tant de

---

[1] Le diocèse d'Agen renfermait dans ses nouvelles limites les deux départements du Lot-et-Garonne et du Gers, les cantons de Valence-d'Agen,

diocèses, réunis à celui d'Agen, qui avait déjà près de neuf cents clochers, plus de moitié qu'on y a ajouté, un seul homme pourrait-il suffire à tant d'ouvrage? Dieu vous en donne la force!...... Pour le zèle et les bonnes intentions de votre part ce que vous me mandez ne me laisse aucune inquiétude. Je contribuerai de tout mon pouvoir et du meilleur de mon cœur, à vous aider dans les choses pour lesquelles il vous plaira de me consulter.

Votre modestie, *Monsieur*, fait votre éloge : elle mérite d'être connue de ceux auprès desquels je n'avais peut-être de mérite que l'habitude de trente-cinq ans. Mon administration était, à la vérité, douce, paisible, et je me fais un plaisir de penser que c'est à elle que je dois le bonheur dont j'ai joui pendant un si long temps, ainsi que les témoignages d'intérêt qui n'ont pas été interrompus pendant mes malheurs.

J'espère que l'attachement que me conserve *mon* diocèse me donnera la facilité de pouvoir contribuer au bonheur que vous semblez mériter. Nous nous entendrons, *Monsieur*, quand vous voudrez et tant que vous voudrez; on vous a donné de fort bonnes notes : j'y ai ajouté quelques noms oubliés. Je n'ai peut-être pas désigné tous les bons sujets, parce que dix ans d'absence, sur quinze cents ecclésiastiques tant séculiers que réguliers, dont peut-être plusieurs sont morts sans que je le sache, il n'est pas difficile qu'il m'en soit échappé quelques-uns. Je crains bien d'ailleurs qu'on ne vous laisse pas entièrement le maître de vos choix, et mes recommandations, excepté auprès de vous, *Monsieur*, pourraient porter plus de préjudice qu'elles n'oseraient se flatter de succès.

Tous mes sacrifices en ma qualité de particulier sont faits. Je ne puis dire tout ce qu'ils coûtent à mon cœur..... N'être point coupable est ma consolation..... Je me soumets avec toute la résignation que Dieu peut exiger de moi, à la peine à laquelle je me vois condamné..... Je ne me permettrai pas

---

de Montaigut, d'Auvillars, du Tarn-et-Garonne. Le Lot-et-Garonne se composait à lui seul de fractions plus ou moins grandes de cinq anciens diocèses.

un murmure..... Je désire la paix par dessus tout et la paix des consciences. Par vous et avec vous, *Monsieur*, par moi et avec moi, elle sera bientôt établie, je l'espère, parmi *mon* troupeau toujours chéri, auquel je fais profession d'être toujours attaché jusqu'au dernier jour de ma vie.

J'ai l'honneur d'être, *Monsieur*, avec les sentiments de vénération que vous m'inspirez,

Votre très humble et très obéissant serviteur,

JEAN-LOUIS, *Évêque d'Agen.*

Mgr de Bonnac, par sa lettre pastorale du 20 mai 1791, avait rendu compte à ses diocésains de sa conduite à l'Assemblée Constituante où il avait affirmé glorieusement son adhésion au Souverain Pontife et son refus au serment exigé par la constitution civile du clergé. Son ordonnance du 25 mai s'élevait avec force contre la nouvelle hiérarchie qui s'établissait en dehors de l'autorité de Rome, dans son diocèse, et ses instructions de cette époque portèrent de l'inquiétude dans le parti de l'Evêque de Lot-et-Garonne et chez les partisans de son schisme.

Par cette lettre du 18 août 1802, contre la décision souveraine du chef de l'Église, qui avait supprimé tous les anciens diocèses de France, pour en ériger de nouveaux dans des circonscriptions nouvelles; contre l'exemple du très grand nombre de ses illustres collègues, loués par Pie VII dans son allocution du 25 mai, Mgr de Bonnac persistait, avec cinq autres, dans son abstention et dans le refus de la démission demandée par le Saint-Père. Il ne voulait voir dans le nouvel Evêque d'Agen qu'un vicaire apostolique *par lequel et avec lequel il contribuerait à la paix d'un diocèse chéri auquel il faisait profession de demeurer attaché jusqu'au dernier jour de sa vie.*

Sans doute ces dernières paroles pouvaient n'exprimer qu'un attachement honorable pour l'ancien Évêque et pour les anciens diocésains, mais sa correspondance privée et le langage de ses conversations ne laissaient aucun doute sur le sens réel qu'il avait attaché à cette traduction, même ambiguë, de son opinion personnelle.

Mgr Jacoupy ne pouvait pas, ne devait pas et ne voulut jamais abaisser à une juridiction subalterne l'autorité de son institution canonique : aussi dans sa lettre de prise de possession du 30 novembre 1802, et dans son ordonnance de réorganisation du 8 octobre 1803, Monseigneur éclairait les consciences du clergé et des fidèles par ces paroles énergiques :

« Serions-nous encore obligé de rappeler que l'autorité
« qui nous est confiée devient dans ce diocèse l'*unique*
« *source immédiate* de tous les pouvoirs ? nous ne pouvons
« en reconnaître d'autres et *nous déclarons entièrement*
« *éteints et nuls tous ceux qui ne viennent pas de*
« *nous*, etc., etc. »

Cette scission malheureuse de plusieurs membres de son diocèse donna de l'exercice à la vertu du nouvel Évêque : nous aurons occasion d'y revenir.

Mgr Jacoupy avait ouvert ses rapports et une correspondance consolante avec son diocèse ; il en recevait de toutes parts des documents qui pouvaient préparer et assurer un ministère fécond, dans la mission qu'il tenait du Saint-Siège : il alla prendre ses dernières instructions, auprès de Son Eminence, le Légat *à latere*.

Le Cardinal lui avait déjà remis toutes les provisions nécessaires pour *renverser et réédifier, arracher et planter de nouveau*. Dans cette dernière audience, le Légat lui ordonnait de se rendre immédiatement à son poste pour procéder à la réorganisation.

Dans un avis particulier, il lui recommandait vivement de n'avoir aucun rapport de voisinage avec l'Évêque d'Angoulême.

Mgr Jacoupy avait pu entendre Mgr Dominique Lacombe, avec les sept autres constitutionnels maintenus, se révolter le jour du Jeudi-Saint, 15 avril, dans la réunion présidée par le Légat, contre toute demande de rétractation. Il leur avait été proposé une lettre d'adhésion au Concordat et de soumission au Saint-Siége, ils se vantèrent de leur courage à la rejeter. Mᵍʳ Bernier en rédigea une formule moins explicite, ils se résignèrent à la signer le Vendredi-Saint, et le Cardinal faisait publier leur réconciliation : mais ils avaient jeté au feu le *decretum absolutionis* dont l'Évêque Bernier leur présentait un exemplaire et ils menaçaient de rendre public leur refus : mais à ces menaces d'un scandale funeste, le Cardinal avait répondu que « le soin particulier de leurs âmes les regardait, mais que leur silence était nécessaire à la Religion et à l'État, et exigé du premier Consul; » et ils s'étaient tus devant le public.

Leurs lettres particulières sur ce refus s'imprimèrent après la proclamation solennelle du Concordat, dans leurs journaux ; Mᵍʳ Jacoupy avait pu en avoir connaissance, avant le dernier avis de circonspection que lui donnait le Cardinal Légat au moment de son départ pour Agen.

Voici quelques lignes d'une lettre imprimée le 4 juin 1802, où Dominique Lacombe rendait compte, à son cher ami, le prêtre Binos, de son énergie dans ces journées mémorables.[1]

« ..... Je déclarai que je ne faisais l'abandon de la constitution civile du clergé que parce que une nouvelle loi la rendait impraticable.... qu'ayant aimé et respecté ses dispositions, je continuerai toujours de les aimer et de les respecter ; que bien loin de me blâmer d'y avoir obéi, d'y avoir été fidèle, je regardais comme les meilleurs actes de ma vie, comme les plus dignes des récompenses éternelles, tous les actes qu'elle m'a prescrits et auxquels je me félicite toujours de m'être prêté. »

Nous n'avons eu le courage de citer ce court extrait de ces lettres violentes de l'ex-évêque de la Gironde qu'afin de justifier notre récit.

Mᵍʳ Jacoupy, en s'acheminant vers son diocèse, descendait

---

[1] **M.** Lacombe, ancien supérieur d'un collége de Bordeaux, se fit nommer par le district de la Gironde curé intrus de Saint-Paul ; l'exaltation de ses principes révolutionnaires lui valut la succession de M. Pacareau, à l'Évêché de la Gironde, principes qu'il conservait sur le siège d'Angoulême.

à l'hôtel à Angoulême. Mgr Dominique Lacombe attendait son passage et sa visite. Sur le soir, cet évêque, qui, l'année précédente, n'avait vu qu'un *vagabond pour lequel il n'avait pas de place*, dans le confesseur de la foi, Mgr Lacombe désespérant de le voir chez lui, alla le soir le visiter à l'hôtel. Il fit à Sa Grandeur des reproches honnêtes de n'être pas venu prendre un logement au palais épiscopal et le pressa d'y aller passer la nuit. Mgr Jacoupy s'excusait avec politesse, il avait hâte d'arriver à Agen, les instructions du Cardinal ne lui permettaient pas de retard. Il dérangerait au palais épiscopal, parce qu'il devait se mettre en route, à quatre heures du matin.

Alors Mgr Lacombe disait : Nous sommes voisins ; vous avez des amis dans mon diocèse, votre pays natal ; vos *recommandations seront* TOUJOURS *accueillies par moi avec* BIENVEILLANCE ; je vous prie de réserver aux miennes la même faveur. Vous trouverez à Agen un frère de mon vicaire-général, je vous prie de lui donner place dans le chapitre que vous allez reconstituer.

Mgr Jacoupy donna en effet un canonicat au frère du vicaire-général d'Angoulême parce qu'il avait trouvé les principes et la conduite de M. Guillaume Duffaut entièrement opposés au vicaire-général constitutionnel d'Angoulême. Ce chanoine fut un prédicateur distingué de cette époque et l'ami particulier de son Évêque.

Après Angoulême, Monseigneur n'oublia point une bienveillante et honorable amitié de l'exil à Londres : il quittait la diligence et arrivait seul, à cheval, au château de X** et se faisait introduire. L'entrevue était cordiale, expansive : on se sentait en France, dans la patrie, au foyer de famille.

Après les premiers épanchements M. de X** disait à son cher abbé de Londres : « J'ai retrouvé quelque influence dans la contrée, mon cher ami, je veux que nous ne nous séparions plus : je veux vous faire placer dans le voisinage : nous vivrons en bons voisins, je vous le promets... — Je suis déjà placé... j'ai une cure... — Et où ? — A Agen... — Mais à Agen .. je le connais, dans quelle paroisse ? » Mgr Jacoupy.

tirant sa croix pectorale, qu'il avait tenue cachée sous son habit : « Je suis Évêque d'Agen. » Le gentilhomme catholique se plaignit à son ami de cette surprise. « Vous auriez dû, Monseigneur, me faire annoncer votre arrivée, je vous aurais envoyé ma voiture, je serais venu avec ma famille à la rencontre de Votre Grandeur et je me serais fait un devoir de vous faire une réception convenable chez moi. » Et soudain le grand seigneur sortait pour revenir avec ses enfants et tous ses domestiques tomber aux pieds de l'Évêque et recevoir sa bénédiction avec respect pour toute la famille.

Aux jours des grandes réceptions, ou des grandes tournées, nous avons souvent vu dans les mains de Mgr Jacoupy une riche tabatière, en écaille de tortue, bordée en or : « Je la porte pour obéir à un ami : c'est un précieux souvenir de Londres. En mourant M. X** me la léguait et ordonnait à son héritier, l'aîné de ses enfants, ou à sa place, à un de ses frères, de venir en personne me la porter à Agen, me priant de l'accepter et de m'en servir, en mémoire de lui et de notre union à Londres. Je lui obéis ; et je n'ai personne chez les miens, pour leur léguer un si riche témoignage. »

Était-ce une reconnaissance de ses délicates prodigalités de l'exil? nous l'ignorons.

Après cet heureux écart, Monseigneur arrivait à Saint-Martin de Ribérac. L'Évêque devait payer son tribut filial à la mémoire de sa vertueuse mère, de son vénérable curé, à l'église de son baptême et de sa première communion.

L'affluence fut grande à sa première messe ; on se disputait le bonheur de recevoir ses premières bénédictions. Au sortir de l'église, les bonnes vieilles du village, les vieilles amies de sa bonne mère se disaient entre elles : « *Té lou Jean qu'és Abesqué !!!* (tiens, Jean qui est Évêque) » et ces bonnes chrétiennes lui baisaient les mains avec respect et plusieurs sollicitèrent le bonheur de l'embrasser : « Elles me faisaient penser à ma mère. »

Ce séjour fut court à son gré et au gré de tous les siens : mais son devoir l'appelait ; il arrivait dans son diocèse.

XV

Son attente à Agen. Quelques oppositions sourdes : conciliation, fermeté du Prélat. Enthousiasme de l'immense majorité. Appui, esprit de l'autorité civile d'alors dans tous les rangs de la magistrature. Le maire de Marmande, M. de Souilhagon.

Nous nous épargnerons sur cet épiscopat les détails où nous sommes entré dans les notices de MM. Mouran, Besse, Monteils et Guillon ; nous aurons soin d'y renvoyer, d'en transcrire au besoin.

La loi du 18 brumaire avait relevé le courage des catholiques dans le diocèse ; mais la loi du 18 germinal an x (7 avril 1802) et l'impatience de jouir de ses bienfaits avaient amené successivement dans quelques communes un relâchement sensible dans l'action de la police, pour l'observation des lois et arrêtés relatifs à celle des cultes. Il en était résulté une facile condescendance des maires à tolérer la sonnerie des cloches pour appeler le peuple au service divin, et aux cérémonies extérieures de la religion. Dans le mois de mai, Agen avait été le théâtre d'une rixe affligeante pour tous les bons citoyens, amis de la paix et de la fraternité que la religion commande : une procession venue des communes voisines avait traversé la ville, (se rendant sans doute à Bon-Encontre, selon la dévotion connue de cette époque, sous le nom d'*Angélos*) elle avait été le prétexte et l'occasion du désordre : les tribunaux en poursuivirent les auteurs.

Afin de prévenir le retour de pareils troubles, M. le préfet Pieyre enjoignait de nouveau de se conformer strictement à l'observation des lois de police relatives au culte, tout devant rester au même état jusqu'après l'installation de l'Évêque, premier acte de l'exécution de cette loi organique dans chaque partie du territoire de la République. (Avis du 21 juin 1802.)

Malgré son *incognito*, Monseigneur, en franchissant les frontières de sa juridiction, trouvait des démonstrations privées, mais encourageantes. Cependant il eut besoin de cet esprit de conciliation et de fermeté qui fut la règle invariable de sa longue administration.

Les partisans de quelques prêtres constitutionnels prétendaient assurer aux curés de leur choix le poste que leur avait valu leur influence... Le nouvel Évêque promettait d'étudier leur recommandation, leur demandant le temps d'arriver et de se reconnaître... leur voix se faisait haute et voulait s'imposer comme au temps de leur domination : la réponse et la vigueur du Pasteur légitime déconcerta leur fierté... ils abandonnèrent la place et l'hôtel... Les cabales des districts voyaient finir leur rôle.

Les prétentions de ce parti se montrèrent moins accentuées à Agen : l'obséquiosité, la souplesse avait réussi ; on espéra qu'elle réussirait encore : la circonspection, la prudence du Prélat et de ses conseillers déjouèrent cette tactique et des menées contenues dans l'ombre, car la grande majorité ne cachait point son enthousiasme, et l'autorité avait repris son ascendant légitime. Le chef du gouvernement communiquait à ses administrateurs l'inspiration et le nerf de sa volonté ; il exigeait la dignité dans toutes les charges, mais aussi le respect et l'obéissance dans leurs attributions les plus minimes.

On remontait le torrent vers l'ordre et la tranquillité. Les magistrats et les bons citoyens y aspiraient dans un égal besoin.

Mgr Jacoupy eut en général à se louer de leur concours, surtout dans ces commencements difficiles. On connaît le zèle empressé de M. le préfet du Gers à sanctionner les deux cents interdits que l'honneur du sacerdoce imposait un jour à l'inflexible observateur des lois de l'Église, dans cette partie de son immense diocèse. La religion ne trouvait pas un moindre appui dans les maires des diverses communes.

A la fête solennelle du 15 août, une longue procession des fidèles, des magistrats et du clergé de Marmande se déployait dans un ordre particulier alors, dans cette pieuse localité, sur la grande route qui mène de la ville au cimetière de Granon. La station devait se faire dans cette église de Saint-Pierre.

Dans le lointain, un tourbillon de poussière annonce une voiture de poste lancée à fond de train. M. le maire se porte en tête de la marche, en cas de quelque infraction : il était temps. Le postillon fouettait sans égard à l'exercice religieux. M. de Souilhagon revêtu de son écharpe, en avant de la croix, fait signe au cocher et la voiture s'arrête ; une voix de l'intérieur ordonne de franchir... le cocher hésite, la portière s'ouvre et d'un ton impérieux : « Vous ne savez pas, M. le maire, que je suis Maréchal de France.—Double raison, M. le Maréchal, pour que Votre Excellence observe les lois de l'empire. — Et mais...— Si tu bouges, disait le digne magistrat au cocher irrésolu, je te fais mettre en prison, et vous, M. le Maréchal, vous n'aurez pas de chevaux à la poste. » La procession achevait son défilé dans la régularité de ses rangs et lorsque le dernier assistant eut dépassé la voiture, M. le maire, le chapeau à la main, se présentait à la portière et donnait la liberté de sa marche à Son Excellence, en lui souhaitant bon voyage.

XVI

Prise de possession. Entente parfaite du préfet et de l'Évêque. Délicatesse et convenance du premier magistrat. Monseigneur se loue de M. Pieyre.

L'entrée de Mgr Jacoupy dans sa ville épiscopale et son installation du 18 octobre 1802 n'eurent pas que l'appareil pompeux du cérémonial officiel et réglementaire. M. le préfet s'inspirant de l'esprit catholique de ses administrés voulut donner à ce *premier acte de la loi organique du 18 germinal* tout l'éclat relatif à son ressort, dont l'avait entouré à Paris, le jour de Pâques, la majesté du pouvoir. Tous les corps constitués, escortés de la gendarmerie du département, de la garnison et d'un escadron de cavalerie, vinrent prendre Monseigneur à sa demeure, pour le conduire à la Cathédrale. Le Pontife, précédé d'un nombreux clergé, s'avança, bénissant son peuple à travers une foule compacte, rayonnante de bonheur à sa vue. On n'évalue pas à moins de vingt mille spectateurs le grand concours de cette journée. On était accouru pour fêter le retour de la religion et de son ministre légitime. Ce contraste avec les fêtes mesquines de l'ex-évêque de Lot-et-Garonne, avait frappé les partisans quand même de l'intrusion constitutionelle.

Mgr Jacoupy et M. Pieyre s'étaient compris dès leurs premiers rapports, et leur entretien dans cette soirée s'était ressenti de leur caractère loyal et de leur tact des convenances. M. Pieyre était protestant et il complimentait l'Évêque sur sa dignité dans la prise de possession de sa ville et de son siège. Monseigneur avouait ses émotions et témoignait sa reconnaissance. « Une particularité, M. le préfet, m'a vivement impressionné, au début de la marche : je me présentais crossé, mitré, et ma première bénédiction descendait sur une tête déjà blanchie qui, la première, s'inclinait respectueusement sous ma main. Je la lui ai donnée de bon cœur. Mais vous, M. le préfet, que pensiez-vous en la recevant ? — M. l'Évêque, je m'inclinais devant un ministre de Dieu, et sa bénédiction m'était précieuse... — Et à la Cathédrale, lorsque la clochette a annoncé l'élévation ; je ne pouvais pas vous voir, occupé de l'action sainte: mais que faisiez-vous, lorsque tous les fidèles se sont prosternés pour adorer nos saints mystères ? — Je me suis prosterné comme tous les fidèles, et j'ai adoré avec eux, non pas comme eux, la majesté du Très-Haut. »

J'en ai connu d'autres, ajoutait le vieil Évêque dans son récit, qui ne m'auraient pas répondu aussi convenablement.

Au reste, de tous les préfets qu'il avait vus se succéder durant sa longue administration, M. Pieyre, nous disait-il, avait été le plus digne de sa confiance et le plus capable de sa haute fonction.

Cette appréciation se trouve confirmée par les regrets de tous ses administrés lorsque le décret impérial du 21 mars 1806 nommait M. Pieyre à la préfecture du Loiret.

XVII

Réorganisation. Hommes rares en science et en vertus. MM. de Fournets, lettre, visite. M. J. de Rangouse, son éloge nécrologique. Darguil, François Maydieu, éloge nécrologique. Labrunie, éloge nécrologique. Scission malheureuse de quelques anciens.

Le premier acte de la loi organique du 18 germinal avait ouvert les travaux de la réorganisation du diocèse : les ordres du délégué du Saint-Siège et l'urgence des besoins de la religion appelèrent à cette œuvre toute la sollicitude de la nouvelle administration ecclésiastique. Nous avons tâché de faire entrevoir, dans la notice de M. Guillon, les études et les difficultés de cette laborieuse opération : nous ne nous étendrons pas davantage : contentons-nous de dire que dans le grand nombre des prêtres fidèles qui s'offraient à son choix, Monseigneur trouvait pour les postes élevés des hommes rares en science et en vertus. Ils avaient tous recherché avec avidité les nouvelles qui pouvaient leur faire connaître l'avenir du diocèse et avaient étudié la marche que le devoir allait donner à leur conduite. Les différents brefs du Souverain Pontife, les nouvelles des splendides solennités du jour de Pâques et du sacre des Évêques nouveaux dans l'église des Carmes à Paris, avaient retenti à leurs oreilles. Les journaux du Lot-et-Garonne dans le mois de juin avaient publié l'allocution du 24 mai, et ces paroles avaient une instruction directe pour leur conduite.

« Vous trouverez grand nombre de dignes ecclésiastiques, qui, appelés pour la première fois, pour gouverner l'Église de Dieu, par leur louable conduite, font espérer à l'Église qu'ils seront des pasteurs fidèles du troupeau qui leur sera confié. »

Sur sa route, Monseigneur avait déjà reçu des lettres pleines de dévouement et de soumission, une entre autres à Marmande, tout en affirmant une affection vive et impérissable pour Mgr de Bonnac, lui apportait l'hommage de la plus humble soumission et du plus ardent empressement à se ranger sous sa houlette : c'est un reflet des paroles de Pie VII :

le vénérable vieillard ajoutait des exhortations, bien autorisées par son âge et par ses travaux dans l'Église.

« Révérendissime Évêque et Pasteur de nos âmes, vous êtes donné pour père à des enfants éplorés ; la Providence vous a choisi parmi nos compagnons d'exil ; vous avez été vicaire, vous avez été curé comme nous : *Tu ergo frater noster es*. Vous avez la double science pour nous conduire, l'expérience et l'inspiration ; avec quelle délicieuse fraternité vous allez pratiquer envers vos coopérateurs, humbles de cœur et soumis à votre suprême dignité, l'avis des saints conciles ! Vous serez notre bon père et nous serons vos fils soumis.... Pourquoi trembler ? Il n'y a pas lieu de craindre. Après bien des tempêtes, le Saint-Esprit, qui souffle où il veut et quand il veut, vous a poussé vers nos parages ; la quantité des eaux n'a pu éteindre votre charité, pourquoi abattrait-elle votre courage : vous êtes avide de bons conseils.... plusieurs sages vous ont déjà dit d'être inébranlablement soumis aux ordres de la Providence : *Confortare et esto robustus*. »

Après plusieurs lettres de respectueux dévouement, ce saint prêtre, M. de Fournets, venait à Agen où déjà le plus grand nombre de ses confrères étaient venus présenter leur soumission.

Les deux grands vicaires, son conseil d'administration avaient toute la confiance et l'estime du clergé.

Nous avons déjà eu à parler de M. Rous ; la nécrologie suivante fera connaître M. de Rangouse de Beauregard, dont la coopération fut si précieuse dans ses laborieux commencements.

« Le diocèse d'Agen, 13 janvier 1809, vient de perdre un de ses grands vicaires, M. Armand-Joseph de Rangouse de Beauregard, mort le 11 du courant, âgé de 59 ans moins trois mois, après une maladie de la moitié de sa vie, et une agonie de plusieurs mois.

« Vicaire-général du diocèse, avant comme après la Révolution, député avec son Évêque, à l'assemblée du clergé de France, membre de la Société littéraire d'Agen, M. l'abbé de Rangouse a consacré au bien public une vie qui semblait à peine pouvoir suffire à supporter de vives et continuelles douleurs. Tourmenté par la goutte dont il éprouva les atteintes dès sa jeunesse, il passa presque tout le temps des troubles politiques dans son lit, et s'il ne partagea point la réclusion à laquelle ses confrères furent assujettis, il le dut autant aux sentiments d'estime qu'il avait su inspirer qu'aux souffrances auxquelles il était en proie. Depuis cette époque, il n'est pas sorti de sa maison et le diocèse dont il avait à porter le fardeau, n'en a pas souffert. C'est là que Mgr l'Évêque réunissait, tous les deux jours, son conseil. C'est là que la confiance générale venait chercher des lumières et les secours de son expérience, trouver les consolations de l'amitié, jouir des charmes de sa douceur et admirer des exemples de patience. Cette douceur inaltérable qui fit son caractère et le bonheur de tous ceux qui l'entouraient, les tendres soins d'une famille attentive et les secours de la religion que le malade s'est empressé de réclamer et qu'il a reçus plusieurs fois, ont sans doute prolongé ses jours et ses mérites. Depuis plusieurs mois, mourant en détail et toujours calme, ne conservant l'usage que de sa tête et de son cœur, n'ayant des membres que pour souffrir, il luttait en souriant contre la mort sans cesse présente, qui l'a longtemps et rudement frappé, avant le dernier coup. Il laisse un vide immense, surtout dans le cœur de ses amis, et personne ne l'a connu sans ambitionner ce titre. »

Ses funérailles se firent avec tous les honneurs civils et religieux qu'il avait si légitimement mérités de son Évêque, du clergé, de la ville et de ses concitoyens.

M. de Rangouse eut pour successeur M. Raymond de Fabry ancien vicaire-général de Saint-Omer, de Saint-Pons et de Rennes.

L'honneur du chapitre demande que nous signalions dans sa réorganisation M. Darguil, homme d'une vaste érudition, auteur de plusieurs ouvrages théologiques, demeurés inédits, que M. le chanoine Casse avait eu à mettre au net, pendant ses heures de récréation au Séminaire. Ce vénérable chanoine vif, ardent, jusque dans sa vieillesse, ne savait vivre qu'au milieu de ses livres, des auteurs qu'il aimait et dont il s'était fait une très riche bibliothèque : cette bibliothèque, ses manuscrits, tout a disparu. Le nom de M. Darguil ne subsiste guère que dans le registre de la réorganisation capitulaire.

Quelques-uns de ces bons prêtres ne répondirent pas à l'appel du père de famille : leur âge, une conscience timorée les empêcha de se charger d'une paroisse : cependant ils ne demeurèrent pas oisifs et nous en avons vu s'employer avec zèle à soulager leurs frères dans le ministère pastoral. Nous nous étendons en particulier sur l'un d'eux.

M. François Maydieu Saint-Paul, ancien vicaire-général d'Agen, chanoine honoraire de la Cathédrale en 1802.

Cet infatigable ouvrier de la vigne du Seigneur, ce prêtre modèle, dont le nom est toujours en vénération depuis plus de 60 ans après sa mort, comme il était en bénédiction durant sa vie, M. Maydieu était né à Villeneuve-sur-Lot, de parents pieux et en honneur au milieu de leurs concitoyens. Il était frère de cette demoiselle Catounette dont la mémoire vit toujours bénie dans cette ville pour son zèle modeste, mais ardent pour toutes les œuvres chrétiennes, et oncle de M. Maydieu, curé de Lévignac où il s'est épuisé, après quelques années d'un ministère fertile.

M. François Maydieu, après l'éducation et par l'éducation même de sa famille chrétienne, se destina à l'état ecclésiastique. Ses études classiques et théologiques étaient couronnées de succès, il voulut prendre ses grades et obtint le bonnet de docteur.

Sa mère, dans ses mœurs simples et modestes, s'opposait à ces distinctions honorifiques ; elle y voyait de l'orgueil et un danger pour la piété de son fils : et pourtant, cette chrétienne si humble, quand son fils bien-aimé paraissait dans la chaire de Sainte-Catherine, avec le bonnet de docteur, cachée dans une chapelle latérale, on l'entendait dans sa tendresse maternelle se dire avec joie, lorsque la voix onctueuse et éloquente de l'orateur captivait son auditoire : « Heureuses, mon fils, heureuses les entrailles qui vous ont porté ! heureux le sein qui vous a allaité » et son visage se colorait de bonheur, et ses bras pressaient sa poitrine dans une délicieuse étreinte.

Les succès, disons mieux, les fruits de M. Maydieu dans la chaire chrétienne donnèrent à son ministère sacerdotal des occupations et des travaux incessants. Villeneuve principalement, mais Buzet, Monflanquin, Tonneins, Marmande, etc., furent le théâtre de cette activité apostolique.

Ancien vicaire-général d'Agen, muni de tous les pouvoirs et de la pleine autorisation de Mgr de Bonnac, il eut le courage de demeurer au poste, dans le diocèse, pendant la Révolution. De cachette en cachette, il courait, la nuit, au service des malades ou des âmes catholiques, dans tous les lieux où on lui signalait des besoins, jusque dans les paroisses limitrophes. Les dames de Lagrange ne tarissaient point sur les prodiges de sa charité et de son industrieux dévouement. Elles l'avaient admiré à l'œuvre lorsqu'il demeura caché, dans leur demeure hospitalière, à jamais bénie par tous les prêtres, victimes de leur fidélité. Ceux-mêmes qui n'avaient pas partagé ses principes l'admiraient et le protégaient. Chez les dames de *** à Villeneuve, la clochette avertit du passage du saint viatique, dans la rue ; on regarda de l'intérieur d'une fenêtre et quelques voix murmurèrent avec indignation ; le prêtre constitutionnel était coiffé du bonnet rouge : « A genoux, mes dames, disait M. Maydieu en se prosternant, à genoux ! C'est notre Dieu, fût-il dans les mains de Judas ! » Les espions avaient dénoncé sa présence. Le même prêtre constitutionnel, simulant une visite de malade, vint avertir et le sauver.

A la réorganisation, l'ancien vicaire-général était mis au rang des chanoines honoraires, sans être compris dans le service paroissial. M. Maydieu aurait accepté la cure de Sainte-Catherine, les vœux des paroissiens l'y appelaient ; mais la cure était déjà donnée à M. Dayrie.

L'administration nouvelle regretta de ne pouvoir satisfaire, à titre de récompense, un désir qu'elle n'avait pas prévu. Cette contradiction dans ses goûts ne diminua point le zèle du prêtre et n'altéra point l'amitié de MM. Dayrie et

Maydieu; ils marchèrent ensemble, avec un accord parfait, dans la maison du Seigneur et travaillèrent avec une égale ardeur à la gloire de leur maitre commun. M. Maydieu rentrait à Villeneuve, après quelque absence, pour y reprendre sa part dans le ministère, lorsque la mort l'enleva, au milieu des regrets unanimes de ses concitoyens et de tout le diocèse, le 27 août 1808, dans la 60e année de son âge.

La feuille publique ajoute à son éloge :

« M. l'abbé Maydieu a cédé aux ordres de la divine Providence avec la résignation la plus touchante : il a autant édifié en rendant sa vie à Dieu qu'il avait édifié en annonçant l'Evangile aux peuples. »

De cette phalange sacrée de ministres fidèles qui donnèrent leur puissant concours à l'administration nouvelle, nous n'exclurons pas M. Joseph Labrunie, mort à Agen, le lundi 6 avril 1807, dans sa 73e année.

Son âge, la délicatesse peut-être de sa respectueuse affection pour son bienfaiteur Mgr de Bonnac, l'empêchèrent d'entrer dans le service actif de l'administration nouvelle. Il la reconnut avec sa droiture sacerdotale et en accepta le titre de chanoine honoraire, à la première réorganisation du chapitre.

Professeur de rhétorique au collège d'Agen M. Labrunie avait harangué Mgr de Bonnac à sa prise de possession, en 1767, par la bouche de son élève de 15 ans, qui devint l'illustre M. de Lacépède. Le Prélat l'appela peu de temps après à la cure de Monbran, poste de faveur, qui le mit dans la familiarité de son Évêque, qui lui a toujours conservé son estime et son affection.

Quoique familier du château épiscopal M. Labrunie n'en fut jamais le courtisan et il exerça son ministère pastoral avec indépendance et quelque fois avec une franchise de langage dont Monseigneur lui sut toujours gré.

Rigoureusement fidèle aux devoirs de son état, victime de cette fidélité, dans ces temps malheureux, M. Labrunie subit la réclusion, d'abord au Grand Séminaire, ensuite au couvent de Paulin où il passa deux années, avec des prêtres dont il a écrit des témoignages honorables dans un vieux pouillé annoté de sa main.

Les études favorites de l'histoire agenaise, ses exercices de piété, la méditation des saintes Écritures adoucissaient les rigueurs de sa réclusion. Nous avons lu, écrit de sa main, à la fin d'un bel Elzévir du Nouveau Testament grec :

« Je l'ai relu deux fois dans ma détention à Paulin. »

Oderetur Dominus sacrificium !

Héritier des travaux historiques de M. Argenton, M. Labrunie y avait mis de l'ordre, les avait enrichis de recherches malheureusement encore inédites.

Sa notice nécrologique, dans le Journal de cette époque, rédigée par une plume amie et savante, ajoute : « Aux vertus qui doivent caractériser le prêtre, M. Labrunie joignait un savoir vaste et solide, mais qui ne se manifestait que sous les formes les plus aimables. Par un de ces revers de la fortune, dont la Révolution n'a fourni que trop d'exemples, M. Labrunie était devenu à son tour le bienfaiteur de son Evêque, quoique atteint lui-même dans ses facultés. Nous pouvons déclarer maintenant (8 avril 1807) que dans l'exil auquel Mgr de Bonnac *s'est condamné*, c'est aux soins reconnaissants de M. Labrunie qu'il a dû une partie des consolations et des secours par lesquels sa situation a besoin d'être adoucie dans la terre étrangère (en Bavière à cette époque) après avoir passé en Suisse les mauvais jours de la Révolution.»

Des prêtres de Mgr de Bonnac s'obstinèrent dans leur affection et formèrent un schisme affligeant ; nous en avons parlé dans la notice de M. Guillon.

Les constitutionnels furent réconciliés en partie ; mais plusieurs ne se rétractèrent jamais, et quelques survivants en 1830 se flattèrent de l'espérance de voir revivre la constitution civile, et, malgré leurs démarches consolantes sous la Restauration, ils s'applaudissaient de leurs actes dans le schisme et se disaient prêts à renouveler leur serment civique ; ils furent rares. La mort avait d'ailleurs moissonné dans leurs rangs.

Hâtons-nous de dire que parmi les prêtres ordonnés par

l'évêque constitutionnel, des prêtres modèles ont laissé dans leurs paroisses un souvenir impérissable.

Nous ne revenons pas sur les premières publications épiscopales (voir notice Guillon), nous aurons à parler de quelques autres.

XVIII

Prédications de Mgr Jacoupy, de M. Guillon. Délimitation des paroisses. Zèle pastoral pour la décence des églises. Concours des fidèles, des curés. M. de Boudon-Lacombe, curé de Fauguerolles.

Mgr Jacoupy tint la chaire de sa Cathédrale dans les grandes solennités sous l'Empire. Sa présence, sous le costume pontifical, a laissé à un témoin oculaire une impression qui l'exaltait encore ces jours derniers : c'était le 15 août 1806. Nous transcrivons la feuille publique du 20 août.

« Monseigneur l'Évêque d'Agen a prononcé dans l'église cathédrale où toutes les autorités civiles et militaires se sont réunies, un discours plein de force et d'éloquence. Le prélat n'a pas craint de sonder encore les blessures profondes qui ont été faites à la religion rétablie et de la nécessité pour les gouvernements et pour les familles d'en pratiquer les préceptes divins, afin de se procurer un bonheur sûr et solide au sein d'une véritable dignité. » (Voir ce discours aux preuves, etc.)

M. Guillon prêchait à son tour le 7 décembre 1806 et le 15 août 1808 et même en 1811.

Par un décret de Mgr le Cardinal Légat, l'Église de France célébrait le 15 août le rétablissement de la Religion et le premier dimanche de décembre le couronnement de l'Empereur.

Mgr Jacoupy occupa la chaire dans les plus grandes solennités et dans les principales et graves circonstances de la réorganisation du culte. Nous avons recueilli avec bonheur ses différents manuscrits autographes, discours ou allocutions. Nous les placerons dans leur lieu, soit dans le corps de la notice, soit dans les pièces justificatives.

Les sermons de M. Guillon sont nombreux et dignes de la célébrité que son rare mérite lui avait acquise comme orateur et comme écrivain. Sa notice donne une idée de l'érudition et de la piété de ces compositions.

La délimitation des paroisses demanda son travail; mais les commissions cantonales en diminuèrent les fatigues. Ces délimitations nouvelles eurent leurs bizarreries ; les commissaires étrangers aux localités se laissaient quelquefois aller aux influences de l'intérêt ou du goût des particuliers.

Le règlement des paroisses supprimait d'anciennes églises ; le service et la commodité souffraient de cette suppression ; les vieillards et les infirmes demandaient une modification ; l'affection filiale pour l'église de leur baptême, le culte pour leurs morts ensevelis dans ces cimetières faisaient souhaiter leur conservation. Mgr Jacoupy obtint du Gouvernement, en annexes, plus de deux cents de ces églises, il prévoyait de meilleurs jours et eut la consolation plus tard d'en faire ériger plusieurs en succursales.

La création des fabriques, leur organisation, le choix des marguilliers, avec les titres de leur installation délivrés par l'administration ecclésiastique, tous ces soins eurent leurs fatigues, mais avec quelle piété, quelle suave éloquence l'ordonnance du 14 juillet 1804 grandit aux yeux de la foi ces modestes fonctions de la maison de Dieu.

Les églises étaient nues, souvent délabrées. Le pillage révolutionnaire avait tout emporté et en pure perte pour l'État. Sans cloches, sans tableaux, sans ornements, sans vases sacrés, quel dénuement ! Mgr Jacoupy s'affligeait de l'indécence que les pillages imposaient aux augustes cérémonies de l'autel. Il prohiba tout usage de vases en composition, exigea des vases d'argent et fit appel à la piété de ses diocésains.

On vit quelques restitutions : on vit aussi des laïques chrétiens, n'écoutant que leur foi, faire à leur paroisse, malgré leur modeste fortune, l'offrande des vases sacrés exigés par l'Évêque. Un fabricien de la paroisse d'Unet, un catholique de Tournon, M. de G. et d'autres, donnèrent l'exemple. Il fut assez suivi ; mais les bons prêtres ajoutaient à leurs privations journalières pour procurer à leurs églises la propreté et la décence, le seul luxe possible dans le dépouillement absolu que la démagogie leur avait infligé.

Nous avons vu plusieurs de ces anciens déportés continuer dans leur presbytère les gênes de l'exil afin de subvenir aux besoins des pauvres dont leur sanctuaire ouvrait la liste ; l'un d'entre eux, riche de sa famille et fort industrieux, commandait ses étoffes à Lyon et confectionnait lui-même les superbes ornements dont il laissa une très belle collection ; lui-même parait l'autel, étendait ses tapis, ou faisait briller les dalles, les marches du sanctuaire et entretenait la lampe devant le Saint des Saints... Ce vénérable ecclésiastique n'avait jamais lu dans saint Jérôme la sollicitude du jeune prêtre Népotien : *Erat sollicitus si niteret altare, si parietes absque fuligine, si pavimenta tersa, si sacrarium mundum, si vasa luculenta »*, et pourtant M. de Boudon-Lacombe fut le Népotien de l'église de Fauguerolles dans le canton de Marmande. Le zèle de la maison de Dieu ne l'avait pas dévoré : *il réjouissait sa vieillesse et renouvelait encore ses forces*, lorsque aux premiers jours de notre sacerdoce, la visite de son église gravait dans notre cœur l'exemple édifiant dont nous sommes heureux de témoigner notre reconnaissance à la mémoire de M. de Boudon.

Bien des paroisses, nous le savons, ont eu à bénir de pareils bienfaiteurs, sous cet épiscopat de leur restauration : mais nous devons respecter le cadre d'une simple notice.

XIX

Fonctions épiscopales. Jubilé de 1804. Mandement remarquable. Fruits heureux et abondants. Souvenirs encore vivants. Le Bridaine de l'époque, Très Révérent Père Miquel. Mission de Sainte-Foi. Croix de la Porte-du-Pin. Missions diverses.

Cette administration nouvelle venait de donner toute son application au remaniement des paroisses, au personnel du clergé, des fabriques et d'autres institutions. La sagesse et l'autorité de ses ordonnances assuraient l'exercice de la régularité dans l'exercice du culte et du saint ministère. Mgr Jacoupy se livra tout entier à l'action extérieure de sa mission apostolique et plus directe auprès des âmes.

Son mandement du 28 août 1804 préparait son diocèse au jubilé accordé à la France par le décret apostolique du 1er novembre 1803.

L'indiction de ce jubilé avait été différée par le Cardinal Légat, jusqu'à ce que le zèle des Évêques eût organisé les diocèses et réglé ce qui regardait le service divin et la conduite des âmes, afin que la vertu si salutaire de la grande indulgence opérât les fruits qu'en espérait Sa Sainteté parmi les peuples fidèles de la France. Monseigneur en avait différé lui-même la publication jusqu'au 1er novembre 1804, à la cessation de tous les travaux de la campagne.

Ce mandement accuse une profonde étude des besoins religieux de cette époque et l'intelligente application des seuls moyens efficaces à leur soulagement, le retour sincère aux principes chrétiens et l'usage consciencieux des sacrements dont le zélé Pasteur leur développe les dispositions requises afin que tous puissent participer à leurs remèdes divins.

L'appel du Pasteur et le dévouement de ses prêtres trouvèrent dans les cœurs de cette génération ce qu'on s'efforce hélas ! de détruire de nos jours, l'impression première d'une éducation catholique ou du moins la tradition chrétienne de la famille, et les retours furent nombreux et consolants. Le cœur de ce bon père de famille voulait une moisson plus abondante : il procura à toutes ses paroisses le bienfait d'une mission générale. Ce fut alors surtout que le cœur de ce zélé Pasteur surabonda de consolation par un retour innombrable de *prodigues*, qui accoururent aux ministres de la réconciliation, *afin de se faire rendre la première robe de l'innocence* et le *sceau d'une alliance nouvelle avec leur Dieu*. « Lui-même dans plusieurs paroisses présida au
« festin du *Grand Roi* auquel il les avait conviés et nourrit

« leurs âmes du corps sacré de ce Jésus miséricordieux,
« qui scellait de son sang divin le pardon de leurs péchés
« et mettait le comble à l'indulgence. »

Chaque paroisse du diocèse conserve encore avec respect les croix commémoratives de cette grande mission. Les tout petits enfants de ces jours de grande amende honorable retrouvent dans leurs vagues souvenirs des impressions qui les font encore tressaillir dans leur vieillesse. La tradition après plus de soixante années, redit toujours avec admiration et reconnaissance dans nos grandes églises et dans les localités de quelque importance, le nom vénéré du grand missionnaire qui les parcourut toutes en y répandant les trésors de son ministère et de sa parole, du P. Miquel. Ce nouveau Bridaine avait sur les cœurs un empire extraordinaire : les austérités de sa vie, l'ardeur infatigable de ses travaux, son accueil charitable à toute âme dévoyée, tout attirait, tout prêchait en lui : et cependant, en chaire, sa parole s'armait des menaces divines, sondait les consciences et y portait les terreurs salutaires du repentir. Dans une conférence aux hommes, on cite son indignation sacerdotale contre la légèreté des examens et la stérilité des aveux au saint tribunal : et pour l'intérêt de leurs âmes, il mettait sous leurs yeux le tableau des énormes sacrilèges qui avaient souillé ces jours de l'impiété. A mesure que cette voix inspirée énumérait les blessures diverses dont on cherchait à se dissimuler la profondeur et le déplorable aspect, on voyait les fronts s'assombrir et les têtes s'abaisser ; les sanglots interrompaient le prédicateur, la lumière se faisait dans les ténèbres et le repentir assiégeait en foule le confessionnal du P. Miquel après sa prédication. Monseigneur était assidu à ces exercices pendant la retraite des hommes.

Nous ne faisons pas un tableau à plaisir ; nous écrivons un sommaire des récits du temps dans Agen.

La plantation des croix clôturait ces fêtes de *grands pardons*, après les communions générales. La plantation de de la croix, à la porte du Pin, dans la paroisse de Sainte-

Foi, donnera une idée de toutes les autres plus ou moins solennelles dans tout le diocèse.

Nous analysons un compte-rendu dans le Journal du vendredi 30 mai 1806.

Douze cents hommes portaient la croix, par pelotons de quarante se succédant et se soulageant tour à tour, à un brancard énorme richement décoré, pendant le long parcours de la procession ; des filles habillées de blanc, des femmes en noir, les congrégations diverses des trois compagnies de pénitents, le chapitre de la Cathédrale, le clergé de la ville présidé par Mgr l'Évêque, toutes les autorités civiles, la gendarmerie, la garde nationale, formaient cortége, au milieu des chants d'allégresse à l'honneur du signe auguste de la Religion. Reconduite ainsi en triomphe par cette population retrempée dans la foi de ses pères, la croix allait reprendre possession de nos places publiques. Le P. Miquel, les pieds nuds et ensanglantés, parcourait les rangs immenses pour y maintenir un ordre parfait et animer les chants du geste et de la voix. A la station, il s'avança sur le piédestal, tout rayonnant du bonheur qu'il lisait sur tous les visages. Son allocution s'en ressentit : Monseigneur bénit le monument et accorda des indulgences à tous ceux qui viendraient prier pendant l'année. On voyait, le soir, les familles du quartier fidèles à cette dévotion.

Le 23 avril 1809, l'abbé de Fossat, missionnaire et prédicateur distingué, ouvrait la solennité de la mission dans l'église Notre-Dame d'Agen pendant que l'apôtre de l'Agenais continuait dans la métropole de Toulouse celle qu'il y avait ouverte le 16. Un concours immense de fidèles se rendait, chaque soir, à ces exercices où le pieux et infatigable P. Miquel se faisait remarquer autant par le choix de ses instructions que par l'onction de son débit.

Un autre missionnaire célèbre du plus rare mérite, M. Lacroix, fut invité à se rendre à Clairac, pour y prêcher une mission après celle qu'il donnait à Aiguillon. Le saint prêtre s'excusait de ne pouvoir se rendre à ce vœu et disait : « Avec quelle vénération j'aurais visité le lieu où reposent les précieux restes de notre saint martyr ! » M. Pierre de Lartigue victime, dans une effervescence populaire, de son noble refus du serment, le 20 juillet 1792. Le diocèse d'Agen n'eut à déplorer, avec la mort de ce saint ecclésiastique, que l'exécution juridique à Agen, 30 août 1794, du T. R. P. Jean-Joseph Delsac, natif de Villeneuve-d'Agen, religieux cordelier, âgé de 45 ans.

NOTA. Les notices sur **MM.** *Lartigue, Delsac, Martin de Bonnefond, Matthieu Fournets*, se trouvent dans *les Confesseurs de la Foi*, par Carron, 4 vol. in-8º.

XX

Visites pastorales. Mgr honore ses prêtres devant les fidèles et dans les réceptions particulières. M. Monteils. Un vicaire devenu curé. L'excellent sujet dans un poste de dévouement. Le curé mal satisfait de son poste ; fermeté ; indulgence paternelle. Effets de cette bonté sur son clergé. L'illuminé du Port-Sainte-Marie.

Il fallut plusieurs années pour les visites pastorales dans cet immense diocèse. Les besoins particuliers de ces nouvelles paroisses, des difficultés sans nombre à étudier et à résoudre, la longue privation du ministère épiscopal qui multipliait les sujets à confirmer, les instructions à un peuple avide d'entendre la parole du premier Pasteur, les réceptions et les visites de convenance, dans une société chatouilleuse par la nouveauté même de ses droits, donnèrent à ces années leur embarras et leurs fatigues. Ce fut dans ces tournées que Mgr Jacoupy se montra l'Evêque selon le cœur de Dieu et par le respect et l'affection dont il honorait les bons prêtres en présence de leurs paroissiens, et par une conciliation paternelle dans les retours heureux que son cœur ambitionnait, et par son inflexible fermeté contre l'obstination ou la persévérance coupable.

Nous avons raconté dans la notice de M. Monteils les paroles et les attentions paternelles de Monseigneur pour ce saint prêtre que le Prélat appelait toujours *son ami*, parce qu'il était humble et fervent. Nous transcrivons. Ce trait suffira pour faire apprécier en général ce que fut, dans toutes les occasions, la conduite de Mgr Jacoupy pour ses bons prêtres.

C'était en octobre 1834. Par condescendance pour M. Besse, et afin de rehausser, par sa présence, la magnifique fête du Saint-Rosaire, Mgr Jacoupy avait daigné changer l'itinéraire de sa visite pastorale et l'ouvrir par le canton de Penne. Pendant cinq jours, les paroisses respectives arrivaient au chef-lieu, conduisant leurs enfants au Pontife pour recevoir le sacrement de Confirmation.

Depuis longtemps, M. Monteils instruisait et préparait les siens. Afin de produire sur eux une plus heureuse impression et de donner à ce beau jour de fête un caractère spécial de respect et de foi, il avait invité les parents en particulier et les paroissiens en général, à profiter de la circonstance pour se renouveler eux-mêmes dans la vertu du Saint-Esprit, au moment où les confirmants seraient sous la main du Prélat. Il n'ignorait pas ou plutôt il espérait que sa besogne serait très grande. Il passa en effet toute la journée de la veille à entendre les confessions des femmes, et la nuit presque entière celle des hommes. Il disait sa messe à quatre heures du matin, et se mettait, à jeûn, en tête de la procession.

Parmi ses confirmants, se trouvait un jeune homme de 27 ans, beau, robuste, qui attirait particulièrement l'attention par la joie qui rayonnait sur son visage. Vers les neuf ans, une maladie cruelle l'avait laissé complètement sourd. À peine si, à force de poumons et avec l'habitude, les parents parvenaient à s'en faire comprendre. M. Monteils gémissait, encore plus que la famille, d'une infirmité qui tenait ce jeune homme éloigné de la participation des sacrements. M. le curé étudia la méthode des sourds-muets, se procura de grandes images à l'usage de leur instruction religieuse, et se dévoua à cette œuvre pastorale. Par bonheur, le jeune homme savait toutes les prières de son enfance, avant sa maladie ; elles furent d'un grand secours ; cette ressource même avait seule encouragé l'entreprise héroïque de la préparation à sa première communion. Elle fut longue, pénible, on le comprend ; mais tous les mystères, tous les sacrements, tout le catéchisme en un mot et toutes les prières furent gravés, comme sur l'airain, dans cette mémoire et dans cette intelligence incultes. « C'est le plus instruit de tous nos confirmés, nous disait M. Monteils après la cérémonie ; pour lui, il n'y a pas la foi seulement : il voit ; une croix, un tabernacle, un autel, le confessionnal, une tombe, lui retracent au vif de longues pages sur la religion entière. »

Les vérités du salut avaient fait une impression si profonde dans son cœur que, pendant le mois qui précéda la première communion, ses parents le surprenaient en pleurs, derrière les haies, dans quelque coin de la grange ou de la maison, priant et sanglotant. Ils s'alarmèrent, la mère surtout. A force d'instances, ils avaient obtenu le secret de sa pieuse anxiété : « Il tremblait de mal faire sa première communion ! » Avec cette âme timorée, les séances avaient été longues, la nuit, dans la sacristie, pour le catéchiste et le confesseur. La veille de cette confirmation, M. Monteils l'avait reçu après tous les autres, bien avant dans la nuit, et lui avait donné le reste de ses forces, avec cette patience et cette charité que l'amour des âmes peut seul inspirer au cœur des prêtres.

L'heure de la cérémonie avait sonné depuis longtemps ; Mgr Jacoupy aimait l'exactitude : revêtu des ornements pontificaux, il laissait à peine arriver le dais à la porte du presbytère, et il allait descendre les marches, lorsqu'on lui annonça une procession en retard ; on calma aisément un premier mouvement de contradiction, en nommant Saint-Martin et M. Monteils. Sa Grandeur rentrait et ordonnait « que la procession de M. le curé de Saint-Martin le conduisît à l'église. » Il fallut du temps à la marche recueillie de ces deux longues lignes pour arriver, opérer son évolution le long de la place et venir se ranger en tête du cortège épiscopal. Monseigneur, sous la crosse et la mitre, attendait avec une bienveillance marquée et souriait au bel ordre de la procession *de son ami*. Pendant ce temps, la mère de M. Monteils arrivait timidement par la porte du jardin, et se tenait pied coi, au fond du corridor. Mais on la signala au Prélat, qui alla avec bonté à cette campagnarde, lui demanda des nouvelles de son fils, lui recommandant *de le lui bien soigner* ; et lui présentant son anneau à baiser, il la bénit avec une bonté toute paternelle.

Cependant M. le curé de Saint-Martin arrivait, tombait à genoux et ôtait son étole pastorale ; mais Monseigneur lui ayant fait signe de la reprendre et de se remettre en tête devant le dais, M. Monteils ne comprit pas ou ne vit pas, dans sa préoccupation, et il alla s'effacer dans les derniers rangs.

L'Évêque avait été contrarié, son but n'était pas atteint ; il avait à peine gravi les marches du trône qu'il se retournait sans quitter la mitre et la crosse, et cherchait des yeux M. le curé de Saint-Martin ; celui-ci s'était déjà retiré dans le banc du lutrin où il prenait place, lorsqu'on vint l'avertir que Monseigneur lui faisait signe d'aller à lui ; il arrivait déconcerté au pied de l'estrade ; mais Sa Grandeur l'attira dans ses bras. On montait sur les bancs, sur les chaises ; on était attendri jusqu'aux larmes ; et plusieurs pleuraient encore en racontant leur émotion, lorsqu'ils avaient vu le Pontife sur son trône *appeler son prêtre et embrasser à deux fois nostré saint de Saint-Marty*. Le pauvre M. Monteils, dans son trouble, avait laissé tomber çà et là ses livres, son bonnet carré, et ne savait plus retrouver la route de son banc.

Après la cérémonie, Monseigneur le mandait dans ses appartements, afin de l'entretenir en particulier, et lui ordonner de dîner à sa table avec lui. Mais M. Monteils faisait agréer ses excuses : « Il n'avait donné à ses paroissiens que le temps de manger, afin de se rendre à l'église, à une heure précise, pour en partir en procession, en chantant les vêpres dans la route, et donner le Salut en actions de grâces, à leur retour à Saint-Martin. » Il se contenta lui-même de faire à la hâte un médiocre déjeûner, *grand extra pour son Monteils*, au dire de Mgr Jacoupy, qui voulut en connaître le menu.

On ne manqua pas de parler du sourd confirmé ; M. Tailhié, ravi des particularités qu'il en apprenait de la bouche de son curé pendant *son grand extra*, voulut interroger le jeune homme et s'assurer par lui-même de son instruction et des difficultés vaincues ; il le trouvait à table chez son parrain, lui parlait en criant à tue-tête, sans se faire entendre ; tandis que le jeune homme se tournait à diverses reprises, tout en mangeant avec précipitation, vers son cousin, demandant l'heure, afin de ne pas manquer à la minute qu'avait fixée M. le curé. Malgré qu'il en eût, M. Tailhié fut forcé de renoncer à son envie, et revenait raconter à Monseigneur le sujet de sa curiosité et son désappointement : « C'est complétement sourd. — Mon cher, il n'y a qu'un Monteils pour entreprendre et exécuter une pareille mission. »

A un mois d'intervalle, Mgr Jacoupy disait en riant à un professeur de son Petit-Séminaire : « Eh bien ! que dit-on à Ferracap ? » (A cette porte de Penne, où avaient été les fourches patibulaires, Monseigneur, au retour d'une promenade, s'était abimé les pieds contre les pavés de cette rue en précipice, et avait promis de se souvenir de *son Ferracap*). Le professeur répondait qu'on y parlait des fêtes de son passage, mais surtout, avec reconnaissance, de l'accueil distingué dont il avait honoré M. Monteils. — Je l'ai fait exprès, à l'église, en pleine cérémonie, parce que j'étais bien aise de manifester avec éclat mon estime et mon amitié ; il ne m'avait pas même regardé en arrivant ; il s'était caché à dessein ; je lui en fis des reproches. Je lui dis bien de demeurer pour dîner, mais il était parti avec sa procession. Je suis bien aise de ne l'avoir pas manqué à l'église. »

Après quelques années d'un vicariat utile et laborieux dans un chef-lieu d'arrondissement, un jeune prêtre était envoyé dans une paroisse rurale où son ministère trouvait des fatigues et des anxiétés. L'église nue, sans ressources, le presbytère délabré, vraie masure inhabitable, des mœurs grossières lorsqu'elles n'étaient pas hostiles ou malignes, des coteaux, des chemins impraticables, la nouveauté de cet ensemble avait égaré le côté humain du pauvre curé, qui dans la naïveté de ses rêves avait peut-être entrevu un horizon moins sombre ; il se dévouait ; mais la nature n'était pas insensible au contraste. Mgr Jacoupy venait donner la confirmation et prenait logement dans la chambre la moins inconvenante que le curé avait pris soin d'approprier de son mieux à son supérieur et à son Évêque : mais avec la franchise de son caractère, il se plaignit, il exposa ses déceptions, et ne manqua pas de faire parler les lieux et les choses.

Le bon Prélat l'avait écouté avec placidité et souriant à l'animation de cet exposé : « Mon cher abbé, lui dit-il, cette sensibilité ne m'est pas étrangère ; je l'ai connue dans le temps : mais encore aucun de mes curés ne m'a fait entendre votre langage : je comprends les âpretés que vous offre la transition : mais si le noviciat du ministère pastoral a pour vous des épreuves et des sacrifices, avec la générosité sacerdotale, il a ses mérites et ses consolations. Croyez-moi, mon cher ami, une âme réconciliée avec son Dieu, après avoir couru à elle, dans la boue, dans les sentiers de la montagne, vous donne le soir, en essuyant vos sueurs, plus de jouissances secrètes que toutes celles qui entouraient le confessional de votre vicariat. Voilà qui est édifiant, mon cher, et le zèle dans la fatigue, dans les privations, parle mieux à vos paroissiens que tous les prônes et tous vos sermons. Au reste, vous ne faites que commencer. Courage et patience : on ne moissonne pas, avant d'avoir semé. »

A quelque temps de là, le curé de l'arrondissement invitait son ancien vicaire à la fête de la confirmation et lui donnait place à la table de Monseigneur. Monseigneur, pendant le repas, eut des attentions délicates pour le jeune desservant ; il daigna quelquefois le servir de sa main et lui adressa de ces paroles que le cœur aime à conserver. Après le diner, il le prit sous le bras et lui demanda avec une bienveillance paternelle, des nouvelles de son logis, de son église et de sa paroisse. — Cela m'a bien passé, Monseigneur ; je suis content et très content aujourd'hui. — Je m'y attendais, mon cher abbé, ça me fait bien plaisir, et je vous laisse à vos premières armes. Cette épreuve dignement soutenue lui valait plus tard une cure de canton.

Un vénérable de nos anciens, que sa modestie et une résistance motivée empêchèrent longtemps de franchir tous les degrés de l'avancement, nous disait, les jours passés, dans la causerie, les souvenirs de bontés et de prévenances que ce bon père avait laissés dans son cœur.

Une paroisse était en souffrance, pauvre, négligée, du moins sans culture. Le Prélat en avait étudié les besoins ; il avait étudié aussi l'ouvrier qu'il y envoyait : il le savait digne de ses meilleurs postes, mais digne aussi d'un poste de dévouement. L'ouvrier se dévouait dignement depuis plusieurs mois lorsqu'un cas imprévu l'amena auprès de son Evêque. L'Evêque le recevait avec distinction, avec affabilité, le faisait asseoir près de lui, et demandait à tout savoir en détail, ses peines, ses difficultés, sa gêne, ses privations. Le jeune ouvrier disait tout avec naïveté : il se sentait près d'un père, et en s'épanchant le soulagement lui venait au cœur. Car il se voyait compris, soutenu de la compatissance de son Évêque. Monseigneur redevenait vicaire avec lui ; il avait eu lui aussi ses épreuves dans les premières années de son ministère, ses oppositions, ses froissements, et Dieu lui avait fait la grâce de gagner l'amitié de son curé et des paroissiens. « Je sortis de cette audience consolé, fortifié et je repris avec un nouveau courage ma charge de tous les jours. Oh ! quel bon cœur ! j'y pense souvent et toujours j'admire davantage la richesse et l'industrie de sa bonté. »

Des raisons administratives transféraient un jeune curé à une paroisse nouvelle. Après l'avoir visitée, le jeune prêtre revenait mécontent à son Évêque et avec l'accent de son caractère naturellement emporté et résolu, il déclarait de prime abord qu'il n'acceptait pas, qu'il n'irait jamais occuper un tel poste, qu'il désobéirait à une injonction.

Le vieil Évêque laissait passer le flux de paroles irritées, tombait aux genoux de son prêtre et arrêtant sur lui ses yeux baignés de larmes : Vous m'obéirez, mon enfant, vous ne m'affligerez pas, en vous rendant malheureux : vous irez dans cette paroisse, vous irez..... — Oui, Monseigneur ! oui, Monseigneur ! j'irai.... j'irai.... demain, ce soir....à l'instant... où vous voudrez » et les sanglots lui étouffèrent la voix.

Responsio mollis frangit iram.

Il y a quelques années, ce prêtre devenu vieux à son tour disait avec un reste de vivacité : « Malgré mon âge et mes in-
« firmités, je partirais encore à la voix de l'autorité : je l'ai
« toujours présent à mes genoux, ce bon père, me ramenant
« à l'obéissance, dans cette posture. »

Sans les limites d'une simple notice, nous aurions beaucoup à citer, car nos anciens avaient et ont encore à raconter un trait personnel : et à la chaleur ou à l'émotion de leur récit on sent l'impression que cette bonté a laissée dans leur âme.

Ce tact exquis à conduire ses prêtres selon leurs caractères divers lui venait mieux du cœur que de l'habileté, et le cœur lui venait toujours en aide. C'était dans son cœur qu'il trouvait une compatissance sans faiblesse et aussi une énergie inflexible à prendre leur défense, au besoin.

C'est pour un aveu et un retour sincère que des confrères purent dire à un malheureux dont toute une contrée s'attristait ou se scandalisait, sous une grave et publique accusation : « Nous avons un bon père pour Évêque : allez à lui..... jetez-vous dans son cœur..... dites tout..... dites la vérité..... et faites ce qu'il vous dira. » Le malheureux n'écouta pas ces confrères qui lui indiquaient le seul moyen de se sauver.... nous étions bien jeune alors, et une circonstance vient de nous rappeler cette confiance de nos anciens envers leur supérieur.

Mais dans ses dernières années Monseigneur nous disait lui-même combien il se tenait en garde contre les accusations qui attaquaient ses prêtres. Nous citons ses propres paroles :

» On me dénonçait un curé ; on fournissait les preuves, on citait l'heure, le jour, le lieu, la complice.... Mes vicaires-généraux indignés voulaient lancer l'interdit.... Ça me regarde, je vous décharge de toute responsabilité.... Je fis venir le calomnié et lorsqu'il entra dans mon cabinet.... « Malheureux !!! tout est connu ! tel jour, à telle heure... dans tel endroit.... en compagnie de telle personne.... est-ce clair ! — Et, Monseigneur, ce jour-là, à telle heure, je faisais prêtre assistant à M..... (un très digne ecclésiastique) qui avait passé la journée avec moi et officiait dans mon église. « Eh ! bien, ajoutait le digne Prélat, si j'avais écouté mon premier mouvement et l'indignation de nos messieurs, je frappais un innocent. »

Cette scrupuleuse et charitable longanimité était bien un acte de vertu ; car sa sensibilité était telle à l'égard de l'honneur sacerdotal qu'il a dit souvent à ses dignes coopérateurs dans son administration : « Vous me trouverez quelque jour étendu mort sur le plancher de ma chambre ; ces rapports me tuent !!! Dieu nous soit en aide et nos prêtres aussi par une vie irréprochable !!! »

Lettre au Clergé, 18 *janvier* 1806.

Un prêtre avait fait de Port-Sainte-Marie le foyer de l'*Illuminisme*, le centre d'une Église dans le schisme. Monseigneur voulut tenter une réconciliation et ramener à l'unité. Il fait annoncer sa visite et se rend à la demeure de ce chef égaré. Le prêtre descend lui-même, ouvre la porte, barre le passage de tout son corps, et, laissant le Prélat dans la rue au milieu d'un attroupement, il lui demande à haute voix qui il est ? — « Qui je suis ? dit Monseigneur, votre Évêque seul légitime. — Je ne vous reconnais pas. — Vous ne me reconnaissez pas !!! Malheureux ! vous me reconnaitrez au tribunal de Dieu où je vous demanderai compte de votre âme et de toutes celles que vous égarez. » Le malheureux prêtre fermait brusquement la porte à ces mots.

XXI

Consolations du Prélat dans ses bons prêtres. Marmande, Puymiclan, etc. Vide des paroisses. Le Séminaire. Sa sollicitude ; mandements pour cette grande œuvre. Concours de ses prêtres et des fidèles. Réponse indirecte de l'Empereur à ce sujet. M. Pierre Dauront de La Palisse. *Journal de Lot-et-Garonne*.

Mais le cœur affligé du Pontife trouvait sa dilatation et sa joie dans ses bons prêtres de Marmande : l'ex-curé constitutionnel, toujours régulier dans ses mœurs, avait reconnu sa faiblesse et continuait de vivre et d'édifier depuis que l'ancien titulaire, M. Martin de Bonnefond, était rentré dans la possession de sa paroisse et de la confiance générale : il se sentait humilié sans se plaindre de son isolement. On l'entendait seulement, aux pieds du tabernacle, redire au bon Pasteur : « Mon Dieu, ma confusion ne durera pas dans l'éternité ; je « mets en vous ma confiance ! *In te, Domine, speravi ; non « confundar in œternum.* »

Mais quelle compensation à sa douleur de Port-Sainte-Marie de recevoir dans ses bras l'homme de sa confiance, le grand curé de cette ville, dont M. le comte de Marcellus a écrit la vie si active et si sainte, M. Martin de Bonnefond, enfant du diocèse ! « En 1809, Mgr Jacoupy, annonçant à la « ville de Marmande le successeur que M. de Bonnefond « s'était désigné et dont un tel choix était le plus bel éloge, « écrivit ces paroles remarquables : « Le vœu d'un saint « mourant est pour moi un oracle du Ciel. » Et celui que son affection et son respect ne nommaient jamais que son cher *Laurent*, par l'allusion délicate dont sa bouche et son cœur honoraient toujours la conduite à la Convention après le refus du serment de Mgr de Bonnac, ce vénérable confesseur de la foi, M. de Fournets ! Quelle entrevue bénie par le Pontife légitime et par son prêtre fidèle ! La modestie et le dévouement à sa première paroisse avaient forcé Mgr Jacoupy, malgré ses intentions, à le laisser mourir titulaire de Puymiclan : peut-être, dans l'histoire ecclésiastique de notre diocèse, cette abnégation volontaire, cette humble vie de recteur de campagne relèvent mieux l'héroïsme de sa confession de foi en 1792, de son exil, du zèle des âmes qui consuma sa vieillesse à son retour à Puymiclan, que tout monument pieux élevé à sa mémoire, sur sa tombe.

Ces deux saints prêtres n'avaient rien perdu dans l'affection et l'estime de leur ancien évêque, ainsi que le témoigne la correspondance de Mgr de Bonnac, et leur obéissance filiale au légitime Pasteur leur avait gagné sa confiance et ajoutait à l'éloge de leurs vertus.

Nous pourrions citer sans nombre, l'abondance même nous retient.

Ces visites pastorales avaient vivement augmenté la sollicitude de Mgr Jacoupy. Sa Grandeur avait constaté des vides bien affligeants dans les rangs de son clergé, soit du Gers, soit du Lot-et-Garonne, et l'âge avancé de ses meilleurs prêtres lui présageait une désolante pénurie dans un avenir peu éloigné pour les services du saint ministère.

Notre reconnaissance personnelle et la reconnaissance de nos chers confrères dans le sacerdoce nous font un devoir d'ajouter que tous les vénérés, et à tant de titres bien vénérables vétérans du sanctuaire partageaient les inquiétudes et la prévoyance paternelle de leur digne chef pour l'avenir de leurs églises : leurs soins empressés, leurs sacrifices léguèrent au clergé qui leur succéda la dette sacrée de l'éducation cléricale et de leurs exemples. (Voir l'ordonnance du 10 janvier 1807 et l'appel au clergé pour le Séminaire.)

Le mandement du 19 juin 1808, pour le Séminaire, restera dans le diocèse comme un glorieux monument de la tendresse paternelle de son premier Évêque à lui perpétuer le bienfait de la résurrection spirituelle : « il avait acheté, le « 22 mars, la plus grande partie de l'ancien couvent de la « Visitation, où il logea plus tard son Petit-Séminaire. »

Le discours de Sa Grandeur au passage de Napoléon Ier à Agen, le 30 juillet, ne s'inspire que de la pensée essentielle de son Séminaire :

« SIRE ,

« Pour porter aux pieds de Votre Majesté le tribut de leurs
« sentiments, les ministres d'une religion, que vous avez re-
« tirée de dessous les ruines, n'auraient pas besoin de ces
« exploits inouïs, qui excitent les acclamations des peuples
« étonnés ; et, quoiqu'ils partagent l'admiration générale, la
« reconnaissance leur eut suffi.

« Ils ont personnellement chaque jour des actions de
« grâces à rendre à Votre Majesté ; les prêtres dévoués à
« des travaux aussi pénibles qu'intéressants recevront, *Sire*,
« de votre *munificence*, les secours qu'ils n'ont pu trouver
« ailleurs. Des successeurs leur sont assurés par les regards
« paternels que vous venez de jeter sur les Séminaires ; et

« nous regardons, Sire, comme un des plus grands bienfaits
« de Votre Majesté l'avantage précieux et la douce certitude
« de pouvoir, en liberté et dans tous les temps, instruire
« les peuples de la fidélité qu'ils doivent à Dieu et à l'Em-
« pereur. »

Moins d'un an après, Napoléon, comme s'il eût répondu au discours du 30 juillet, faisait avertir l'Évêque d'Agen que, le 7 février 1809, il avait approuvé une donation à son Séminaire et l'avait autorisé à l'accepter.

M. Pierre Dauront de La Palisse se proposait depuis longtemps de témoigner par l'usage de ses biens sa reconnaissance au Ciel, qui l'avait ramené encore jeune avec sa famille dans le sein de l'Église catholique. Il avait consulté son chef Auguste pour apprendre de Sa Sainteté le meilleur moyen de remplir de pareilles vues. Pie VII lui répondant de Paris le 5 mars 1805, lui disait que les Séminaires étant privés de leurs anciennes ressources, leur en procurer de nouvelles était ce qu'on pouvait faire de plus agréable à Dieu, de plus utile à la religion et de plus glorieux au donateur. Après avoir fait l'éloge de son dessein, le Souverain Pontife lui en recommandait l'exécution, espérant qu'un pareil exemple ranimerait le zèle et trouverait des imitateurs.

M. Dauront de La Palisse, ancien militaire, venait de faire par acte public, en faveur du Séminaire d'Agen, la donation du domaine qu'il possédait dans la commune de Lévignac.

XXII

Les ruines de l'ancienne cathédrale sous les yeux de l'Empereur, 30 juillet 1808. Monseigneur blâmé de négligence pour la reconstruction. Pièces justificatives du Prélat.

En présentant son chapitre et son clergé dans cette audience impériale, le Prélat excusait l'absence du supérieur de son Séminaire sur les infirmités et la vieillesse de M. Gardelles : « Tant pis ! tant pis ! Votre supérieur de Séminaire,
« M. l'Évêque, ne doit pas être vieux, il lui faut de la vigueur,
« de l'activité, des yeux partout. » C'était dit avec la vivacité

familière de Napoléon. « J'ai vu la belle épouse que vous avez
« à Auch...ici, le chapitre fait-il l'office dans votre Cathédrale ? »
Un chanoine, M. Darguil s'empressait de répondre : « Sire,
« nous n'avons pas de cloches pour nous y appeler. »

L'Empereur avait compris toute l'insinuation de l'excuse,
mais il avait détourné la tête sans répondre. En se rendant à la
Cathédrale, l'Empereur demandait à l'Évêque quelles étaient
les ruines qu'il rencontrait à la place au blé : « Sire, ce sont
les restes de la magnifique Cathédrale de Saint-Étienne qu'on
a ainsi ruinée dans ces jours. — Mais vous êtes donc dans
un pays de Vandales !!! »

Après 1830, cet antique emplacement de la basilique, si
approprié au service du culte, au centre de cette cité catholique, cet emplacement sacré était déblayé jusque dans ses
fondations pour y construire la halle actuelle.

Dans un conseil de cette époque à l'évêché, on déplorait la
perte de ce local consacré par les siècles chrétiens, et on
rappelait les dispositions et les paroles de Napoléon en présence de ses ruines si remarquables dans leur dégradation ;
on insinuait assez clairement une négligence administrative
qui aurait été une faute dans une occasion si providentielle.
Mgr Jacoupy, sans répondre, sortait un instant et reparaissait
avec un dossier énorme : » Voilà, Messieurs, mes pièces justificatives, » et déroulant ses pétitions de cette époque, les
réponses favorables de l'Empire, il mettait sous les yeux de
ses conseillers les plans présentés au ministre des cultes.
L'architecte avait eu l'inhabilité de demander deux millions.... le Trésor s'épuisait dans les guerres avec toute
l'Europe.... le projet échoua.

Sous la Restauration, Mgr Jacoupy reprenait l'œuvre de cette
construction si désirable, avec le patronage alors puissant de
M. le comte de Marcellus, l'ami de Monseigneur, le chrétien
si dévoué à sa religion ; mais le projet n'avait pas abouti,
malgré l'approbation favorable. La guerre d'Espagne sous
Louis XVIII, l'indemnité sous Charles X avaient fait ajourner
jusqu'aux jours de Juillet.

XXIII

Activité épiscopale, détails. Deux sacriléges. Le chœur de la nouvelle cathédrale. L'orgue, l'artiste hors ligne, Tourelly. Inventaire canonique des saintes reliques à Saint-Caprais. Relique de sainte Foi. Procession solennelle de toute la cité civile et catholique. Le chanoine Duffau tient la chaire. Note sur l'enlèvement du neuvième siècle. *Journal de Lot-et-Garonne*, 1807.

Dans un épiscopat si fécond en œuvres, en hommes, en dévouements si extraordinaires, en événements politiques, nous sommes forcés de ne pas arrêter notre attention sur bien des circonstances journalières qui remplissent et honorent la vie de tous les bons Évêques aux temps paisibles de la religion et de la société. Ces devoirs sans éclat Mgr Jacoupy les accomplissait avec un soin minutieux et dans leurs moindres détails ; nous le suivrons dans quelques-uns,

Le dimanche 20 août 1809, Mgr l'Evêque frappait d'interdit son église cathédrale : à la messe de onze heures, des jeunes gens avaient pris querelle ; on s'était battu, le sang avait coulé.

Le lendemain matin, le Prélat venait faire la cérémonie de la réconciliation avec la solennité si imposante du pontifical en présence d'un grand nombre de fidèles affligés d'un scandale et atterrés par une cérémonie sans exemple parmi eux. Le 10 septembre 1810, il eut la douleur de renouveler cette triste cérémonie pour un vol sacrilége et la profanation de N.-D. du Bourg.

Le jeudi 27 du même mois, il faisait la bénédiction solennelle du cimetière commun aux paroisses, à Sainte-Foi, entouré des autorités de la ville et des familles en deuil.[1]

Le service paraissait organisé, Monseigneur s'efforça de faire procurer à leurs églises une décence moins indigne, par tout ce qu'il y avait de possible après les spoliations sacriléges. Le zèle des fidèles avait sauvé des débris de l'ancienne décoration ; on les recueillit avec une vive reconnaissance dans toutes les localités. C'était souvent

---

[1] Voir église Sainte-Foi, pièces.

d'une bigarrure singulière ; des tableaux, des statuettes, des tabernacles de différents ordres religieux, de diverses églises supprimées, formaient le mobilier des sanctuaires conservés : on couvrait les nudités, comme le pauvre, avec des hardes de tout genre. Dieu n'en était pas moins aimé et servi ; et cette simplicité allait aux mœurs simples et pieuses, heureux débris elles-mêmes de notre ancienne France. Cependant la tenue générale des églises pour les décors, les vases sacrés, les ornements, s'éleva sous son épiscopat à raison du confortable de cette génération. Mgr Jacoupy s'occupa personnellement de son église de Saint-Caprais, dont il faisait sa Cathédrale.[1] Le chœur était fermé : la galerie du jubé entre le sanctuaire et la nef privait les fidèles de voir les cérémonies intérieures : les anciens chanoines de la collégiale, membres du nouveau chapitre, voulaient conserver cet ancien souvenir de leur passé et renvoyaient architecte et maçon : Monseigneur réitéra l'ordre de démolition et menaça d'aller prendre la pioche, et l'horizon s'agrandit. Secondé par M. le préfet Villeneuve de Bargemont, il entoura le chœur de boiseries, d'un double rang de stalles, et de deux larges galeries supérieures, où les hommes aimaient à se placer de préférence et formaient à l'autel une double couronne d'adorateurs pendant les saints mystères. C'est là surtout que se pressaient, en foule dans les grandes solennités, les regards avides de contempler la majesté des cérémonies du culte catholique présidées et embellies par leur Pontife. Monseigneur la dota, avec le même concours de M. le préfet, d'un orgue, assemblage lui-même de différents jeux de différents orgues.

La ville accourut, et les feuilles publiques racontaient l'enthousiasme des amateurs à cette première fête d'une musique si savante et si dignement religieuse. M. Tourelly, premier élève du conservatoire de Naples, avait refusé les pressantes invitations d'illustres amis, de Chérubini et de Choron entre autres, qui auraient été jaloux d'ajouter à leur

---

[1] Voir église Saint-Caprais, pièces.

pléiade musicale ce talent supérieur. M. Tourelly préféra Agen à Paris. Nous lui savons gré de nous avoir fait jouir à la Cathédrale et au Petit-Séminaire de ce jeu si pur de mélanges profanes, qui avait la puissance de recueillir les assistants dans le recueillement intime de l'adoration et de la prière, aux moments sacrés de l'élévation ou des saluts du soir. Ses compositions n'étaient pas indignes de ses illustres condisciples, et il forma lui-même de bons élèves, soit en ville, soit à la maîtrise : l'un d'eux, bon juge et saint prêtre, disait à Mgr Jacoupy en 1837, à son retour de Rome, qu'il n'avait rien entendu qui égalât la beauté du chant et des cérémonies de sa Cathédrale ; M. Duzil était incapable de flatteries.

Beaucoup d'anciens reliquaires s'étaient entassés dans les sacristies, dans les maisons particulières : les bons catholiques, les membres divers de plusieurs communautés en avaient sauvé, dans tout le diocèse, de la profanation : on s'empressait de les restituer au culte que l'Église devenait libre de leur rendre : mais les titres, les sceaux de leur authenticité avaient disparu ; les preuves matérielles, les traces du sang des martyrs dans des vases soigneusement enchâssés, des chasses fort riches d'une conservation irréprochable, etc., etc., ces preuves pouvaient suffire à la dévotion privée, mais le défaut des preuves canoniques ne permettait pas de les exposer de nouveau sur les autels à la vénération publique : on observa la rigueur des sages prescriptions de l'Église. En 1804, Monseigneur voulut procéder lui-même à l'inventaire canonique des reliques qu'il trouvait dans l'église de Saint-Caprais : la commission qu'il présida se composait, en dehors des dignitaires de l'administration, de plusieurs chanoines de l'ancienne collégiale de cette église, de plusieurs membres du clergé qui l'avaient desservie pendant la Révolution, de quelques témoins de l'enlèvement des reliquaires, de leur ouverture au district, et de l'orfèvre M. Charpentier qui les avait dépouillées de l'argent et autres objets précieux, mais sans toucher aux cachets en cire, aux bandes et aux enveloppes de soie qui renfermaient les saintes reliques. Le district, après avoir enlevé ce qu'il convoitait, or, argent ou pierreries, faisait remettre les reliquaires ainsi dénudés à M. Ladavière qui avait desservi cette église sous l'évêque constitutionnel. La vérité de ce rapport historique fut attestée, sous la foi du serment, par M. Charpentier, l'orfèvre du district, par M. Ladavière et d'autres témoins de l'enlèvement et de la remise. Ces mêmes témoins, avec les anciens chanoines de cette collégiale, reconnurent l'intégrité des sceaux, des voiles de soie, etc., etc., et l'état parfait sous lequel ils les avaient vus et connus. Alors les sceaux et les bandelettes furent rompus, et des médecins, des naturalistes, furent invités à reconnaître et à déclarer, toujours sous la foi du serment, la nature et l'état des reliques qu'on exposait. On reconnut dans ces saintes reliques le chef de saint Caprais, des côtes de sainte Foi..... et des restes pulvérisés.

Après un examen sévère, on les enveloppa de nouveau, Monseigneur marqua les divers endroits du sceau épiscopal, fit dresser le procès-verbal de cet inventaire que les archives de l'évêché conservent avec les signatures des divers membres de cette commission juridique. Nous reconnaissons que tous ces détails n'étaient pas nécessaires ; cependant, nous nous les sommes permis pour constater la sage sévérité et la vigilance minutieuse de l'Église catholique dans les pratiques de son culte, et aussi peut-être pour éclairer quelques esprits ombrageux....

23 juin 1807 : — *Journal de Lot-et-Garonne.*

« Notre ville vient d'être témoin d'un de ces spectacles qui prouvent que la religion, comprimée au fond des cœurs, n'en a pas été arrachée, et que la foi, combattue mais non éteinte, sait du moins admirer la vertu qu'elle n'a pas le courage de pratiquer.

« La translation des reliques de sainte Foi a été une fête publique ; le corps de cette martyre, qui, au troisième siècle, la première dans Agen cimenta de tout son sang la foi chrétienne, avait été longtemps déposé dans l'église consacrée sous son invocation.[1] Furtivement enlevé et transporté à Conques dans l'ancien diocèse de Rhodez, il avait rendu célèbre un monastère bénédictin sous le nom de la Sainte et par une foule de prodiges. Le zèle de messieurs les fabriciens de la paroisse Sainte-Foi d'Agen en a obtenu un ossement, et le 21 de ce mois, il fut solennellement transporté par une procession générale de l'évêché à Sainte-Foi. Au chapitre de la cathédrale s'étaient réunies les paroisses de la ville et les trois compagnies de pénitents. De jeunes filles, vêtues de blanc, s'empressaient d'honorer celle qui est la gloire de leur sexe. La mairie aussi jalouse d'être utile par son exemple que par sa vigilance présidait le cortège. Un détachement de la garde nationale était moins occupé de maintenir l'ordre qu'à augmenter la pompe. Monseigneur l'Évêque porta lui-même la relique, dont le départ, le passage et l'arrivée furent annoncés par des salves d'artillerie. Il chanta la grand'messe, après l'évangile de laquelle M. Guil-

---

[1] Voici, d'après la chronique de Conques, l'abrégé de cet enlèvement :

C'était au IXe siècle. A cette époque, pour mettre en réputation un sanctuaire, un ordre religieux, un monastère, on courait après les reliques illustres dans la chrétienté, comme, à d'autres époques, on a couru après les riches reliquaires.

Le monastère de Conques, de l'ordre des Bénédictins, comptait douze cents religieux et venait de bâtir une magnifique église : il leur fallait des reliques d'une grande célébrité : la pratique était aux *enlèvements :* ils convoitèrent les reliques de sainte Foi d'Agen et donnèrent cette mission à un fervent religieux et dévoué à leur maison. Arinisde, sous l'habit d'un pèlerin, vint épier les moyens et l'occasion de sa réussite. Il passa dix ans à gagner la confiance générale et celle des gardiens de l'église de Sainte-Foi : enfin, un soir de l'Épiphanie, sous prétexte de veiller sur le trésor, il se prive du relâchement des autres gardiens, se délassant des fatigues de la journée, enferme les reliques de la Sainte dans un sac d'un riche tissu et s'enfuit. Grande fut l'émotion des gardiens de notre sanctuaire et de toute la ville : on courut dans toutes les directions sans découvrir le ravisseur.

La Sainte le trahit et l'innocenta par ses miracles aux environs de Conques où le culte de cette grande martyre d'Agen attira par ses jeux de grands miracles, *joci, miracula sanctæ Fidis Aginnensis,* des concours im-

laume Duffaut, chanoine titulaire, prononça un discours analogue à la solennité. Nous avons pu en saisir le passage suivant :

« Parmi les avantages nombreux qui distinguent la ville
« d'Agen, le plus grand sans doute et le seul qui doive nous
« occuper c'est le bien inestimable de la foi. Notre ville est
« bien plus glorieuse de l'avoir reçue dès les premiers siè-
« cles du christianisme que de voir son antiquité se perdre
« dans la nuit des temps. Elle s'applaudit davantage d'avoir
« produit une foule de héros chrétiens, d'avoir peuplé le
« Ciel, que d'avoir été la capitale d'un des plus fameux peu-
« ples des Gaules. Et dans ses malheurs mêmes, dans ses
« cruelles révolutions, elle ne se console que par la foi. Pas-
« sant des Gaulois idolâtres aux Romains persécuteurs, sou-
« mise, pillée, ravagée et plusieurs fois détruite par les
« barbares, elle conserva sa foi au milieu de ses ruines, et

menses : cette année 1873, l'octave du 6 octobre a conduit plus de quinze mille pèlerins dans la superbe église de Sainte Foi à Conques.

Il en est ainsi dans quelques sanctuaires étrangers auprès des reliques de saint Caprais, l'héroïque émule de sainte Foi.

Il en est ainsi encore de toutes les reliques des saints martyrs d'Agen. La ville d'Agen, dit Bernard d'Angers, chroniqueur célèbre du moyen-âge, la ville d'Agen, illustre au-dessus de toutes les villes de l'Aquitaine, par le patronage de ses reliques insignes, s'en trouve aujourd'hui dépouillée, *ignoro quo suo peccato*, et il avertit le voyageur dans cette province qu'il apprendra, comme lui, dans diverses localités, que le Saint qu'on y honore est le corps d'un martyr d'Agen.

L'écolâtre d'Angers savait mieux qu'un autre que le péché de cette spoliation n'était pas imputable aux fidèles d'Agen.

Nous avons la confiance que Dieu a permis cette dispersion dans les lieux privés de reliques *autochthones*, afin d'y glorifier par des miracles éclatants ses généreux athlètes de la sainte Église d'Agen et d'y stimuler par leur protection puissante la foi et la générosité dont leur légende leur fournit de nobles exemples.

Malgré l'enlèvement de leurs corps saints, leur mémoire est toujours en vénération parmi nous, et leur culte n'a pas cessé d'être en honneur dans l'Église d'Agen.

« sortit toujours chrétienne de ses terribles épreuves. A
« qui devons-nous, M. F., un si grand avantage? A nos
« martyrs, qui ont arrosé, parmi nous, la foi de tout leur
« sang, et lui ont fait jeter de si profondes racines qu'elle a
« résisté pendant tant de siècles au bouleversement de l'uni-
« vers et à la chute de tant de peuples. Mais à la tête de ces
« martyrs paraît la première sainte Foi dont l'héroïsme
« réjouit l'Église, *honore la patrie et devient le juste et
« saint orgueil de notre peuple.*

« La plus cruelle et la plus longue des persécutions eut
« pour objet d'anéantir le nom chrétien. En vain le tyran
« qui la dirige, se flatte d'avoir réussi et d'avoir éteint sa
« lumière divine dans les torrents de sang dont il inonde la
« terre. Dieu soutient son ouvrage et, *choisissant ce qu'il
« y a de plus faible pour confondre ce qu'il y a de plus fort,*
« il oppose dans ces lieux mêmes une jeune fille à toute la
« puissance des Romains, à toute la rage des persécuteurs.
« La grâce avait déjà préparé notre héroïne à ces rudes
« combats par les victoires qu'elle lui avait fait remporter
« sur le monde, sur ses sens, sur elle-même. Au milieu de la
« profonde corruption du paganisme, comme un lis au mi-
« lieu des épines, la jeune Foi s'élève, se conserve pure et
« brave tous les dangers qu'accumulent autour d'elle les
« avantages réunis de la naissance, de l'âge et de la nature.
« Les premiers regards du tyran se portent sur une personne
« aussi distinguée. Il croit honorer ses faux dieux, en leur
« procurant l'hommage d'une enfant qui excite déjà l'admi-
« ration. Avec quelle surprise il voit contre un sexe faible,
« un âge si tendre, toutes ses tentatives échouer. Les pro-
« messes les plus séduisantes n'ébranlent pas un cœur que
« la foi élève au-dessus de tous les biens périssables. Les
« plus terribles menaces n'effraient pas une âme si forte dans
« un corps si délicat. Il faut de nouveaux efforts pour l'é-
« branler, tous les supplices ordinaires n'y suffiraient pas. Il
« faut un supplice inouï comme son courage ; l'enfer vient
« l'inspirer aux hommes ; le plus redoutable élément prê-
« tera son activité à la rage des bourreaux. Le feu dont les

« moindres atteintes occasionnent de si vives douleurs,
« s'allume pour la jeune Foi. Sur des charbons embrasés
« est placé un lit de fer qui bientôt s'embrase lui-même. On
« y étend, on y enchaîne la martyre. Cet horrible appareil
« ne la fait point pâlir. D'un mot elle pourrait se délivrer de
« ces affreuses tortures et écarter ce gril embrasé. Elle y
« court avec joie ; elle s'y place avec sérénité : on dirait que
« c'est un lit de roses ; c'est plus encore, c'est la couche
« nuptiale, où les vierges chrétiennes viennent s'unir à leur
« chaste et divin époux, lui donner des preuves de leur ar-
« dent et indicible amour, lui apporter pour dot et leur cœur
« et leurs sens et leur vie, et goûter d'avance sur la terre les
« pures et immortelles délices de l'éternité. Le ciel s'ouvre
« en effet ; des palmes en descendent pour célébrer une si
« glorieuse victoire. Une couronne immortelle brille sur le
« front de la Sainte ; une colombe pure la rafraîchit sous ses
« ailes. Jésus-Christ vient combattre et triompher avec son
« épouse. »

« Le concours de tous les citoyens a fait de cette fête pieuse un véritable triomphe. La ville entière témoigna le plaisir qu'elle avait de rentrer en possession de son bien ; le juste orgueil que lui donnait la gloire d'une de ses compatriotes, l'admiration et la confiance qui s'attachent à la sainteté. Elle éprouvait le doux empire de cette religion surnaturelle, qui paraît naturelle à nos cœurs parce que seule elle satisfait les besoins et les désirs, de cette religion qui honore la vertu dans quelque rang qu'elle se trouve, qui place sur ses autels la jeune fille, la simple bergère, le paysan obscur, devant lesquels les têtes couronnées s'inclinent ; qui, pour parler ainsi, met l'héroïsme à la portée de tout le monde, n'exclut personne des vertus qu'elle inspire, du bonheur qu'elle promet, qui rappelle et confond les siècles et les hommes, et unit par les plus doux et plus forts liens aux hommes et aux siècles Dieu et l'éternité. »

XXIV

Retour de dévotions anciennes, de congrégations religieuses. Concile national, 1811. Les trois statues épiscopales. Retour du Concile. Ses relations intimes à Rome. Tristesse de sa rentrée dans le diocèse. Famine. Le colonel de Goujet. Peste. Dévouements héroïques. Mort de M. Dayries, de cinq coopérateurs. Prémices de son Séminaire. M. Mazel, seul prêtre, à Villeneuve. Mandement de cette époque.

La présence des corps religieux de différents ordres dans son diocèse avait habitué la piété des fidèles aux bienfaits de plusieurs congrégations et des indulgences. Mgr Jacoupy sollicita et obtint le privilège d'en faire jouir de nouveau par l'érection de ces associations pieuses, dans les paroisses, du saint Rosaire, du saint Scapulaire, du Chemin de la Croix, etc., etc. Son illustre et pieux prédécesseur, Mgr Mascaron avait établi dans chaque paroisse un jour d'adoration perpétuelle au T. S.-Sacrement ; il en confirma l'institution et introduisit la fête du T. S. Cœur de Jésus. Il accueillit, propagea avec zèle l'œuvre naissante et si chère à l'Église, la Propagation de la foi, etc...

Son épiscopat ramenait dans nos hospices ces admirables filles de saint Vincent-de-Paul, les Sœurs de la Charité auxquelles Mgr Mascaron avait confié, à leur origine, dans sa ville épiscopale, l'hôpital Saint-Jacques ; Mgr Jacoupy eut le bonheur de les transférer hors ville dans le bel établissement de fondation première de leur premier introducteur, de Mgr Mascaron. Mgr Jacoupy étendit leurs soins à la Miséricorde, que créait la bienfaisance de M. Malebaysse. Il recueillit quelques anciennes Carmélites deshéritées de leur magnifique couvent, changé en collège. Ces saintes filles, sous la direction de M. Roux, vicaire-général, que le Prélat leur donnait pour supérieur, allèrent pratiquer avec allégresse le vœu de pauvreté et les austérités journalières de sainte Thérèse dans un réduit malsain, étroit, inapproprié, mais elles s'y trouvaient sauvées du monde, de son bruit, de ses agitations ; et le silence et l'obscurité de leur retraite ajoutaient au recueillement de leur ferveur. Plus tard en 1838, Monseigneur se réjouit de les transférer dans un asile aéré et disposé pour les exigences de leur règle.

La fondation capitale, sous son règne, fut celle de la congrégation des Filles de Marie, dont le développement providentiel s'est étendu dans plusieurs diocèses pour l'éducation et pour la vie religieuse. De ferventes diocésaines en avaient conçu et exécuté le dessein sous l'inspiration de M. Cheminade. Monseigneur leur donna pour supérieur M. Mouran, le supérieur de son Grand-Séminaire. A son départ en 1840, Mgr Jacoupy bénissait toute une génération de leurs élèves qui entretenaient dans leurs familles les solides pratiques d'une piété éclairée et les exemples de modestie et de réserve si rares dans notre société actuelle.

Sous son règne aussi se rétablirent florissantes les communautés, si précieuses à l'éducation, des Filles de la Croix à Aiguillon, à Villeréal, à Villeneuve où Mme Adam, leur supérieure, comptait déjà de dignes et anciennes élèves, dans les meilleures familles de la contrée.

Malgré les omissions, cette nomenclature d'œuvres secondaires paraîtra longue, mais elle était due à l'honneur de cette administration *créatrice qui ressuscita les grandes sans omettre les petites.*

Nous ne reviendrons pas sur le Concile national de 1811 : nous avons tâché de faire comprendre les dispositions et la conduite de Mgr Jacoupy dans cette époque critique pour l'Église : les États du Souverain Pontife étaient envahis ; les religieux bannis de Rome, le clergé et les fidèles catholiques se préoccupaient vivement, en secret, des atteintes funestes dont la puissance apostolique leur paraissait menacée ; le pouvoir, soit pour endormir la vigilance chrétienne, soit pour satisfaire dans l'aveuglement de son ambition une utopie favorite, le pouvoir cherchait à combattre les appréhensions. Des pensions étaient distribuées aux prêtres en service, de près de 80 ans d'âge ; les croix de la légion d'honneur étaient accordées aux Évêques. L'Évêque de Novare, de Gênes, de toute l'Italie, les chapitres de ces Églises soutenaient dogmatiquement, d'après l'ancienne discipline, les prétentions de l'Empereur par leurs déclarations publiques. L'Empereur avait répondu à une députation de Rome :

« Je n'entends pas qu'il soit porté aucun changement à la
« religion de nos pères : fils aîné de l'Église, je ne veux
« point sortir de son sein.

« Votre Évêque est le chef spirituel de l'Église comme
« moi j'en suis l'empereur. »

C'était en germe toute la théorie de la politique moderne :
« *l'Église dans l'État, l'Église libre, dans l'État libre ;* »
l'expérience a donné la valeur de ces maximes.

Dès 1809 la chaire catholique dans les discours d'apparat imposés pour les solennités civiles du 15 août et du 7 décembre, la chaire catholique du diocèse, à Auch par la bouche de M. de Lagrange, à Villeneuve par M. Dayries, à Agen par M. de Fabry, s'appuyait sur cette déclaration solennelle *du fils aîné de l'Église* pour repousser officieusement les imputations que la chronique qualifiait de malignes, mais dont l'avenir devait révéler la perspicacité ; et toutefois ces orateurs d'office, surtout celui de Sainte-Catherine de Villeneuve, ne manquaient pas dans ces solennités d'affirmer, de maintenir la vérité fondamentale de notre foi, la souveraineté absolue du Pontife romain. Ces trois orateurs avaient confessé par dix années d'exil et d'autres sacrifices leur dévouement filial au centre et à la source de l'Unité. Ils ne dissimulaient pas leur passé, ils dissimulaient le mal afin de ne pas aigrir et de conjurer un schisme.

Cette tactique de réserve, de sage modération, nous a paru adoptée par la majorité de l'épiscopat français. Avant ce Concile l'essentiel était de sauvegarder le point principal, le dogme de la souveraineté spirituelle : *tenet totum, qui tenet principatum* (Saint Augustin dans un autre sens).

Trente ans après, un illustre Évêque visitait le Grand-Séminaire d'Agen ; l'écusson de son fondateur avait disparu. Le Prélat voyageur redisait notre histoire diocésaine et ses glorieuses particularités, et il aurait souhaité sous les regards des élèves du sanctuaire, dans les magnifiques allées de leurs récréations, trois statues monumentales : Celle de Mascaron, le grand orateur, le pieux apôtre de ce diocèse, le fondateur de cet asile de la science et des vertus cléricales, et à 1 kilomètre au midi, le fondateur de l'asile des pauvres, ses autres enfants, de l'hôpital de Las.

Celle de Mgr Louis de Bonnac, avec la légende de ses glorieuses paroles à l'Assemblée Constituante de 1792.

Celle de Mgr Jacoupy, avec ses héroïques paroles devant tous les évêques de France et d'Italie, au Concile de 1811 ; la main droite tendue vers la place de Grève ; ces statues auraient leur éloquence et leur enseignement.

Après la dissolution si brusque de ce Concile, Monseigneur s'occupa des intérêts privés de son diocèse autant que pouvaient le lui permettre les dispositions du gouvernement. Mais il tâcha de s'éclairer et de s'inspirer auprès de plusieurs Évêques dont il venait d'admirer la sagesse et la fermeté, ainsi qu'auprès de quelques dignitaires de la Cour romaine et de quelques Cardinaux noirs. Cette conscience timorée avait eu ses embarras et ses scrupules dans les neuf premières années si difficiles de son épiscopat, et il consultait un Cardinal qui l'honorait de son estime et de son affection, et il s'était ouvert à cette Éminence avec un abandon tout entier, il en obtenait les solutions les plus délicates ; et afin de le tranquilliser sur certains points lorsqu'il serait privé des conseils extraordinaires, le Cardinal lui fit l'éloge d'un théologien d'Italie qu'il pouvait consulter en toute sûreté. C'était la théologie du vénérable évêque de Sainte-Agathe des Goths, que Grégoire XVI mit au nombre des Saints en 1839 et que notre grand Pie IX vient de mettre au nombre des Docteurs. Monseigneur reçut de cette Éminence un magnifique exemplaire de saint Liguori, qu'il apporta et fit connaitre à son conseil, mais sans en divulguer la doctrine. Mgr Jacoupy continua d'entretenir avec des personnages éminents de la Cour pontificale des relations qui lui furent aussi utiles que distinguées. Un des professeurs de son Petit-Séminaire, aussi pieux qu'érudit dans les langues anciennes, profanes ou sacrées, voyageait à l'étranger pendant toutes ses vacances : il prenait des notions suffisantes dans la langue du pays qu'il se proposait de visiter et partait pour s'instruire et pour se ménager une bonne retraite spirituelle dans quelque communauté, de Jésuites principalement. M. Duzil, dont la mémoire est en vénération à Bruch sa paroisse natale, pouvait s'appliquer le *secretum meum* du Prophète : aucun parent, aucun ami n'était initié à son projet. A un dîner à l'évêché, le lendemain de la distribution des prix, Monseigneur qui l'affectionnait et l'estimait, lui demanda son itinéraire de l'année ; le professeur parlait d'une excursion du côté de Toulouse : « Alors vous pouvez partir sans « passe-port et sans lettres testimoniales » et les amis riaient encore mieux du détour mystérieux de l'abbé que de la réflexion du Prélat.

L'abbé arrivait de Rome avec des provisions abondantes pour lui et pour quelques confrères ; mais il fallait obtenir le *visa* de l'Ordinaire pour profiter de ces autorisations diverses. Il se garda bien d'aller les soumettre lui-même : il craignit les reproches et les investigations. Un ami les présentait en son nom : « Que portez-vous là, l'abbé ? — Monsei« gneur, quelques diplômes d'indulgences, de bénédiction, « que M. Duzil vient d'apporter et qu'on lui a fait prendre à « Rome. — A Rome, et ce malheureux me disait qu'il allait « du côté de Toulouse ! ! ! Il vient de Rome. S'il m'avait dit « ça, je lui aurais donné des lettres de recommandation qui « l'auraient bien fait accueillir, surtout de la part d'un Car« dinal de mes amis que j'aurais été bien aise de lui faire « connaître. Il vient de Rome et je le trouverai plus tard et « à mon tour... C'est bon... Voyons ces pièces... (Monseigneur « était difficile) Des *ex audientia*... des lettres de quelques « généraux d'ordre... à la bonne heure ! Un chanoine, il ne « faut pas le nommer, c'était M. Simil, me présentait des « brefs, des indults.... je ne voulus pas les autoriser ; il « aurait eu plus de pouvoirs que moi dans mon diocèse... « ceux-ci, je les signerai... Dites bonjour de ma part, à maî« tre Duzil, je le retrouverai... adieu l'abbé ! » Ces relations amicales du Prélat avec Rome se continuaient dans la fin de son épiscopat ; car c'était en 1837 que M. Duzil avait trouvé à Rome un guide laïque, ancien ami de Sa Sainteté Grégoire XVI, avant son exaltation.

Mgr Jacoupy était rentré le 27 octobre 1811, plus douloureusement préoccupé de la situation de l'Église et du Souverain Pontife ; celle de ses chers diocésains était empirée.

Les familles auxquelles les ressources ordinaires et un travail quotidien avaient suffi jusqu'alors éprouvaient une gêne, une indigence réelle, malgré l'heureuse simplicité de cette époque dans la nourriture et dans l'ameublement. L'hectolitre de blé se vendit, d'après la moyenne des mercuriales, jusqu'à 48 francs, et son prix croissait toujours ; celui du maïs et des autres légumes était en proportion. Malgré l'étrangeté de ce pain de mélanges divers pour notre riche département, on ne parvenait pas toujours à s'en procurer.

Un arrêté de M. le préfet taxa le blé à 33 fr. Il fit distribuer, chaque jour, dans toutes les communes, par des comités de bienfaisance, deux soupes à la Rumford par personne. Les secours de la part des particuliers allaient jusqu'au possible ; la bienfaisance ou la charité s'imposa de généreuses privations. Monseigneur soutenait, encourageait, prescrivait les sacrifices par ses mandements, et les prêtres et les fidèles obéissaient à leur cœur autant qu'à la voix de leur Évêque. Un colonel de dragons de la garde de Paris, natif de Villeneuve-d'Agen, M. Gouget, envoya à M. le maire les fonds nécessaires pour faire distribuer aux nécessiteux de cette commune pendant le mois de mai une distribution de 1600 livres de pain. Il exprimait le désir que sa mère présidât à cette œuvre et il promettait de voir si ses économies lui permettraient d'en faire autant au mois de juin.

Les guerres continuaient à porter le deuil dans les familles: les conscrits étaient poursuivis par des troupes armées ; des garnisons occupaient les maisons des réfractaires; les parents pauvres étaient conduits dans les prisons des chefs-lieux ; la désertion des enfants aggravait ainsi la désolation de ces malheureux. Pour surcroît d'affliction, une maladie contagieuse ravageait une des principales villes de son diocèse ;

des prisonniers de guerre espagnols en avaient apporté le germe à Villeneuve. Afin d'isoler le mal on les avait casernés dans des granges, dans des écuries, dans les cours et les corridors de l'hôpital. On les voyait, ces infortunés, couverts de vermine, livides, dans une torpeur indicible, étendus sur une paille infecte ou dans les cours et les escaliers où ils se traînaient pour trouver un air frais ou un rayon de soleil, se débattre quelque temps et succomber : l'épidémie s'était répandue chez les habitants, y enlevait des familles entières. La charité déploya jusqu'à l'héroïsme ses dévouements : des dames délicates, d'humbles servantes, des Sœurs de la charité, des médecins, M. Lami Belloc d'Agen [1] entre autres, y furent victimes de leurs soins assidus. La nuit et le jour les prêtres étaient auprès des mourants ou accompagnaient à des fosses communes les morts qu'on y portait au cimetière dans des tombereaux à peine couverts.

Cinq prêtres y succombèrent dans l'épuisement de leurs forces. M. le curé de Sainte-Catherine, Joseph Dayric, était enlevé à sa paroisse le 26 mars, âgé de 64 ans. Au milieu des travaux du temps pascal, il avait eu à prodiguer tous les secours de la religion à un grand nombre de prisonniers espagnols dont il avait appris et parlait la langue dans son exil à Saragosse : l'excès de ses fatigues lui avait fait contracter le germe de l'épidémie : deux prêtres espagnols (1er avril), son vicaire M. Lavergne, avaient rivalisé avec lui de dévouement et avaient partagé son sacrifice. M. Pierre Bercegol ne lui succédait que quelques jours et mourait sans avoir pris possession de sa cure (20 juin).

Monseigneur envoya au secours de cette paroisse si terriblement éprouvée, le premier prêtre disponible qu'il venait d'ordonner, M. Mazet, ce saint prêtre, curé de Fumel et de Tournon, qui est venu mourir en retraite à Agen, à 82 ans, le 21 juillet 1868.

---

[1] M. Lami Belloc, à 36 ans, était déjà une célébrité médicale de son époque et mourait victime de son dévouement à l'étude et à l'exercice de sa profession.

M. Planton, professeur et directeur du Séminaire, courut au secours de ses concitoyens, avec toute la ferveur de son heureuse rentrée dans le saint ministère.

Le triste anniversaire de la mort de M. Guillon ravivait, dans son palais, les regrets de cette perte. M. Grégoire Lagrange de Vergez, chanoine honoraire, prédicateur bien connu des chaires d'Agen, venait de mourir curé de Nérac (13 avril); son cher Laurent, M. de Fournets s'éteignait à Puymiclan épuisé par l'âge et par les fatigues. M. Tourret, curé de Villeréal (27 janvier), M. Ricaut, chanoine titulaire (le 9 avril), 38 prêtres morts pendant cette année désastreuse.

Le 13 juin, Monseigneur épanchait toute son âme dans une lettre à son clergé :

« Messieurs,

« Les pertes successives et multipliées que nous faisons
« de nos meilleurs prêtres, et l'impuissance où nous sommes
« de pourvoir aux besoins des paroisses qui, en perdant
« leurs pasteurs, nous demandent vainement que nous leur
« en envoyions d'autres également dignes de leur confiance,
« ne nous affligent pas seulement mais nous jetteraient dans
« le découragement, si la divine Providence ne nous eût
« ménagé une ressource précieuse, sinon pour réparer les
« ruines du sanctuaire, du moins pour en fermer quelques
« brèches... c'est déjà pour nous une grande consolation.
« Nous nous faisons un devoir de vous la faire partager,
« Messieurs, afin qu'avec nous vous en rendiez à Dieu de
« justes actions de grâces : c'est, disons-nous, une grande
« consolation de voir que le peu de prêtres qui ont été
« formés jusqu'à ce jour dans notre Séminaire ont porté
« dans tous les lieux où nous les avons envoyés, l'édifica-
« tion et le zèle pour l'instruction et le salut des peuples
« et que les succès de leurs pressants travaux nous pro-
« mettent pour l'avenir des fruits plus abondants de grâces
« et de bénédictions.

« D'après ces heureuses prémices, avec quelle ardeur ne

« devons-nous pas travailler à soutenir et à faire fleurir un
« établissement sur lequel repose, pour ainsi dire, tout notre
« espoir pour le maintien de la religion dans notre vaste
« diocèse. Cet établissement, nos chers et respectables
« coopérateurs, n'est pas moins votre ouvrage que le
« nôtre, puisque vous avez tous contribué à l'élever et
« par vos propres dons et par le zèle que vous avez mis
« à lui procurer les dons des fidèles. Il est aussi l'ouvrage
« de ceux-ci puisqu'il n'aurait pu se former sans leurs se-
« cours. »

Suit l'exposé des besoins actuels des Séminaires et un appel à de nouvelles offrandes dont la lettre pastorale indique le mode et l'envoi.

XXV

Concordat de Fontainebleau. Les cent jours. Condescendance, fermeté. Calomnie atroce. Justification. Intrigues pour amener la démission du Prélat.. anciennes prétentions. Ordre de Pie VII à Mgr Jacoupy. Retour de l'opinion à la Cour, sur son compte. Faveurs inacceptées.

Un retour de sérénité et de paix pour l'Église était annoncé par le ministre des cultes, le 26 janvier 1813. La veille, à Fontainebleau, un concordat avait été signé par Sa Sainteté Pie VII et l'Empereur. Monseigneur l'Évêque autorise à en rendre au Tout-Puissant de solennelles actions de grâces.

Par son mandement du 3 février, Mgr Jacoupy s'empressait de communiquer sa joie à son diocèse sur un événement si attendu. Hélas ! cette joie n'eut que la durée de l'éclair.

Le Souverain Pontife rendu à lui-même et à la libre communication avec ses cardinaux fidèles, protestait contre la surprise et la violence, et cassait et annulait un acte invalidé par la nature même de sa détention et de son isolement.

Nous avons tâché, dans la notice de M. Guillon, d'expliquer la portée des publications et prescriptions politiques ; les premières justifiées par les bienfaits de l'Empire à la religion et à la patrie, les dernières commandées mais contenues par la prudence, en face d'un absolutisme toujours croissant, dans un langage qui n'était pas sans dignité.

La dernière ordonnance de ce genre fut l'occasion de vives perplexités pour M⁹ʳ Jacoupy.

C'était en 1815, en pleine lutte des partis pendant les *cent jours*.

Le diocèse, comme tout le midi, était dans l'ébullition politique. Les impérialistes et les royalistes en armes étaient en présence, dans la cité ; à chaque instant la guerre civile pouvait éclater, le sang inonder la place.

Le 10 avril, au retour de l'île d'Elbe, « le gouvernement « impérial se plaignait qu'un nombre malheureusement « trop grand d'ecclésiastiques eût manqué dans les der- » niers temps aux devoirs de Religion et de reconnaissance ; « qu'ils eussent cherché à provoquer les dissensions civiles, « soit en inquiétant les consciences des acquéreurs des do- « maines nationaux et en les invectivant ; *soit en voulant* « *exiger les anciennes dîmes ; soit en se rendant les ins-* « *truments des ci-devant seigneurs pour rétablir la servi-* « *tude féodale,* » l'éternel épouvantail, ferment éternel au service de la démagogie pour soulever les dupes.

Malgré ces plaintes et cette effervescence de zèle du 10 avril, Monseigneur s'était contenté de répondre que « si « les excès dont il lui portait des plaintes avaient eu lieu « dans d'autres diocèses, il avait la consolation d'assurer « que rien de semblable n'avait eu lieu dans le sien. »

Mais ces *plaintes* et ces *effervescences* n'étaient qu'un stimulant afin de faire fonctionner, par le service religieux, le rouage politique. Monseigneur se plaignait qu'on ne laissât pas la religion étrangère à ces discussions dans lesquelles on ne l'avait que trop souvent fait si imprudemment intervenir et il s'abstint près d'un mois ; mais le comte de Colchen, commissaire extraordinaire du gouvernement, par sa lettre du 26 avril, mais son successeur dans la même mission extraordinaire, M. le baron Marchant, lui renouvelaient verbalement et par écrit le 5 mai, la demande que la lettre du 26 avril avait formulée et qu'il reproduisait avec plus d'instances, touchant les prières publiques pour l'Empereur.

Le 6 mai Monseigneur donnait enfin l'ordre, motivé sur les principes et la pratique constante de tous les siècles de l'Église, de faire régulièrement les cérémonies et les prières comme elles se pratiquaient au mois de janvier 1814.

Les curés de canton, chargés à cette époque de faire parvenir aux succursalistes, retinrent l'envoi de l'Évêché, et, quelques recteurs seulement eurent connaissance de cette lettre malencontreuse.[1]

Nous écrivions ces lignes, lorsque un *on dit* de cette époque arrivait à nos oreilles. Nous protestâmes ; même dans son vague, ce bruit nous parut injurieux aux sentiments et à la réserve habituelle du Prélat ; cependant nous courûmes aux archives du département, où les recherches furent inutiles.

Afin de s'expliquer la parole sévère de Madame de France, on imagina dans quelques salons que l'Évêque d'Agen avait signé *les articles additionnels des Cent jours*.

Nous n'osions pas nous ouvrir de notre anxiété, dans la

---

[1] Les faits prouvent assez, à tous ceux qui en tiennent compte, que cet acte de Mgr Jacoupy lui fut moins imposé par une politique obséquieuse que par l'urgence des dangers qui menaçaient sa ville épiscopale : mais si la prudence savait tempérer la fermeté du Pasteur, sa fermeté savait accentuer ses droits et sa dignité dans les mesures du possible.

A cette même date, son pro-vicaire-général à Auch avait été réduit à se tenir en cachette, afin de se soustraire à des haines politiques : des attroupements séditieux, des cris forcenés le menaçaient dans sa demeure. M. de Lagrange avait publié les ordonnances de son supérieur en faveur des événements de 1814 : peut être avait-il suivi avec trop de chaleur l'entraînement public et on lui en montrait rancune en 1815. Les autorités et le ministre des *cent jours* exigeaient la révocation absolue de tous les pouvoirs de M. de Lagrange : le ministre affectait dans sa lettre une sollicitude

crainte de donner un corps à une ombre, lorsqu'un heureux hasard nous fournit l'occasion de tenter une demande auprès de l'honorable secrétaire-général de la mairie d'Agen depuis 1810. A l'énoncé timide de cet *on dit* : « Mais c'est une calomnie !... une atroce calomnie !... Monseigneur ! Monseigneur ! mais il n'y eut aucun ecclésiastique... Les employés... quelques autres.... mais Monseigneur ! je tenais les cahiers !... il me semble les lire encore.... ils étaient imprimés ; vous ne les trouverez pas à Agen : ils furent immédiatement expédiés à Paris. » Cette réponse de M*** nous paraît péremptoire.

Nous avons donné l'explication naturelle de cette parole, sans recourir à l'atroce calomnie.

En 1816, Madame la duchesse d'Angoulême, à son passage à Agen, accueillait plus que froidement les hommages bien sincères de l'Évêque d'Agen... « Son clergé s'était mieux conduit que lui. » Madame n'avait connu que la circulaire du 6 mai et l'abstention bien involontaire de la majorité du clergé qui ne l'avait pas reçue.

Mgr de Bonnac était rentré de la terre étrangère avec les Bourbons. Le prélat se croyait attaché de droit, comme il prétendait l'être de cœur, *à son diocèse chéri*. Il espéra remonter sur son siége comme la branche aînée sur le trône, sans tenir compte des actes souverains de son chef légitime

---

bienveillante pour la responsabilité de l'Évêque et les besoins spirituels de cette partie du troupeau.

Mgr Jacoupy remerciait le ministre des soins que Son Excellence se donnait pour les âmes et des conseils qu'elle daignait donner à sa vigilance : mais Sa Grandeur lui faisait observer qu'il y aurait injustice de la part de l'Évêque à frapper ainsi un fidèle exécuteur des pouvoirs qu'il lui confiait : ce genre de reproches n'était point du ressort de son autorité ; au reste, M. de Lagrange lui fût-il violemment enlevé, un remplaçant quelconque ne serait pas accepté, lui seul pouvant suffire à l'administration diocésaine.

Cette affaire fut passagère, et Mgr Jacoupy témoigna de sa satisfaction à M. de Lagrange par des lettres de vicaire-général.

(*Archives de l'Archevêché d'Auch.*)

et de cette Église même que son refus avait forcé à *créer* de nouveau pour un nouveau titulaire.

Cet acte d'autorité apostolique avait trouvé son intelligente exécution dans toute l'Église de France et dans l'obéissance même des bons prêtres qui conservaient dans leur cœur le respect affectueux pour leur ancien évêque.

Mgr de Bonnac persévérait dans son sens privé,[1] et son langage dans les visites qu'il recevait d'un élève de Saint-Sulpice du diocèse d'Agen, avait plus que de l'amertume contre le *détenteur de son évêché*.

La Cour partagea ses dispositions et une lettre du ministre des cultes réclama la démission de Mgr Jacoupy : on travaillait au concordat de 1817.

Mgr Jacoupy soumit immédiatement cette lettre ministérielle à la sagesse de ses conseillers intimes et leur demanda leur avis.

Ses conseillers, après de mûres réflexions, excusaient la franchise d'une opinion désintéressée puisqu'elle allait leur faire perdre leur place auprès de Sa Grandeur, et lui disaient que pour le bien de la paix et de la religion, de son diocèse, ils étaient tous d'avis pour la démission pure et simple.

Monseigneur, toujours calme, leur exprima à plusieurs

---

[1] L'illustre métropolitain de Mgr de Bonnac, Mgr de Champion de Cicé motivait sa démission de l'archevêché de Bordeaux (1801), entre plusieurs profondes et puissantes considérations, par ces paroles remarquables de son respect et de son obéissance au Saint-Siége :

« *Ce ne sont pas de vaines expressions que celles dont se sert le Saint Père*, quand il nous dit : « *Notre devoir réciproque et nécessaire est, pour nous, de vous demander ce sacrifice, et, pour vous, de nous l'accorder... Nous sommes arrivés à l'époque où la nécessité de votre dévouement est absolue, où la Religion catholique a besoin de cette libre abdication de vos siéges... Nous sommes forcés par la nécessité et l'urgence des circonstances...* »

Certes, on ne peut exprimer avec plus d'énergie une de ces circonstances majeures et inouïes où le premier supérieur doit s'élever au-dessus des considérations et des formes usitées pour sauver une grande Église prête à périr et y ramener la religion.

reprises sa reconnaissance pour leur sincérité consciencieuse, sur le sacrifice personnel qu'appuyait leur opinion : il allait prier et réfléchir à son tour sur l'objet de la lettre et de leur sentiment.

Dans un prochain conseil, l'Évêque renouvelant le témoignage de son entière gratitude, ne se rangeait pas à leur décision. Il tenait son siége et son autorité du Souverain Pontife : il allait soumettre la question au jugement de Sa Sainteté. « Mais, ajoutait-il, quelle que puisse être la solution du Vicaire de Jésus-Christ, je vous donne ma parole d'Évêque et sans arrière-pensée, que ma conduite et mon cœur s'y conformeront. »

Rome répondait avec ordre de demeurer sur son siége, avec la confirmation de tous les actes passés et le renouvellement absolu de tous les pouvoirs qu'il avait reçus de l'Église pour son diocèse.

Monseigneur communiqua cette lettre au ministre des cultes et à son clergé.

En 1817 Mgr de Bonnac acceptait, auprès de Louis XVIII, le titre de premier aumônier de la Cour. Cette nouvelle dignité excluait les anciennes prétentions et tranquillisait tous les esprits dans le diocèse. Mgr de Bonnac légua 1,000 fr. pour la messe que le chapitre acquitte tous les ans, le 4 janvier.

La Cour elle-même rendit justice à Mgr l'Évêque d'Agen : elle lui fit offrir pour palais épiscopal, l'hôtel de la préfecture, commencé par Mgr de Bonnac, sur le terrain du Grand Séminaire. C'était en partie une restitution ; le gouvernement avait continué à ses frais ; mais la rente due, en indemnité au Grand Séminaire, n'a jamais été payée au diocèse.

Leurs Altesses royales MMmes les duchesses d'Angoulême et de Berry accueillirent honorablement les hommages du Prélat, à leur passage à Agen.

Au reste, les chefs du parti légitimiste ne cessèrent jamais, à aucune époque sans exception, avant comme après les Cent jours, d'entourer d'un respect filial celui qu'ils se montraient heureux de recevoir dans leur famille et d'avoir pour Évêque.

Sans y être indifférent, il était supérieur aux faveurs personnelles : l'humble Prélat remercia la Cour ! — « C'était trop beau, trop splendide. — Mais vous y logerez vos vicaires-généraux, vos chanoines... — C'est trop loin de la Cathédrale et du chœur pour des vieillards ; » et comme des voix amies, de la haute société et de son administration, insistaient : « Sommes-nous assez riches, tous ensemble, non pas pour meubler, mais pour entretenir seulement cet immense palais? Je n'en veux pas : et ceci n'est pas de l'abnégation ; c'est du bon sens. »

Mais le Prélat, qui avait trouvé suffisamment convenable le palais actuel, même dans l'état *assez incomplet* comme il le laissait à son successeur, ce Prélat se montra jaloux et solliciteur des intérêts de son clergé : il trouva de l'appui dans l'administration civile et auprès du gouvernement pour obtenir la restitution du Grand Séminaire de fondation épiscopale et diocésaine. Le gouvernement en retira la caserne, répara les dégâts et l'appropria à son ancien service. On lui accorda plus tard l'achèvement de cet édifice, le corps principal avait suffi pour l'éducation des clercs séculiers ; par l'existence en ville et dans le diocèse des ordres religieux dont les édifices sont encore des monuments civils. Mais la tenue des synodes, des retraites ecclésiastiques, le nombre même des élèves, demandaient l'agrandissement par les deux côtés et les bâtisses de l'avant-corps : le plan primitif reçut sa régularité.[1]

---

[1] Ce Séminaire fut fondé et bâti par Mascaron qui installa cet établissement ecclésiastique dans cette nouvelle maison en 1686.

Mascaron le retirait du collège Saint-Jacques de Paulin qu'il accordait au tiers-ordre de Saint-François, dits Picpus, par ses lettres du 6 juillet 1687.

L'origine du Séminaire diocésain, selon le vœu du saint Concile de Trente, est attribuée à Nicolas de Villars qui concourut, avec la reine Marguerite, à l'érection du collège, à la place actuelle de la volaille. Mais on doit regarder comme le véritable fondateur du Séminaire Mgr Barthélemi d'Elbène : c'est lui qui en confia la direction aux prêtres de la Mission, aux Lazaristes qui l'ont tenu jusqu'à la Révolution.

Cette restitution providentielle de 1816 réalisa les vœux du Prélat toujours préoccupé des besoin des paroisses que les infirmités de l'âge ou la mortalité privaient chaque jour de pasteurs. Monseigneur saisit avec action de grâces le moyen de leur préparer des auxiliaires et des successeurs par l'établissement régulier des deux Séminaires.

Le jour de leur installation donna une joie bien légitime aux fidèles et au clergé.

Tradition d'un Élève de 1817 aux Élèves de 1857.

C'est à MM. Leroux, Gillard, Souéges, Bouytaud, que cette maison a dû la prospérité de ses études, depuis son origine. C'est bien à eux que votre Académie doit la riche collection de manuscrits que vos devanciers lui ont composée. M. Bouytaud surtout, en quatrième et en troisième, comme professeur, dans la direction des classes, comme préfet des études et fondateur de l'Académie, nous forma dans cette méthode, laborieuse sans doute, mais fructueuse aussi.

Nous serions heureux de vous la transmettre, comme un précieux héritage ; plus heureux si, dans le dévouement que nous nous sentons pour vos progrès, il nous était donné, comme à lui, de vous inspirer, avec l'ardeur pour le travail, la conviction des jouissances et des profits que vous amènera l'exploitation de ces textes divers, que la méditation et le soin ont préparés. « Oui, ce n'est pas à la première vue qu'on en découvre les beautés littéraires. Quelques rares intelligences ont ce privilège ; mais le plus grand nombre, nous avons besoin de travail et de méditation pour comprendre un peu dans ces œuvres de la méditation et du travail. »

M. Bouytaud nous avait pénétrés de cette vérité ; il avait su faire aimer ces recherches, comme il les aimait lui-même. Mais il savait piquer notre curiosité, il savait mieux la satisfaire. Si vous trouvez quelque utilité dans les recherches que nous vous offrons, vous la rapporterez à ce sage Directeur et à nos dignes Professeurs, et, par vos prières, vous nous aiderez à payer notre dette pour les bienfaits de leurs soins et de leur amitié.

Nous ne devons pas vous parler de ceux qui vivent encore; mais il en est un dont chaque pierre de l'établissement vous dirait le nom, si notre reconnaissance nous permettait de le taire. C'est bien à lui que cette maison est redevable, depuis sa naissance, de cet esprit de piété et de discipline dont notre vénéré Supérieur s'efforce chaque jour de vous animer, avec le zèle et la tendresse que vous lui connaissez. Sa joie serait pleine, il nous l'a répété souvent dans le secret, s'il pouvait perpétuer toutes les précieuses traditions qu'il en a reçues.

Vous aurez vos successeurs, comme nous autres, comme les premiers maîtres de ce saint asile; conservez-leur cet héritage de discipline et de piété que vous ont légué les élèves qui vous y ont précédés : rivalisez dans ce zèle avec M. le Supérieur ; en lui faisant cette consolation, vous ferez une bonne œuvre, dont l'Église d'Agen recueillera les fruits, dans les imitateurs qu'auront formés vos exemples.

La lettre de ce règlement dont la sollicitude quotidienne de M. le Supérieur vous montre l'observation comme la sauvegarde de vos âmes, est déjà bien ancienne pour nous; et nous aimons souvent, en nous promenant sous le cloître, à en rappeler la promulgation : elle fut bien solennelle.

La pauvre petite chapelle de cette époque n'était rien de plus que les classes actuelles de cinquième et de sixième : elles en gardent encore quelques traces ; la niche que vous y voyez encore, la rosace de la voûte sont muettes pour vous, pleines de souvenirs pour les écoliers dont les cheveux ont blanchi, comme les nôtres. Dans cette niche nous avons vu la première statue en plâtre, devant laquelle la maison fut dédiée à l'Immaculée-Conception de la très sainte Vierge ; à cette rosace était suspendue la lampe bien modeste d'un plus modeste autel.

C'est là pourtant, dans cette étroite enceinte, que se trouvèrent réunis un jour tous les élèves d'un Grand et d'un Petit Séminaire. Mgr Jacoupy allait inaugurer l'un et l'autre. Le Prélat, revêtu de ses habits pontificaux, la mitre en tête et la crosse à la main, y était entouré de ses Vicaires généraux, des Supérieurs et des Maîtres des deux maisons. Les plus jeunes, nous ouvrions de grands yeux, croyez-le bien. La procession se mit en marche pour le Grand Séminaire, où ses élèves demeurèrent sous l'autorité du réglement et des maitres que leur donnait Sa Grandeur. Nous, nous fûmes reconduits avec la même pompe, dans la modeste chapelle de nos cloîtres. Nous nous ressentons encore de l'impression que l'auguste cérémonie de cette installation produisit sur toute l'assistance.

Un jeune Supérieur présenta à Monseigneur l'Évêque le manuscrit du réglement qui nous gouverne toujours. Sa Grandeur le remit à son Secrétaire-général, à M. Trincaud de Latour, dont la mémoire est si douce et si vénérée, qui a vécu si longtemps avec nous, dans ce Séminaire, et qui est mort dans son enceinte. M. le Secrétaire-général nous en fit la première lecture : nous n'avons pas à vous dire l'attention religieuse et la respectueuse soumission qui l'accueillirent. C'était la volonté de notre Évêque, des Supérieurs qu'il nous avait choisis ; elle fut la volonté de Dieu pour cette communauté naissante.

Le soir de ce jour mémorable pour notre cœur, le jeune Supérieur conduisait sa jeune famille à la promenade. C'était en novembre 1817... il entrait en fonction de son nouvel emploi : il dirigea notre marche vers le sanctuaire bien délaissé alors de N.-D. de Bon-Encontre ; et, pour le dire en passant, c'est bien lui qui en a enseigné depuis et fait aimer la route à plusieurs. Là, aux pieds de la Madone vénérée, il se mit, il mit tous ses collaborateurs et tous les enfants que venait d'adopter son cœur de prêtre, sous l'auguste protection de notre Mère des Cieux. Afin de la mieux établir sa souveraine et la nôtre, nous le vîmes déposer sur son autel le réglement et les clefs de la maison, que Monseigneur venait de commettre à ses soins et à sa vigilance. La clef d'un trésor ou d'une cassette quelconque n'y figurait pas sans doute ; car dans les quelques meubles qu'on lui abandonna, ne figuraient ni cassette, ni trésor. Le Supérieur ne se découragea point de cette détresse : toute sa confiance fut en Dieu et dans sa puissante protectrice. Aujourd'hui, si la maison a dilaté son enceinte, si notre chapelle n'est plus renfermée, sous le cloître, dans la limite de ces deux classes, c'est bien à son zèle et à son administration que nous en sommes redevables.

Mais le petit autel en marbre, avec son tabernacle, à la porte d'argent ciselé, que M. le Supérieur vient de mettre à la place de votre vieil autel, de l'autel de la jeunesse à nous, cet autel où vous priez maintenant chaque jour, est bien l'autel qui a entendu, qui a vu exaucer pendant des siècles les vœux que la piété adressait à Marie, à Notre-Dame-de-Bon-Encontre ; c'est bien le même autel où le Petit Séminaire d'Agen a porté ses premières offrandes et ses premiers vœux ; le même où notre réglement reçut sa consécration, pour ainsi dire. C'est encore à l'instigation et à la paternelle sollicitude de ce fondateur du Petit Séminaire que nous le devons.

Aujourd'hui, dans la retraite qu'il s'est choisie, auprès du sanctuaire vénéré qu'il aima dans sa jeunesse, ce premier Supérieur continue de prier pour une œuvre qui lui fut chère ; il continue dans le silence d'en être le bienfaiteur.[1]

Avec ces souvenirs, le petit autel de marbre et son tabernacle, lorsque vous entrerez dans la chapelle, vous parleront, à leur manière, de votre réglement, de l'origine de cette maison et de la main qui l'éleva. La reconnaissance pour les bienfaits que la Religion nous procure ne s'acquitte qu'en correspondant aux intentions qui les inspirent. Soyez fidèles à ce même réglement qui fit le bonheur de tant de prêtres qui ont déjà vieilli dans le saint ministère. Votre reconnaissance s'acquittera à son tour, à votre propre avantage : quand vous prierez au petit autel où chaque jour nous prions pour vous, priez aussi avec nous pour une reconnaissance dont Dieu seul connaît la dette et l'étendue.

---

[1] M. Jacques Tailhié est venu recevoir sa dernière hospitalité dans cette chère maison, lui prodiguer ses derniers bienfaits et y mourir le 19 février 1862.

Les soins et les efforts du Prélat depuis 1806 étaient enfin couronnés par cette double installation de novembre 1817. Il eut le bonheur, pendant son épiscopat, de peupler son Petit Séminaire, d'en faire une pépinière féconde et nécessaire au développement toujours croissant de son Grand Séminaire. Trois ans avant sa retraite à Bordeaux, Monseigneur recevait, dans la plus florissante prospérité, de M. Jacques Tailhié devenu son vicaire-général, ce cher Petit Séminaire qu'il avait confié à ce jeune supérieur, dans l'état le plus précaire : tout y manquait : dortoirs, réfectoires, chapelle, cours, décharges, chambres et ameublements de toute nature. Le Prélat connaissait la gêne extrême de cette maison naissante ; mais il avait confiance dans l'intelligence et l'activité du fondateur qu'il lui avait choisi.

Les dignes professeurs que nous avons vus à l'œuvre et dont nous avons reçu les soins et les leçons, se dévouaient gratuitement depuis quelques années, dans l'intérêt du diocèse. Cependant ils désirèrent de n'être plus à charge à leurs familles et demandèrent une modeste rétribution pour leur modeste entretien. Le supérieur leur montrait la caisse vide et les besoins d'urgence quotidiens.

L'un d'eux, moins timide, alla soumettre à l'Évêque leur position et le soulagement qu'ils souhaitaient : sa parole fut-elle sensiblement accentuée : Monseigneur vit-il dans cette démarche un germe d'indiscipline contre le supérieur, un manque de désintéressement, nous l'ignorons, mais l'Évêque envoya M. J. L.. finir l'année au Grand Séminaire, et M. Turin, ce saint prêtre qui vient de mourir à Lougrate, fut chargé de la classe de quatrième.

M. Rous, le premier vicaire-général, ce bienfaiteur de l'établissement, prit sous main la demande bien juste des jeunes professeurs. A l'aide d'une association de prêtres qui lui donnaient une petite rétribution annuelle, il pourvut à l'entretien modeste qu'on sollicitait. M. J. L... reprenait sa chaire de quatrième à la rentrée.

Plus tard, un professeur de son Grand Séminaire se présentait à l'Évêché annonçant qu'on lui offrait 1500 fr. pour aller tenir la même chaire à Montauban. « Je ne puis pas vous acheter si cher. — Mais, Monseigneur, je ne suis pas à vendre..... — Et si, puisque vous me mettez le marché à la main. » Avec tout son esprit, le professeur se laissa éconduire sans répliquer.

Au reste, Monseigneur fut toujours d'une bonté paternelle pour tout le personnel de ces deux établissements. Sa Grandeur les visitait toutes les semaines, aux heures du dîner et de la récréation de midi, chaque vendredi pour le Petit Séminaire. Il entrait furtivement au réfectoire, examinait le service, écoutait la lecture et passait la récréation entouré des supérieurs et jouissant de la franche hilarité de cette nombreuse et florissante jeunesse dont il encourageait les ébats de son sourire et de ses gracieuses paroles.

Après sa maladie, il ne présida plus les examens.

Les visites de son Grand Séminaire avaient un autre caractère. C'était ordinairement après la conférence de dix heures. Les circonstances lui fournissaient toujours des paroles qui laissaient leur impression efficace. Mais à l'approche des ordinations, la responsabilité des maîtres qui devaient lui présenter les sujets prenait dans ses réflexions une gravité qui porta l'effroi plus d'une fois dans quelques consciences, même dans celle des élèves. « C'est sur vos supérieurs, « Messieurs, disait-il un jour à ces derniers, que je me repose « pour votre avancement. Ils sont mes témoins, ils sont mes « yeux, ils sont vos juges. Laissez-les lire dans vos âmes ; « et que vos dispositions soient dignes de leurs suf- « frages. »

Dans les ordinations le sentiment de cette responsabilité perçait dans l'interrogation du pontifical : *Scis-ne illos esse dignos ?* — et sur l'affirmation de son archidiacre, sa voix et son visage s'épanouissaient de contentement en remerciant Dieu : — *Deo gratias !* Un prêtre lui parlait un jour de la différence d'intonation dans ces deux phrases du pontifical : « C'est que ces deux phrases sont plus pour moi que de la liturgie, mon cher abbé, je les ai dans le cœur. » L'accent de cette voix auguste retentit encore aux oreilles des prêtres de son ordination, dans les avertissements du pontifical et de toute la liturgie de ces grands jours.

Tous les mardis et vendredis des vacances, il admettait à sa table tous les directeurs présents des deux maisons. Monseigneur aimait et faisait aimer ces réunions. Il les traitait comme le père traite les enfants dont les bulletins sont honorables : *c'étaient leurs jours de grande sortie, parce qu'ils faisaient sa besogne.*

Le dernier jour, il les congédiait en riant : « Messieurs, ne marquez pas vos serviettes : vous allez rentrer en campagne. » Il était rare qu'il dérogeât à cette règle : dans l'année, en carême surtout, il faisait porter, à l'insu de l'économe, un plat inattendu, un *extra*, et le Prélat s'amusait beaucoup de l'heureuse surprise. Mais il n'y avait pas d'invitation générale. S'il fit l'honneur de quelques exceptions en faveur de quelques membres, elles étaient spontanées, un souvenir du cœur. Nous pourrions en dire plusieurs : une seule fera connaître la délicatesse de ces attentions.

Un vendredi, après le conseil, Monseigneur retenait à dîner M. Tailhié, vicaire-général alors. M. Tailhié s'excusait, il avait lui-même à recevoir à sa table. « Précisément aujourd'hui ! et lesquels ? » Deux anciens professeurs sous M. Tailhié dont l'un venait d'être nommé curé. — Ah ! ah ! c'est bon ! Faites la langue à votre Marianne et ne dites rien. Marianne, sans les laisser entrer, les avertira que j'ai à leur parler ici. »

Le nouveau curé avait été enfant de chœur du Prélat, à son arrivée, dans le petit oratoire, chez Mme de Galibert : en le recevant, Monseigneur lui disait en souriant : « Encore vous voilà, M. Désiré ? c'est *bis in idem* (M. Désiré y avait déjà dîné une fois dans la même semaine). Mais demain c'est samedi, mon cher curé, votre chasse-coquin. »

L'autre, vieux serviteur de l'école, annoncé, introduit, était laissé debout. Monseigneur lisait, signait son courrier, sans aucun signe d'attention pour lui. Lorsque la presse fut sur les feuilles volantes, lorsque les plumes furent essuyées et tout remis en ordre, d'un air contrarié, sans quitter son siège, contre son habitude : Que me voulez-vous, l'abbé, en ce moment ? — Monseigneur, je viens prendre vos ordres ; Marianne vient de m'avertir que vous demandiez après moi. — Et qu'alliez-vous faire chez Marianne ? — Dîner chez M. Tailhié sur son invitation. — C'est commode, Mme Marianne m'envoie les convives de M. Tailhié... et se levant avec bonté l'excellent Prélat tendait la main, avec ces reproches : Vous m'avez échappé pendant toutes les vacances, mon gaillard ! vous me devez ; je me rattrape ; je suis content de me venger aujourd'hui. » Et prenant la main de ce nouvel hôte, Monseigneur le présentait à ses convives, joyeux de sa vengeance et de son aimable stratagème.

Cette double installation, le nombre toujours croissant des élèves dans ces deux maisons présentaient à sa sollicitude incessante une perspective moins pénible sur l'avenir du ministère pastoral dans son diocèse : les pertes ne pouvaient pas être immédiatement compensées, mais les ordinations de chaque année lui donnaient des sujets pour réparer des brèches.

Le nombre des ordinands devenait sans doute considérable et réjouissait le cœur ; mais ce nombre devait se répartir et le Gers en réclamait une large part : c'était justice : le Séminaire d'Auch, sous la direction d'élite que lui avait donnée Mgr Jacoupy, fournissait souvent la majorité, et cette majorité était due aux paroisses qui l'avaient formée. Elles n'étaient pas moins chères à la sollicitude de leur père commun : et le cœur du père se dilatait dans une joie égale : cette joie s'augmentait surtout pour Monseigneur et pour M. Rous, le digne enfant de Sainte-Marie d'Auch, lorsque les fatigues ou les occupations permettaient à M. Fénasse de conduire lui-même aux ordinations, les sujets qui devaient y participer. Alors certes il y avait plus que la joie d'une administration également heureuse de sa fécondité : les amis d'Agen faisaient fête aux amis d'Auch : et les moments étaient bien courts, après les choses sérieuses, pour les entretiens de l'amitié : nous nous souvenons encore, après plus d'un demi-siècle, de l'épanouissement de nos vénérés supérieurs à l'annonce de cette réception fortunée : et on en donnait la raison aux jeunes élèves, en leur montrant, à la tête des *Auscitains*, celui qui souvent, nous disait-on, avait refusé l'épiscopat, afin de consacrer sa vie entière au service de l'Église dans les travaux qu'avait choisis sa modestie.

Cependant un grand nombre de paroisses gémissaient dans le veuvage : les âmes sommeillaient dans la négligence de leurs devoirs religieux : la connaissance des moyens de salut décroissait et l'éducation chrétienne de la génération naissante avait ses négligences et ses oublis.

Afin de réveiller les âmes de leur torpeur dans les paroisses, raviver les principes de leur foi et leur zèle à la pratique des sacrements, Mgr Jacoupy, au souvenir des bénédictions ineffables que la grâce de Dieu avait répandues sur les missions qu'il avait procurées à son diocèse au commencement de son épiscopat, se confia de nouveau à la miséricorde du Souverain Pasteur ; les ressources manquaient ; mais les besoins étaient urgents ; il conçut et réalisa le projet des missions diocésaines ; il en institua l'établissement ; son jeune clergé lui fournit des sujets capables, ambitieux comme leur chef de sauver les âmes et de faire refleurir le règne de Jésus-Christ. C'était au reste le seul trésor que pouvait leur assurer celui qui montrait à leur zèle une abondante moisson et les fatigues des ouvriers évangéliques : et ces nouveaux disciples partaient intrépides, à la voix de leur maitre. La nourriture et le vêtement leur étaient assurés : *habentes autem alimenta et quibus tegamur his contenti simus.*

Les missionnaires d'Agen avaient fait leur noviciat sous la direction des Pères de la Mission d'Auch qui rendirent et rendent encore des services si précieux dans notre diocèse.

M. Valentin-Étienne Chambret leur fut donné pour supérieur et pour modèle.

Le Prélat et les nombreuses paroisses qu'ils évangélisèrent s'applaudissaient de leurs travaux, lorsque la Révolution de Juillet suspendit les bienfaits de cette institution précieuse.

Leur supérieur, chanoine honoraire, devint vicaire-général ; en 1836, curé de Penne ; en 1843, de Notre-Dame, et mourut curé de Notre-Dame d'Agen, en 1856, après un ministère fécond et infatigable de toute une vie aussi éminente en qualités personnelles qu'en vertus sacerdotales.

Monseigneur s'efforça de suppléer cette lacune, par l'association de son diocèse à l'œuvre de la propagation des bons livres, par la fondation de son œuvre des soirées chrétiennes qui firent quelque bien durant quelques années ; mais il n'obtint pas tout le dédommagement qu'il s'en était promis.

Les écoles primaires furent un objet spécial de sa vigilance et de ses soins dans la mesure qui lui fut laissée. Mais l'instruction chrétienne des enfants avait un moyen assuré dans les catéchismes et les instructions de la paroisse, et nous pouvons affirmer, sur l'examen que nous avons eu à en faire, que Messieurs les curés secondaient avec intelligence et assiduité les vues et les prescriptions de leur Évêque.

De nombreux mandements, des lettres spéciales ne témoignent pas moins de sa sollicitude pour la sanctification de ses prêtres : ne devaient-ils pas être la lumière des peuples et la bonne odeur de Jésus-Christ dans leur paroisse ?

Dès les premières années de son épiscopat, Mgr Jacoupy avait le désir de faire donner une retraite à son clergé ; mais le vœu de son cœur avait toujours été contrarié par des obstacles qu'il n'aurait pas dépendu de lui de surmonter. Ce fut une bien vive joie pour lui d'annoncer enfin, en 1822, la double retraite ecclésiastique du 25 septembre et du 8 octobre.

Le retour annuel de ce bienfait permet moins aujourd'hui de comprendre les effets merveilleux de cette première retraite pour ce clergé d'ordinations et de conduite diverses, après un demi siècle presque de bouleversements et de troubles.

L'auguste cérémonie du renouvellement des vœux cléricaux, la communion générale avaient ramené l'unité dans l'obéissance légitime ; et les anciens confesseurs avaient trouvé une rétractation conciliante dans la profession solennelle de respect et d'obéissance que plusieurs confrères avaient acquittée, sous leurs yeux, entre les mains du Pontife.

Nous étions bien jeune et néanmoins nous demeurons encore impressionné de la joie, de l'enthousiasme qui éclataient dans les entretiens de tous les prêtres, à leur retour.

Aussi, en les invitant à la retraite de 1826, pouvait-il dire à ceux qui avaient si bien apprécié les avantages de la première « que sa lettre était superflue pour qu'ils eussent « besoin d'être excités à ne pas se priver des grâces nou- « velles qui leur étaient offertes. »

Ces salutaires exercices ne purent être repris qu'en 1835. Les conférences du savant et pieux M. Frère, chanoine de Notre-Dame de Paris, enflammèrent les jeunes prêtres d'une ardeur nouvelle pour l'oraison et les études ecclésiastiques.

La parole éloquente, la doctrine sévère de M. Dufêtre, encore vicaire-général de Tours, captiva l'attention et le recueillement pendant la retraite de 1836. Mais le jour de la clôture, dans la chaire de Notre-Dame d'Agen, à son discours aux fidèles pour les inviter à renouveler leur alliance avec leurs prêtres, au moment où leurs pasteurs allaient jurer une alliance nouvelle au divin Pasteur des âmes, l'émotion était dans toutes les poitrines et les larmes dans tous les yeux.

Notre bien-aimé Pontife, malgré son âge et sa surdité, avait présidé à tous les exercices : il nous semble le voir encore, le visage radieux du bonheur de cette fête sacerdotale, prenant dans ses mains sacrées les mains de ses coopérateurs et les admettant au baiser de paix avec une expression toute particulière de tendresse et de respect : les anciens du sanctuaire furent attendris et les jeunes prêtres s'en entretinrent avec émotion.

Nous transcrivons ce trait particulier à la retraite de 1835 :

Lorsque le tour de M. Besse fut venu, le clergé et les fidèles furent sensiblement émus. M. le curé de Penne s'avançait appuyé sur sa canne, le visage rayonnant de cette douce joie que la paix de son âme répandait toujours sur cette aimable figure. Sa belle taille, légèrement voûtée, sa tête dénudée, sa marche timide, embarrassée par le cérémonial même de l'acte solennel, la pensée du confesseur de la foi, du vieillard usé par l'exil et par les travaux du ministère attiraient sur lui des regards et une attention qui l'impressionnèrent : ses mains cherchaient un appui, pour se mettre à genoux, aux pieds du Pontife : le Prélat se levait avec précipitation pour le soutenir et le recevoir dans ses bras. Il y eut des larmes dans tous les yeux : l'ancien Évêque réclamait de son ancien et fidèle coopérateur le serment de respect et d'obéissance, comme au jour de la sainte ordination, où l'ordinand et le consécrateur peuvent espérer une longue vie d'union : car rien ne vieillit dans l'Eglise catholique, où les hommes passent, mais où Jésus-Christ, son véritable Pontife, entretient, à l'instar de la jeunesse de l'aigle, la jeunesse de son perpétuel sacerdoce : « *Promittis mihi et successoribus meis obedientiam et reverentiam ?* et d'une voix émue, mais forte, le *promitto* jaillissait du cœur et consacrait au respect et à l'obéissance les restes d'une vie d'obéissance et de respect. Vétéran de l'épiscopat, Monseigneur donnait la paix à ce vétéran de son clergé, peut-être avec le pressentiment d'un adieu suprême, car il le trouvait bien vieilli depuis la confirmation de l'année précédente, à Penne, où pendant cinq jours, il l'avait vu agir et s'employer, comme dans la force de l'âge.

Monseigneur inaugura pour son clergé les conférences cantonales : elles fonctionnèrent avec peu de résultats pour l'étude : mais elles entretenaient l'union, et offraient la facilité de consultations utiles.

Monseigneur n'avait pas négligé les intérêts matériels de ses prêtres dont il déplorait la gêne assez voisine de la pauvreté : le 23 août 1835, il soumit à leur examen, à leurs observations, à l'acceptation ou au rejet, l'établissement d'une caisse de retraite. *Plusieurs curés l'avaient sollicité en des termes que le cœur seul était capable de dicter.* Ce projet et son règlement fortement élaborés furent ajournés ; mais ils servirent de base à l'établissement définitif de 1842.

XXVII

Lamménisme. Anxiétés du Prélat. Jugement anticipé sur le conflit. M. Graulhié dans une réunion ecclésiastique à Fauguerolles, 1828. Partisans de la nouveauté. Séance littéraire au Petit Séminaire. Encycliques de Grégoire XVI. Vigueur épiscopale. Rétractations honorables. Belle parole du Prélat. Circulaire célèbre. 15 décembre 1834. — Services funèbres à la mort de trois illustres chefs de l'Eglise. Hommages de sa vénération. Services funèbres pour son métropolitain Mgr d'Aviau, pour Mgr La Tour-du-Pin, ancien archevêque d'Auch. Les adieux de Mgr Jacoupy au clergé d'Auch, 1823. Lettre de Mgr de Lacroix sur cette administration.

Mgr Jacoupy était attaché au Saint-Siége du fond de ses entrailles. La lutte vive de M. de Lamennais contre Mgr d'Hermopolis, le grand maître de l'Université, lui donna des alarmes dès l'année 1828. Les anciens parmi ses curés les partageaient, et leur clairvoyance annonçait déjà des scissions funestes : celle de M. l'archiprêtre de Marmande nous frappa beaucoup à cette époque et nous revint souvent en mémoire durant cette période affligeante pour l'Eglise.

M. Graulhié était curé d'Aiguillon : au passage de Napoléon sur cette paroisse, M. Merle de Massonneau avait présenté son digne curé à l'Empereur. Le prince se connaissait en hommes et son œil entrevoyait vite. Sa Majesté fut contente sans doute de son inspection rapide, car aux quelques paroles de l'ecclésiastique il répondit avec bienveillance : Merci, Monsieur le curé. — Sire, je ne suis pas curé, je suis simple recteur dans votre Empire. — Vous l'êtes dès ce moment-ci : je fais Aiguillon cure de seconde classe. — Vos bontés, Sire, n'ajouteront rien aux sentiments que j'ai voués à Votre Majesté.

Un autre homme avait jugé en M. Graulhié, non pas l'homme intelligent, non pas l'homme au tact exquis, aux manières aussi délicates que spirituelles, mais l'homme de Dieu, l'ouvrier évangélique. M. Martin de Bonnefond le demandait pour successeur dans sa dernière maladie, et Monseigneur, en faisant connaître la ratification de ce choix à la ville de

Marmande, avait ajouté : « Le vœu d'un saint mourant est
« pour moi l'oracle du Ciel. »

Les travaux du grand curé de Marmande, comme nous l'entendions appeler alors, sa rare érudition en sciences humaines et ecclésiastiques, ses instructions écrites dans sa paroisse aux illuminés dont il déplorait l'aveuglement, ses prévenances aimables et fraternelles pour tous ses confrères, sa douceur et sa charité envers tous lui avaient acquis la vénération et l'influence dans l'arrondissement pour lequel Monseigneur lui avait donné ses pouvoirs et la surveillance.

Le 29 août 1828, M. de Boudon-Lacombe recevait dans son presbytère, à Fauguerolles, un grand nombre de ses confrères de la contrée. On n'ignora pas que M. Graulhié devait honorer cette réunion de sa présence : tous les invités et d'autres avec eux se rendirent avec empressement. M. l'archiprêtre fut accueilli, nous pouvons le dire, mieux qu'un ami respecté, comme un père par ses enfants. Son affabilité pour tous, ses prévenances, ses paroles gracieuses, son badinage, ses taquineries aimables, avant comme pendant le repas, charmaient les conviés, surtout deux jeunes prêtres, dont il se plaisait à vaincre la timidité avec la condescendance affectueuse dont se louaient toujours les séminaristes qu'il aimait tant.

M. de Boudon était riche : sa table se trouvait couverte d'argenterie ; pendant le repas, il se prit à dire à M. Graulhié qu'à pareil jour, il y avait trente ans, il ne lui restait à Saragosse qu'un dernier couvert d'argent pour payer son mois, nourriture et loyer. M. Graulhié promenant son regard et sa main sur l'aspect de cette table si noblement pourvue : « Les temps sont bien changés, Monsieur le curé ! en valons-nous mieux ? — Hélas ! disait le vénérable amphytrion, plus attentif à orner son église que sa table, hélas ! j'ai bien lieu d'en douter. » Les belles-lettres étaient familières au docte théologien, et si dans la causerie un mot heureux des convives, une figure de mots contestable du bon M. Troutard venait aux oreilles : « Gare ! vous serez noté dans le cahier de littérature. Je vous le recommande, Monsieur l'abbé !... » et l'on riait... M. l'archiprêtre pressait amicalement le jeune professeur de seconde, qu'il s'était plu à mettre en scène, de lui accorder quelques jours de vacances ; il avait une place pour lui dans sa voiture, il ferait plaisir à son cher M. Bouytaud... et sur les excuses réitérées du jeune professeur, confus de ses honorables instances : « Je porterai mes plaintes à votre préfet des classes, et votre refus lui sera aussi sensible qu'à moi. »

Après le dîner, au salon, on n'aurait plus dit les mêmes hommes : la conversation se fit immédiatement grave, sérieuse et peu à peu assombrie : les ordonnances sur les Petits Séminaires, la fermeture des maisons de congrégations qu'on avait voulu atteindre, les tendances d'un libéralisme défavorable à l'Eglise avaient naturellement réveillé les souvenirs du passé dans les anciens confesseurs de la foi et dans quelques anciens ordonnés, après les orages de la Révolution : l'ardeur de M. de Lamennais, déjà violente, intempestive ; sa polémique contre Mgr de Frayssinous le passionnait. M. Graulhié, de sa voix autorisée, exposait la situation, l'embarras de NN. SS. les Évêques ; il se confiait sur leur sagesse afin de sauver leurs Petits Séminaires dont la rentrée était encore suspendue. On l'écoutait avec un religieux silence, et l'assentiment unanime à ses observations se manifestait dans les traits et l'attitude inquiète de tous ses vénérables confrères ; nous avions écrit un résumé de cette conversation saisissante ; il la termina par ces paroles : « Soyons calmes, prions pour la société et pour l'Église. MM. de Frayssinous et de Lamennais auraient dû laisser dormir dans l'école les paroles brûlantes qu'ils jettent dans le public : leur but, je le crains, sera dépassé et trompera les intentions de l'un et de l'autre qui peuvent être bonnes ; mais le résultat peut amener des malheurs. Leurs discussions envenimées n'aboutissent-elles qu'à rompre la concorde et l'union dans le clergé, cette scission serait déjà un grand péril. Notre âge, Messieurs, nous sauvera des maux dont nous voyons les avant-coureurs ; mais ces jeunes prêtres pourront en être les tristes témoins ; j'espère qu'ils n'en seront pas les victimes » et souriant avec bonté, il ajoutait :

« Qu'ils ne s'effraient pas trop pourtant ; le bras de Dieu n'est pas raccourci ; et nous ne sommes ni prophètes ni enfants de prophètes. »

Les appréhensions du vénérable archiprêtre de Marmande ne se réalisèrent que trop : la malheureuse scission partagea en deux camps le clergé de France, sans rompre les liens de la charité sacerdotale, mais avec des froissements et des antipathies regrettables. Hâtons-nous de dire que les disciples de la nouveauté, fascinés par l'éclat d'une parole merveilleuse et des bienfaits que le maître annonçait à leur ardent amour de la religion, étaient tous des prêtres irréprochables et vénérés de tous ceux qui combattaient leurs égarements.

Le clergé d'Agen se scinda comme celui des autres diocèses. Les uns suivaient le drapeau de l'Avenir, les autres marchaient sous le drapeau de leur Évêque.

Cette scission éclata un jour plus violente, plus accentuée. C'était à la séance de la distribution des prix du Petit Séminaire en 1831. Monseigneur présidait cette solennité, entouré des notabilités de son clergé et des personnages éminents parmi les laïques de sa ville épiscopale.

Parmi les compositions remarquables que l'académie de la maison faisait lire, en ce jour de triomphes scolaires, pour répondre aux éloges flatteurs qu'elle avait mérités, dans les séances nombreuses et publiques de l'année, se trouva une étude de la persécution que Maximilien Hercule exerça dans les Gaules (282) ; elle était digne sans contredit des applaudissements unanimes qu'avait excités la lecture des pièces qui l'avaient précédée.

La résistance héroïque de la légion Thébaine aux ordres impies que ne pouvait admettre leur foi ; le massacre de ces dix mille hommes bien armés se laissant égorger sans se défendre, pour obéir à leur religion : les exhortations et les exemples de leurs officiers, surtout de Maurice, leur tribun militaire, d'Exupère, le major du camp, de Candide, le sénateur des troupes, ce sacrifice de l'obéissance passive honoré par l'Église, dans son culte public, et donné pour enseignement à ses fidèles, tout analysé sans allusion, sans commentaire, dans un tableau aussi riche de pensées que de style ; les paroles du message après la deuxième décimation : « *Milites sumus, imperator, tui — sed tamen servi Dei : militiam debemus tibi, illi innocentiam : tenemus ecce arma et non resistimus.* » Ces paroles achevèrent de soulever les disciples de la doctrine qui prenait cours dans cette école. Ces paroles ne traduisaient pourtant que l'enseignement formel du saint Évangile et la pratique invariable de tous les siècles catholiques. Des notabilités ecclésiastiques et laïques murmurèrent assez haut et menaçaient de quitter la salle : on se contint. Monseigneur était sourd, il ne s'aperçut pas des mouvements ou dissimula ; il n'entendait que les applaudissements et lisait, en son particulier, la copie que l'élève s'empressait de lui apporter après chaque lecture.

Les élèves étaient parfaitement étrangers aux bruits du dehors ; l'auteur de cette étude historique, innocemment joyeux de l'ouverture des vacances et du succès qui avait couronné ses cours littéraires, était froidement accueilli et sévèrement *admonesté* dans la visite de départ qu'il devait à un dignitaire, l'ami particulier de sa famille, non moins chéri et respecté de tous les siens que de tous les prêtres du diocèse.

Monseigneur n'ignorait rien de tous ces troubles intérieurs : on étalait, on lisait sous ses yeux le journal propagateur, on se rendait avec éclat aux audiences que daignait accorder, à l'hôtel Baron, le plus jeune disciple, le représentant du maître, qui devint plus tard le défenseur éloquent, dévoué des droits de l'Église et du Saint-Siége, l'auteur immortel des Moines d'Occident, M. le comte de Montalembert. Un jeune curé de canton le recevait dans son presbytère, fier de lui montrer le portrait de M. de Lamennais, richement encadré, et professant de *marcher dans les bonnes doctrines :* un aumônier, averti de la présence du Prélat dans la maison et prié d'aller l'accueillir dans la chapelle, répondit, sous l'empire des leçons quotidiennes de son journal, *qu'il l'attendrait dans sa chambre ; que M. de Lamennais lui avait appris qu'il était un homme lui aussi*. Chaque jour des particularités de ce genre étaient malheureusement rapportées. Malgré l'indépendance de son langage, sans taire sa désapprobation, Monseigneur demeurait calme, refoulant en lui-même l'affliction profonde que plusieurs n'eurent pas la délicatesse de ménager même extérieurement. Monseigneur s'en ouvrait avec quelques sages de son clergé, même avec un laïque, en qui il honora toujours la loyauté des sentiments et le tact exquis d'une prudente réserve.

Chose étrange ! les tenants passionnés de ce fougueux libéralisme s'imposaient en despotes, et s'irritaient de la moindre liberté d'observations chatouilleuses ; et les mêmes hommes avaient professé l'absolutisme le plus illimité des députés introuvables de la Restauration. Aussi un légitimiste gourmandé de rester immobile dans le progrès des idées put-il répondre avec une maligne causticité : « *Que ce n'était pas sur sa tête qu'on planterait jamais la girouette.*» C'était à la table même de Monseigneur.

Nous sommes heureux d'arriver enfin au dénouement si ardemment désiré, si consolant pour notre vénérable pasteur, si édifiant par la docilité des *fauteurs ou défenseurs* de cette détestable *doctrine*. Après l'encyclique du 25 juin 1834, on le sait, la rétractation unanime, générale, fut une des gloires de l'Église de France, non-seulement par l'acquiescement filial aux décisions souveraines du Vicaire de Jésus-Christ, mais surtout pour la générosité des hommes éminents dont la voix infaillible du successeur de saint Pierre avait dissipé les illusions. *On les vit brûler tout ce qu'ils avaient adoré*, proclamer erreur et mensonge ce qu'ils avaient admis, soutenu comme vérité. Le maître était resté seul dans son isolement, dans une obstination que son orgueil continuait d'aggraver par des révoltes nouvelles : les disciples l'avaient déserté avec éclat ; leur charité s'occupa de son âme et de son retour, par des instances secrètes, par des réfutations publiques, par leurs gémissements et leurs larmes dans la prière.

Mgr Jacoupy fit entendre à son clergé, dans la retraite pastorale, un de ces apôtres de la vérité reconnue et de l'obéissance réparatrice.

Mais nous anticipons et nous nous sommes laissé entraîner ; nous rentrons dans le sujet et les limites de notre notice.

Monseigneur l'Évêque d'Agen avait apporté des premiers, aux pieds de Sa Sainteté, *le témoignage éclatant de foi, d'obéissance et de religion qui avait été pour son cœur le sujet d'une bien vive joie ;* il annonçait au Saint-Père sa soumission respectueuse et celle de son clergé à la première encyclique du 15 août 1832.

Cependant des livres audacieux répandus *dans le peuple, de sourdes machinations annonçaient assez que le mal n'avait pas disparu, qu'il se tramait quelque chose contre la Religion et la société.*

L'indécision reparaissait dans certains esprits, par des interprétations à plaisir, ou des soupçons mystérieux sur la spontanéité de la première encyclique. Mgr Jacoupy retombait dans les angoisses de sa sollicitude pastorale et dans la douleur qu'il ressentait pour les anxiétés nouvelles du chef de l'Église auquel l'unissaient si intimement les principes de sa foi et les sentiments de son cœur. Les lettres apostoliques du mois d'octobre 1833, à Monseigneur l'Évêque de Rennes, *avaient gravement improuvé* ces sourdes manœuvres. La dissidence s'affaiblissait sans s'éteindre, le mal ne lui apparut dans toute son horreur que dans l'encyclique du 25 juin 1834.

Ceux qui ont entendu, dans les entretiens particuliers, la voix du Prélat frémissant de sympathie et de respect, de charité et de tendresse, selon que l'énergie du texte flétrissait le dernier attentat de l'auteur contre la société et la religion, selon qu'il montrait le père de la famille catholique dilatant ses entrailles et tendant ses bras pour amener au pardon ce génie égaré dans les monstruosités de sa rébellion, ces auditeurs familiers goûtent mieux aujourd'hui la lettre circulaire à son clergé du 15 décembre 1834.

« Le Docteur des docteurs a parlé, Messieurs ; la voix divinement instituée et qui a le droit de se faire écouter de tout l'univers catholique s'est fait entendre... Toute controverse sur les points condamnés doit à l'avenir cesser absolument.

« Depuis que Rome a parlé, il n'y a plus qu'un parti à prendre pour les âmes simples et droites que l'erreur avait abusées, celui d'avouer humblement qu'elles s'étaient trompées ; et telle a été la prompte détermination de ceux d'entre vous dont les titres et les fonctions sont de nature à exercer le plus d'influence sur le clergé de mon diocèse. Ils désirent qu'on saisisse l'occasion présente de le publier ; et ils seront heureux d'apprendre que l'exemple de leur soumission entière à la voix de l'Eglise a puissamment contribué à faire cesser toute divergence d'opinions parmi les ecclésiastiques et les laïques. Un pareil aveu n'a pu qu'honorer ceux qui ont eu à le faire et être pour tous une preuve constante de la droiture de leurs intentions. »

L'Esprit de l'encyclique avait dicté cette lettre qui en notifiait la promulgation à ses prêtres.

Telle fut la vigueur épiscopale devant le public : elle fut plus scrupuleuse et plus ferme dans l'intérieur de son palais : il y manda un à un les plus atteints de la censure apostolique. Il avait résolu une manifestation moins occulte, devant des témoins qu'il avait déjà réunis : une voix autorisée, aimée, le conjura avec larmes de s'épargner un tel éclat : « Vous faites violence à « mon devoir, » s'écria le Prélat, et il se laissa désarmer. Il se contenta de faire souscrire, sous la foi du serment, une rétractation explicite et l'acceptation formelle de l'encyclique.

Un des rétractants attribuait sa conduite à une défaillance de l'esprit. « De l'esprit, je n'en ai pas moi et je n'en ai pas besoin : mon regard et mon cœur se tournent vers Rome et je règle ma marche, voilà ma boussole. » Rome fut en effet la boussole de toute sa vie.

Un autre avait été plus ardent, plus opiniâtre ; nous l'avons entendu longtemps après gémir et déplorer cette déviation, non pas comme une *défaillance*, mais comme une faute grave contre la foi : et il en renouvelait l'aveu : « On peut errer contre les mœurs ; on revient ; mais contre la foi, mon

Dieu !!! » et il demeurait insensible aux explications de ses amis. Il se regardait comme un repris de justice.

La voix de la vérité avait étendu ainsi son triomphe jusqu'à la dernière fibre des consciences.

Le cœur du Prélat en ressentit une joie bien vive et il se hâta d'en transmettre la nouvelle consolante au Souverain Pontife.

Les oublis envers sa personne avaient peu touché cette âme toujours calme dans son humilité. Mais l'Évêque avait senti et vengé les méconnaissances envers l'autorité de l'Église et de son auguste chef, dont le caractère sacré le faisait le représentant, dans son diocèse.

Ainsi s'identifiaient avec le Souverain Pontife les affections et la conduite de Mgr Jacoupy : sa joie était sa joie ; et sa douleur et son anxiété, son anxiété et sa douleur.

Sa lettre du 30 décembre 1830 témoigne assez de cette filiale et constante sympathie. La barque de Pierre était battue en ce moment par des flots agités à une immense profondeur : Dieu venait de rappeler à lui son pilote, son chef visible, et à la sensibilité de cette perte s'ajoutait la crainte d'un veuvage dont la prolongation pouvait devenir préjudiciable. Le Prélat ranime sa confiance et celle de ses prêtres dans les promesses divines : il prie : il demande des prières : « Tou-
« ché de nos prières et de notre disposition à rester indisso-
« lublement unis au Saint-Siège apostolique le divin Rédemp-
« teur enverra son Esprit et la face de la terre sera renou-
« velée ; comme au jour de sa vie mortelle, il commandera
« aux vents et à la mer, et le calme le plus parfait succèdera
« à la tempête. »

La mort de Pie VIII avait peut-être retenti dans son âme plus que la mort de Léon XII, plus que la mort de Pie VII, parce que dans ces jours d'effervescence politique la religion était plus menacée.

Sa lettre du 7 septembre 1823 esquisse à grands traits le pontificat de Pie VII si glorieux à l'Eglise, si cher à la France et pour la sollicitude insigne de ce bon père envers notre nation et pour les années d'amertume dont il avait été indignement abreuvé sur le sol même de cette fille aînée de l'Église qu'il avait ressuscitée.

« L'élection de ce chef suprême, disait le Prélat, son installation portent l'empreinte incontestable d'une miraculeuse intervention de la divinité et sa longue conservation ne peut s'attribuer qu'à une frappante protection de la droite du Très-Haut. »

C'est plus que le langage historique d'un contemporain ; c'est la reconnaissance du cœur envers Dieu, et aussi envers le père qui l'avait appelé, soutenu, consolé dans ses travaux et dans les épreuves de sa mission difficile, et un jour contestée.

Léon XII n'avait point été éprouvé au creuset des tribulations comme son immortel prédécesseur, mais le mandement du 13 mars 1829 pouvait proclamer les bienfaits de la sollicitude de ce règne, hélas ! trop court, sur toutes les Églises de la chrétienté, par le grand jubilé de 1825, ses soins paternels pour les Églises de Belgique, de Hollande, des deux Amériques, les heureux résultats de ses sages négociations, les éclatants retours à la religion catholique où des princes de maisons régnantes se reconnaissaient redevables de la paix de leur conscience aux prières, aux vertus, à la puissante influence de ce pontife.

Ces trois âmes lui furent également chères et vénérées, parce qu'elles avaient toutes trois également porté le caractère de Jésus-Christ dans son Église. Aussi, Mgr Jacoupy prescrivait-il, dans toutes les églises de son diocèse, la même solennité de prières publiques. Il présida ses trois services funèbres dans sa Cathédrale ; seulement, à l'absoute pour le repos de l'âme de Pie VII il fut visiblement attendri, soit que les fonctions liturgiques l'eussent particulièrement impressionné, soit que dans les regrets de sa pitié filiale, il trouvât pour lui-même un avertissement salutaire (*sicut unus de principibus cadetis*) ; il recommandait aux ministres qui l'assistaient de ne pas oublier ce lugubre cérémonial pour leur Évêque.

Mgr Jacoupy toujours plein de vénération pour la mémoire

d'illustres collègues dans l'Épiscopat, qu'il avait pris pour modèles ou pour conseillers, fit célébrer des services solennels dans tout son diocèse, les honorant ainsi aux yeux des peuples, par une commémoration publique : nous avons assisté à la messe pontificale pour Mgr d'Aviau, son ami, son confident et son métropolitain, pour Son Em. Mgr de Cheverus.

Mais il avait fait célébrer en 1807 une commémoration, bénie par tous les confesseurs de la foi qui avaient joui à Saragosse des exemples et des instructions de Mgr Louis Apollinaire de La Tour-du-Pin-Montauban dans la retraite que le saint Prélat avait donnée aux prêtres français qui partageaient son exil. Le 10 décembre, il avait écrit, sur cette perte, une lettre touchante de consolation au clergé de l'ancien diocèse d'Auch. M. Fénasse et M. de Lagrange, M. Rous et les anciens prêtres se montrèrent sensibles à ce pieux hommage envers leur vénéré Archevêque, mort Archevêque-Évêque de Troyes.

A son tour un vénérable et illustre successeur de Mgr de La Tour-du-Pin sur le siége archiépiscopal d'Auch, relevé en 1823, paya à la mémoire de Mgr Jacoupy un tribut d'éloges et de prières publiques dont le clergé et les fidèles des deux diocèses lui furent reconnaissants.

La voix de Mgr Nicolas-Augustin Lacroix d'Azolette est trop autorisée, pour que nous nous étendions nous-mêmes sur cette administration de vingt-deux ans de Mgr Jacoupy à Auch.

La circulaire de juin 1823 au clergé du Gers avait témoigné des sentiments que Mgr Jacoupy conserverait dans son cœur à cette partie de son diocèse qui allait lui devenir étrangère.

En annonçant cette séparation canonique le 18 août 1823, Mgr de Morlhon notifiait son entrée dans cette Église de Sainte-Marie d'Auch que Mgr l'Évêque d'Agen avait si sagement gouvernée et dont il avait conservé et transmis intact le dépôt de l'autorité.

Monseigneur promulgua avec une vive reconnaissance et

un chaleureux appel au recours des grâces insignes des trois jubilés qui suivirent la mort de ces trois Souverains Pontifes; il voulut en faire pontificalement l'ouverture et présider aux principales processions.

XXVIII

Jubilé de Grégoire XVI. Bruits sur la démission du siége d'Agen. Bruits sur un coadjuteur. Indignation du Prélat. Dernière lettre pastorale. Retraite à Bordeaux. Visites honorables. M. Tailhié. Chapelle privée. Sa mort, ses funérailles. Oraison funèbre. M. Souèges. — Epilogue. Mort de M. Liaubon. Regrets dignes de ce bon prêtre. — Avis sur l'importance des pièces suivantes.

Les fruits bénits du jubilé de l'année sainte 1826 donnèrent au père des âmes de ce diocèse, une abondante consolation. L'ouverture du 9 avril à la Cathédrale, les rangs pressés de la procession vers l'église de Notre-Dame, où selon l'ancienne règle, la messe fut solennellement célébrée par le Prélat en présence de toutes les autorités civiles, militaires et judiciaires, le chant admirable de plus de cent voix choisies dans ses Séminaires sous la direction savante de son maitre de chapelle M. Tourelly, toutes ces pompes du culte catholique excitèrent un véritable et salutaire enthousiasme.

Monseigneur recommanda des retraites spéciales dans toutes les paroisses : il en fit donner deux dans sa Cathédrale pour les femmes et pour les hommes, qui se terminèrent par une communion générale où il eut le bonheur de nourrir à la table sainte un nombre prodigieux d'âmes rentrées dans la voie du salut.

La mission de Saint-Hilaire, étendue à la paroisse de Notre-Dame, eut pour toute sa ville épiscopale des résultats plus éclatants encore ; malgré les hostilités de quelques feuilles exaltées de ce lieu, l'ébranlement religieux protesta par l'improbation unanime des fidèles. La procession au cimetière que couvre aujourd'hui la gare du chemin de fer, la messe sur la tombe des morts de toute la cité, la voix du

R. P. Guyon, malgré la pluie, écoutée dans un recueillement profond par la multitude dispersée sur la sépulture respectée des familles et par tous les spectateurs groupés sur les premiers plans du côteau de l'Ermitage, toute cette grande commémoration funèbre eut son éloquence pour les vivants.

La mission du P. Combalot à Notre-Dame eut aussi des retours remarquables, mais donna moins d'exercice et de fatigue au zèle de notre pieux Prélat.

Une grande maladie, en 1824, avait alarmé sa conscience : il s'effraya de sa responsabilité, dans les mois de sa convalescence ; il sollicita la démission de son siège auprès du Souverain Pontife Léon XII qui lui ordonnait comme l'avait fait Pie VII de demeurer à la tête de son diocèse, lui adoucissant le fardeau par ces paroles qu'il était heureux de redire, lorsque quelque mesure administrative lui paraissait moins acceptée : *Fac per vicarios generales.*

Il ne lui était heureusement resté de cette grave maladie, qu'une surdité incomplète mais ennuyeuse, qui ajouta du mérite à l'accomplissement fidèle de ses devoirs épiscopaux. Sa forte constitution avait repris sa vigueur première, et sa verte vieillesse lui permit de se prêter à toutes les exigences des fonctions et des convenances de sa dignité ou de son caractère sacré, pour les visites pastorales, les ordinations ou les solennités des fêtes chrétiennes.

Nous nous étendrions avec reconnaissance sur les délicates attentions du vénéré fondateur envers son Petit Séminaire jusqu'en 1837 ; mais nous ajournons ces détails de famille et de reconnaissance personnelle à une dernière notice, si notre âge et nos forces, surtout, si notre respect nous laissait oser enfreindre les enseignements et les défenses d'une mémoire bien chère, de M. Jacques Tailhié, ce digne supérieur choisi entre mille par Mgr Jacoupy, et que, selon la remarque de quelques anciens de ses élèves, Dieu avait *créé exprès*, disaient-ils naguère, pour l'origine, le développement et la prospérité de ce précieux établissement.

Dans cette dernière notice se complèteraient sur Mgr Jacoupy des renseignements que nous avons omis ici parce qu'ils se trouvent disséminés en partie dans nos précédentes notices et qui compléteraient l'histoire de cette grande vie épiscopale.

Cependant son grand âge lui avait laissé le plein exercice de ses facultés et de toutes ses fonctions, lorsqu'après la retraite de 1839, on commença à parler d'une détermination irrévocable, pour une retraite hors de son diocèse ou pour un coadjuteur; et on se hasardait à fixer son choix sur M. Zéphirin Liaubon, son parent et son secrétaire-général depuis 1822. Le bruit de cette dernière conjecture, tout isolé qu'il était dans les conversations de quelques ecclésiastiques, arriva jusqu'aux oreilles du Prélat, et il manda immédiatement un jeune chanoine honoraire de son Petit Séminaire; contre son habitude, sans l'inviter à s'asseoir, de prime abord, sans préambule : « Vous avez, à ce qu'il paraît, des correspondances étendues.... » Le jeune prêtre accoutumé à un accueil bienveillant, amical même, sans se rendre compte de ce changement inattendu et de cet air sévère qu'il a la conscience de n'avoir pas mérité, se hâte de répondre qu'il a en effet des correspondances étendues et fréquentes, avec Lyon, Paris, Lille, Tours et ailleurs, mais toutes pour les affaires de la librairie, dans l'intérêt de son Petit Séminaire.— Ce n'est pas du tout cela, Monsieur; ce matin, après le dîner, dans le réfectoire, un chanoine a dit que je voulais faire Liaubon mon coadjuteur ! — C'est vrai, Monseigneur ; mais c'était un chanoine titulaire et non pas moi. — Je le sais, je le sais, c'est Dupuy. — « Oui, Monseigneur, mais M. Dupuy nous faisait observer tout ce qu'il y avait d'inconvenant dans ces suppositions gratuites, parce qu'elles vous feraient soupçonner de népotisme et M. Liaubon... — On ne le soupçonnera pas longtemps ; je vais protester contre cette calomnie injurieuse dans les journaux d'Agen et dans les principaux journaux ecclésiastiques de la capitale. — S'il était permis à mon âge, Monseigneur, de vous soumettre mon idée, j'oserais conseiller à Votre Grandeur de mépriser un vain bruit : la publicité de la protestation donnera du corps à une ombre. M. Liaubon connaît la valeur de cette calomnie bien inoffensive : quelques amis, quelques condisciples pendant les récréations de la retraite l'ont abordé en badinant, et l'ont félicité de cette promotion prochaine, et M. Liaubon en a ri avec eux : voilà tout le mystère... — Ah ! vous croyez çà, mon cher... c'est qu'autrement j'aurais l'air et Liaubon aussi d'écouter la nature et le favoritisme... puisque ce n'est que ça, merci, l'abbé, à Dieu » et il nous congédiait avec sa bonté ordinaire.

La protestation n'eut pas lieu ; au reste nous pouvons ajouter que la calomnie était bien gratuite. Car, en 1821, lorsque les anciens de son conseil parlèrent à Monseigneur de donner à M. Liaubon la place de chanoine qui venait de vaquer dans son chapitre, Monseigneur s'écria : « Il est trop jeune : laissez-lui gagner ses épaulettes... » mais les instances étrangères et désintéressées vainquirent un refus obstiné dans son principe.

Le bruit vague du départ prochain de Mgr Jacoupy prenait de la consistance, lorsqu'en 1840 on eut la certitude que sa démission allait être sollicitée à Rome. Il y eut un malaise général dans tout le clergé ; plusieurs vénérables curés cherchèrent inutilement à modifier, à retarder une séparation pénible à leur cœur, si ce bon père refusait absolument à ses enfants la consolation de lui fermer les yeux au sein de sa famille sacerdotale. Afin de s'épargner, dans ces moments déjà trop tristes, un nouveau surcroît d'émotions, il ne permit pas qu'on répondît à ses premières lettres et moins encore à celles bien plus nombreuses d'un clergé qu'il avait élevé, dirigé, soutenu dans le saint ministère, avec tant d'affection et de tendre sollicitude. La manifestation unanime de ces regrets, les adieux touchants et les bénédictions abondantes que la voix de ses bons curés lui souhaitait en leur nom et au nom de leurs paroisses, allèrent à son âme sans la troubler dans sa paix et dans sa fermeté d'une résolution longtemps méditée devant Dieu.

Enfin sa dernière lettre pastorale du 6 novembre 1840 annonçait son départ pour le 16 du même mois. Le Prélat se sépara ainsi de *son cher diocèse d'Agen, de cette patrie adoptive* dont il emportait dans sa retraite *un souvenir ineffaçable, pour continuer de prier pour tous ses fils en N. S. J.-C. qui, jusqu'à la mort, devaient être sa gloire et sa joie.*

L'Épiscopat de Mgr Jacoupy avait duré 39 ans et quelques mois depuis le 18 juillet 1802 jusqu'au 16 novembre 1840. Il avait renouvelé plusieurs fois dans ses paroisses, et deux fois dans chaque principale cure, moins celle de Monflanquin, les titulaires de sa création.

Monseigneur se rendait à Bordeaux où il avait choisi sa retraite. Le 17 novembre, malgré l'*incognito* qu'il voulait garder, les cloches des paroisses qu'il traversa saluèrent son dernier passage. Il entendit les adieux que lui envoyaient les cloches de la dernière église de la frontière, de Sainte-Bazeille, et il bénit une dernière fois, avec ses paroissiens, celui qu'il appelait encore son cher Désiré, qui avait été son premier enfant de chœur et lui avait si souvent servi la messe dans sa chapelle improvisée chez madame de Galibert, M. Roques, qu'il avait nommé à cette cure en 1839, en récompense de ses longs services dans le professorat à son Petit Séminaire.

Ainsi les derniers adieux et les dernières bénédictions, à l'extrémité de ce cher diocèse, Mgr Jacoupy les donnait à un cher et vénéré collègue, dans son nouveau poste, après avoir béni et embrassé à Agen tous les directeurs de ce cher établissement qui se présentaient les derniers à cette séparation dont l'impression touchante nous reste encore après plus de trente-deux ans. Le sage administrateur eut d'abord des observations prudentes et de sages avis qu'il termina par ces dignes paroles : « Je vous quitte, Messieurs, sans vous abandonner ; car vous me serez toujours présents malgré mon absence : je vais à Bordeaux dans la retraite, pour y repasser, en présence de Dieu et de ma conscience, tous les pas que j'ai faits dans cet Agen et dans ce diocèse : priez pour moi, comme je prierai pour vous. » Et s'apercevant de la tristesse plus prononcée sur quelques visages, pour ne pas s'attendrir lui-même et mettre fin à une scène affligeante, ce bon père, ravivant sa voix : « Adieu, Messieurs, je vous « souhaite tout ce que vous me souhaitez » et nous recevant tous dans ses bras, il eut pour les plus attristés, une étreinte plus cordiale et plus paternelle.

Dans cette retraite à Bordeaux, au sein d'une famille adoptive, Mgr Jacoupy s'étudia à s'isoler du bruit de la grande ville : il était heureux de s'être soustrait aux pompes et aux privilèges dus à son siége et à son caractère auguste : il était rentré dans la vie privée, dans cette simplicité de sa vie première dans le sacerdoce. Il n'était plus le *Xiste* du siége des *Phébade*, des *Mascaron* ; il ne voulut pas même en rester le *Laurent* honoraire. En vain Monseigneur l'Archevêque de Bordeaux le pressa d'accepter dans sa ville métropolitaine les distinctions dues à son rang et à ses vertus. En vain monsieur le curé de sa paroisse respective vint le chercher confondu dans les rangs des fidèles laïques, pour lui faire accepter, dans le chœur, la place et les distinctions qui étaient réservées à son caractère, le vénérable vieillard se cachait dans l'assistance comme le dernier des paroissiens afin de prier dans le recueillement de son humilité, et d'une simplicité des premiers âges de l'Église.

Les notabilités de son diocèse, soit laïques, soit ecclésiastiques, ne manquaient jamais de le visiter, dans cette humble retraite, si l'occasion les amenait à Bordeaux : Mgr Jacoupy recevait les hommages d'une ancienne et toujours vivante affection, avec une vive gratitude.

M. Henri de Bourran le trouvait dans sa cellule entouré des pères de l'Église et de feuilles de journaux ; en les montrant à ce bien-aimé et honorable visiteur, son ancien Évêque l'édifiait en lui montrant de la main les uns et les autres : « Ceux-ci me parlent de la terre, séjour de troubles et d'agitations incessantes : ceux-là m'indiquent des régions plus sereines où ils m'invitent à chercher une entrée bienheureuse, car mon temps est fini ici-bas. »

Monseigneur aimait à recevoir à sa table les prêtres qui lui avaient été chers : mais en 1848 il faisait prier M. Tailhié, cet ancien vicaire-général, le supérieur qu'il avait toujours honoré d'une confiance et d'une estime illimitées, de lui accorder quelques jours de vacances à Bordeaux.

M. Tailhié se rendait à une invitation si honorable de la part de son ancien Évêque ; et l'accueillant dans ses bras, avec ses démonstrations familières, d'une ancienne amitié : « Mon cher, lui disait le Prélat, il ne sera jamais question entre nous du diocèse d'Agen : j'en ai assez ; cette responsabilité ne me regarde plus ; rien de ce pays-là. Nous causerons en amis, nous parlerons du passé et des amis qui m'attendent. Je veux vous faire au moins huit jours, comment disiez vous çà ? — De *turelure*. — C'est ça, de *turelure*; je vous ferai moi-même les honneurs de la grande ville. » Et tous les jours après le déjeuner, une voiture arrivait devant la porte et se tenait aux ordres de l'heureux hôte en retraite. C'était à Saint-André, à Sainte-Croix, à Notre-Dame de Talence, à la grande Chartreuse, on se promenait dans ces grandes allées que la mort multipliait et prolongeait tous les jours. M. Tailhié, frappé de ces monuments lugubres, en lisait, en étudiait les diverses épitaphes : Monseigneur le rappelait au logis : « Mon cher, c'est bien assez ; j'y viens tous les jours en esprit et de cœur. Chaque chose a son temps ; c'est assez, allons-nous en. C'est l'heure du dîner, ne nous faisons pas attendre. »

M. Tailhié avait examiné en secret la vie privée de son digne Évêque. Cette vie, trop simple, trop laïque, n'était pas de son goût, il s'en était expliqué avec les personnes influentes auprès de Mgr Jacoupy : le Prélat s'était toujours refusé à la modification de son règlement. M. Tailhié souffrait trop pour se résigner dans un silence qu'il n'était pas dans son habitude de garder lorsque la conscience ou une convenance délicate lui demandait de le rompre. Sa voix était autorisée depuis longtemps auprès de Monseigneur. Un soir donc il se hasardait à parler d'un oratoire, d'une chapelle particulière, à laquelle son caractère avait droit et qu'il ne pouvait pas refuser au rang qu'il lui donnait dans l'Église, et à l'édification des fidèles. » Mon cher abbé, disait l'Évêque, je ne puis plus célébrer la messe ; j'ai des préoccupations, des oublis qui me gênent ; alors pourquoi un oratoire dans ma chapelle ? — Mais on viendrait régulièrement vous dire la messe, les dimanches et les fêtes, et vous ne vous priveriez pas si longtemps de la sainte Communion, qui maintenant vous est plus nécessaire que jamais. »

Monseigneur reçut avec bonté les avis d'un inférieur, la chapelle fut établie, et un vicaire de la paroisse vint régulièrement en faire le service. La régularité habituelle de ses journées, les soins délicats d'une famille dévouée auraient prolongé sa carrière dans cette retraite ; mais l'activité de ses mouvements et la vivacité naturelle de son caractère abrégèrent ses jours : un soir, il descendait avec trop de précipitation de ses appartements ; la rampe du palier était en réparation ; il l'oublie et tombe du troisième étage au second ; cette chûte horrible fut mortelle ; il recouvra pourtant la parole, et vécut encore quelques mois; il s'éteignit le 27 mai 1848 à l'âge de 87 ans un mois.

Mgr Jacoupy avait désiré d'être inhumé dans sa Cathédrale : la solennité de ses obsèques se fit le 12 juillet 1848, au milieu de tous les prêtres du diocèse, presque tous enfants de sa consécration, d'une foule immense de ses diocésains, et avec toute la pompe dont pouvait l'honorer sa ville épiscopale.

La piété filiale de son héritier universel n'avait négligé aucun soin, aucun sacrifice, pour rehausser l'éclat de cette pompe funèbre et de la manifestation publique d'amour et de vénération qui accompagnaient cet illustre cercueil.

Les prêtres et les fidèles surent gré à M. Liaubon de les avoir si heureusement aidés à rendre leurs derniers devoirs à leur Pontife bien-aimé, et justifié l'entière confiance de son bienfaiteur *qui abandonnait à sa discrétion* les soins et les détails pour tout ce qui devait avoir lieu après son décès.

Le diocèse d'Auch avait uni ses prières aux prières du diocèse d'Agen envers le père de leur réorganisation commune : voici la circulaire du 18 juin 1848 :

CIRCULAIRE

*De Monseigneur l'Archevêque d'Auch au Clergé de son Diocèse,
à l'occasion de la mort de Monseigneur Jacoupy.*[1]

Auch, 18 juin 1848.

MESSIEURS,

Je viens porter à votre connaissance, et, par vous, à celle des Fidèles du Diocèse, la nouvelle de la mort de M**gr** Jacoupy, Évêque démissionnaire d'Agen, décédé le 27 mai dernier à Bordeaux où il s'était retiré depuis 1840 : ce vénérable Prélat crut alors devoir donner sa démission. Pendant les trente-huit ans qu'a duré son épiscopat, M**gr** Jacoupy gouverna, plus de vingt ans, le Diocèse d'Auch. C'est en 1823 seulement que celui-ci recouvra son titre d'Archevêché et vit se renouer la chaîne de ses titulaires. Jusque là le Diocèse d'Auch réuni à celui d'Agen par suite du Concordat de 1802, resta sous l'administration de M**gr** Jacoupy.

C'était pour le nouvel Évêque deux Diocèses à conduire ou

---

[1] M**gr** Jean Jacoupy était né à Saint-Martin de Ribeyrac, Diocèse de Périgueux, le 28 avril 1761. Il fut sacré à Paris, le 18 juillet 1802, à la suite de la réorganisation des Évêchés en France à l'époque du Concordat. Le Diocèse d'Auch ne fut pas compris dans le nombre des sièges rétablis alors, mais il fut annexé au Diocèse d'Agen. M**gr** Jacoupy fut donc chargé de l'administration du Diocèse d'Auch qui devait rester encore vingt ans privé du titre d'Archevêché : le Diocèse d'Auch faisait partie du Diocèse d'Agen. M**gr** Jacoupy donna tous ses soins à cette portion si importante de son vaste Diocèse, visitant les Paroisses, donnant la Confirmation, secondé par le zèle des Pro-Vicaires-généraux et en particulier par M. l'abbé Fenasse. Il encouragea les vocations ecclésiastiques et favorisa de tout son pouvoir le développement de certaines œuvres diocésaines, fit plusieurs mandements et lettres pastorales pour le rétablissement des règles et de la discipline, et rendit ainsi plus facile la tâche que devaient remplir après lui ses successeurs dans le Diocèse d'Auch. La sienne se termina parmi nous en juillet 1823, époque où le siége archiépiscopal fut rétabli, et où l'Eglise d'Auch vit cesser son veuvage qui durait depuis plus de trente ans. Ce fut alors que M**gr** de Morlhon vint, en qualité d'Archevêque, occuper le siége d'Auch. M**gr** Jacoupy est décédé à Bordeaux le 27 mai dernier. Ses restes doivent être transportés dans les caveaux de l'Eglise cathédrale d'Agen.

plutôt deux Diocèses à rétablir et à réorganiser entièrement. Dans l'un comme dans l'autre il fallait réparer des maux sans nombre et relever d'immenses ruines qu'avaient laissées autour de nous le schisme, la spoliation et tous les désordres inséparables d'une révolution qui avait presque tout détruit. Au milieu de ces populations si chrétiennes mais si cruellement persécutées presque tout avait disparu. Dix années de cessation de culte catholique, en accumulant tant de désastres à la fois, avaient porté de plus des atteintes profondes aux mœurs et à la religion des peuples. Cependant la Foi n'était pas éteinte ; et quoiqu'ébranlés chez un grand nombre, les principes religieux existaient encore. Lassés de tant de privations, les peuples attendaient avec anxiété les secours de la religion dont aucune société ne peut se passer impunément. C'était une grande œuvre à entreprendre à cette époque. L'on sortait à peine des plus mauvais jours ; toutes les ressources avaient disparu.

Le courage du vénérable Pontife ne fut point ébranlé à la vue de cet immense travail. Son zèle actif sut se multiplier. En même temps qu'il organisait le Diocèse d'Agen, il organisait aussi l'ancien Diocèse d'Auch. Par ses soins les paroisses furent rétablies : de nouveaux Pasteurs placés partout, autant que les circonstances et le nombre des Prêtres pouvaient le permettre; et la Religion commença à refleurir dans le Diocèse. Mgr Jacoupy ne se contenta pas d'administrer de loin le Diocèse d'Auch; il le visita aussi par lui-même et en personne. Il parut dans les cantons, se rendit dans un grand nombre de paroisses, donnant la Confirmation et plusieurs fois conférant les Ordres aux jeunes Ecclésiastiques. Il encourageait par ses exemples, dirigeait par ses conseils. Les Prêtres trouvaient toujours auprès de lui un accès gracieux et facile, et les plus utiles leçons. Alors les temps étaient difficiles : il fallait de la prudence, de la fermeté, un coup-d'œil juste pour traiter certaines questions délicates qu'avaient soulevées les affaires de l'Église. Mgr Jacoupy donnait à tous et sur toutes les questions des règles pleines d'à-propos. C'est ainsi qu'il sut inspirer au Clergé et aux Fidèles du Diocèse une entière confiance. Aussi, partout où il se présentait, était-il reçu avec les démonstrations les plus respectueuses et une joie qui se manifestait parmi les populations. Partout où il put se rendre, sa présence contribua beaucoup au rétablissement de la Religion, soit par les encouragements qu'il adressait aux membres de son Clergé, soit par l'autorité de sa parole dans les assemblées des Fidèles.

Souvent on l'a entendu exprimer le regret qu'il éprouvait de ce que ses nombreux travaux ne lui permettaient pas de faire plus fréquemment des visites dans le Diocèse d'Auch. Ici encore son zèle suppléait de loin à ce que ses occupations ne lui permettaient pas de faire. Sa correspondance avec MM. les Pro-Vicaires-généraux était active, continuelle. Grand et Petit Séminaires, œuvres de charité, Communautés religieuses, relations suivies avec les autorités civiles, difficultés d'administration, rien n'était oublié ou négligé. Disons qu'il fut puissamment secondé par le zèle des Ecclésiastiques distingués, si dignes de sa confiance, à qui il avait donné les pouvoirs de Grand-Vicaires pour l'administration du Diocèse d'Auch.

La Providence avait marqué le jour où il serait enfin donné à l'Église d'Auch de voir rétablir son ancien titre d'Archevêché. Mais jusque-là, nous devons le dire, elle avait signalé d'une manière toute particulière sa protection en notre faveur, en en confiant la garde à Mgr l'Évêque d'Agen. Nous ne saurions méconnaître les services que cette Église a reçus du zèle de ce vénérable Pontife. C'est pour nous un devoir d'en remercier Dieu; mais nous ne devons pas oublier celui dont Dieu s'est servi pour opérer au milieu de nous les grands biens que nous avons reçus de l'administration de Mgr Jacoupy.

C'est ce devoir que je viens rappeler à votre souvenir, Messieurs, et par vous au souvenir de tous vos paroissiens. Après tant de services rendus au Clergé et aux Fidèles de ce Diocèse, serait-il juste d'oublier la mémoire de celui à qui nous en sommes redevables? L'Apôtre ne nous recommande-t-il pas expressément de ne pas perdre le souvenir de ceux qui nous ont annoncé la parole du salut, de ceux-là surtout qui ont tenu un rang si marqué dans la hiérarchie des Pasteurs, de ceux qui nous ont servi de modèle par la pureté de leur doctrine et la sainteté de leur vie, de ceux qui ont terminé, par une mort précieuse, une vie pleine de mérite?

C'est pour ces raisons que nous recommandons à vos Prières et à celles de vos paroissiens l'âme de Mgr Jacoupy. Pour remplir cette intention qui, nous n'en doutons pas, est entièrement conforme à vos sentiments, nous vous invitons à célébrer pour lui, dans votre Église, une Messe de *Requiem*. Vous aurez soin de l'annoncer en chaire après la lecture de la présente circulaire, et vous engagerez les âmes pieuses à faire ce jour-là ou un autre une communion à cette intention. Dans le cas où vous ne pourriez pas chanter la Messe, vous devrez au moins chanter l'Absoute après la Messe basse. On fera de même dans les Séminaires et Communautés religieuses. Un service solennel sera célébré dans notre Église Métropolitaine le premier jour libre après la lecture en chaire de notre présente circulaire.

Agréez, Messieurs, l'assurance de notre sincère attachement.

† Nicolas-Augustin,
Archevêque d'Auch.

Évêque, l'enfant de Saint-Martin de Ribérac n'oublia pas son église natale, et ne cessa point de lui donner des gages de son filial souvenir, par des largesses secrètes ; et lorsque les successeurs de son vénéré bienfaiteur, M. Gros, venaient le visiter, il célébrait avec eux, comme une fête de famille : le Prélat aimait à les interroger sur les besoins, sur tous les intérêts de leur chère paroisse, et il questionnait sur les maisons et les particuliers de Saint-Martin, de Ronsenac et de Cumond, avec une intarissable et chaleureuse curiosité.

Par son testament du 8 mai 1843, Monseigneur léguait à l'église de Saint-Martin une grande partie des ornements de sa chapelle épiscopale ; une plaque de marbre, dans les fonts baptismaux, rappelle la naissance et les bienfaits de cet illustre et pieux enfant de l'église de Saint-Martin de Ribérac.

Par le même testament, Monseigneur léguait au chapitre

de son église Cathédrale, le plus riche ornement et la plus riche étole pastorale de sa chapelle, choisissait sa sépulture, et fondait à perpétuité deux anniversaires où il invitait tous les membres du chapitre et de l'église de Saint-Étienne, en assignant un honoraire à chaque assistant, par un legs de 2,000 francs.

Ce double anniversaire se célèbre tous les ans le 27 mai, jour de sa mort, et le 27 novembre.

Ses cendres reposent derrière le maître-autel, dans la chapelle de saint Caprais.

Nous ne traversons jamais la pierre tumulaire qui couvre sa sépulture en allant célébrer les saints mystères à cet autel, sans un souvenir salutaire de notre ordination et sans nous renouveler dans le devoir sacré de prier pour le père de notre sacerdoce.

En voici l'épitaphe :

Hic quiescit
R. R D. D. Joannes JACOUPY, Episcopus,
Natus Sti-Martini de Ribérac
Die XXVIII Aprilis anno MDCCLXI
Obiit Burdigalæ, XVII Maii MDCCCXLVIII
Pius. Christi sacerdos. Fidem. Confessus.
In Anglia exulavit (1792)
Onus. Angelicum. humeris. formidandum
Redux. humiliter. suscepit (1802)
Ecclesiam. Aginnensem. A. Se. Instauratam.
Pace. Rexit. Religione. Auxit
Quæ sunt. Cæsaris. Cæsari. Reddens.
Quæ sunt Dei Deo Strenua Fide.
Vindicavit (1811)
Plenus. Dierum. Annos. Æternos Cogitans.
Pontificalia tremens munera exuit. (1840)
Quem clerus, populusque luxerunt.
R. I. P.

Dixi ad Deum : quis sum ego ut educam Filios Israël ? Qui dixit mihi: Ego ero tecum (Exod. III).

ÉPILOGUE.

Dans la réception solennelle que l'Empereur donnait avant le Concile de 1811, à tous les Évêques de l'Empire, de France et d'Italie, tous les Prélats rassemblés dans la salle du trône, attendaient, en silence, rangés en ordre de leurs siéges, et de leur ordination respective. Mais l'Empereur ne venait pas et les Évêques se formaient peu à peu, en groupes dispersés et causaient entre eux, avec une certaine animation, mais à voix basse et contenue : « C'était par calcul que le maître « se faisait ainsi attendre, nous disait Mgr Jacoupy ; l'impa- « tience gagnait ; on oubliait les réponses étudiées, les « demandes à présenter, et l'entrée subite surprenait tout « le monde dans le trouble. »

Nous attendions depuis deux heures, lorsque tout-à-coup les deux battants s'ouvrirent ; le maître des cérémonies achevait à peine de crier : *Sa Majesté l'Empereur!* que l'Empereur, à pas rapides, était au milieu de nous: nous nous rangeâmes à la hâte, comme nous pûmes. Son regard avait parcouru autour de lui, et Napoléon venait directement sur moi, se posait devant moi, les bras croisés derrière la taille, et son œil étincelant me suivait des pieds à la tête. Je l'avoue, le cœur me battait sous cette inspection : il fait le tour de la salle, et revient à moi, réitérant son examen et d'une voix brève : « Ça va-t-il bien à Agen, M. l'Évêque ? — Sire, toujours avec dévouement à votre Majesté... » et après un dernier regard... « C'est bien ! c'est bien ! » et il me quittait.

Cette distinction personnelle, ce regard scrutateur me préoccupaient vivement : je m'interrogeais en vain et je me figurais qu'on m'avait desservi. Le lendemain j'allais auprès de Cambacérès, que j'avais reçu à son passage à Agen, et qui m'avait toujours témoigné de la bienveillance. Cambacérès me tranquillisa et m'expliqua l'attention particulière de Napoléon. Ma tenue, ma personne l'avait frappé : Cambacérès ajoutait que l'Empereur était très content de moi et de mon administration et qu'en finissant, il avait ajouté, en se frottant les mains, « qu'il avait la main aussi heureuse pour faire les évêques que pour faire les généraux. »

Dans la séance préparatoire du Concile, l'Empereur reparaissait encore et venait encore à l'Évêque d'Agen : sa voix était caressante : « Je compte sur vous, M. l'Évêque d'Agen...
— Sire, vous pouvez compter sur mon entier dévouement, mais jusqu'au devoir de la conscience. » L'Empereur avait froncé le sourcil, et lui avait brusquement tourné le dos.

Le Ministre de l'Empereur exposa aux Évêques les volontés de son maître dans la circonstance présente et il redoubla ses instances pour qu'il leur fût donné satisfaction : Mgr Jacoupy interpellé à son tour répondait avec modestie, mais avec fermeté : « On peut disposer de nos jours, mais de nos consciences, jamais : les Évêques de France n'ont pas oublié la place de Grève. »

En faisant cette réponse, admirée dans l'histoire, le cœur de l'Évêque pensait aux dalles et aux murs de l'église des Carmes, où il avait reçu sa consécration.

Ce n'était pas l'Empereur qui avait fait l'Évêque d'Agen. Il l'avait présenté pour l'épiscopat, et il ignorait les refus et les hésitations de l'homme de son choix : une puissance supérieure avait dirigé *sa main* et avait imprimé dans cette âme, avec le caractère auguste, l'esprit et la dignité qui *font les Évêques*.

L'épigraphe qu'on lit sur son tombeau explique et résume la vie de l'illustre et vénéré restaurateur de l'Église d'Agen.

Dixi ad Deum: quis sum ego ut educam Filios Israel ?
Qui dixit mihi : Ego ero tecum.   (Exod. III.)

3 octobre 1872.

Une lettre de Bordeaux annonce la mort de M. Liaubon, ancien chanoine titulaire et vicaire-général honoraire, en 1836.

Nous avons à cœur d'inscrire sous la date même de cette triste communication nos regrets personnels et notre sincère reconnaissance pour la bienveillance dont nous a toujours honoré ce vénéré et bien cher défunt, avant que nous fussions devenu son confrère dans le canonicat.

Mais notre vive reconnaissance lui est particulièrement due pour les conseils, les encouragements et la richesse inconnue de tous les documents qui concernent la personne et l'épiscopat de Mgr Jacoupy et M. Guillon.

M. Liaubon, après les avoir tous mis à notre disposition, nous avait autorisé, par sa lettre du 27 juillet 1872, à faire un choix sur toutes ces pièces autographes ou authentiques, et à en faire la remise aux Archives de l'Évêché d'Agen. Le reste lui fut renvoyé avec un inventaire des pièces qu'il remettait.

M. Liaubon avait approuvé, encouragé notre projet, par une correspondance suivie de plusieurs mois. Nous avions profité de ses conseils, de ses rectifications, de ses scrupules même ; il avait lu, examiné, avec une filiale attention, une notice qui désirait perpétuer, dans notre diocèse, la gloire et les travaux d'un épiscopat qui lui est demeuré cher à tant de titres. Nous étions trop heureux du témoignage qu'il donnait à notre zèle et à notre exacte fidélité, en nous renvoyant nos manuscrits, parce qu'il était le seul témoin vivant de tous les actes que nous racontons.

M. Liaubon, natif de Gontaud, élevé dans le Séminaire d'Agen, sous les yeux de Mgr Jacoupy, avait été ordonné prêtre en 1819, et introduit immédiatement dans le palais épiscopal, par son illustre parent et son bienfaiteur. Il devint son secrétaire-général en 1822 et son vicaire-général honoraire, en 1836. C'est dans la famille de M. Liaubon, à Bordeaux, que Monseigneur avait fixé sa retraite en 1840. Confident intime de toute cette longue vie et de ses dernières dispositions, M. Liaubon faisait honneur à la confiance illimitée de Sa Grandeur, en qualité d'exécuteur testamentaire, se démettait de son canonicat et prenait lui-même sa retraite dans sa famille, où il vient de mourir.

Au moment peut-être où M. Liaubon expirait à Bordeaux, Mgr d'Outremont, en nous faisant l'éloge de ce vénérable chanoine, nous exprimait la pensée de lui écrire pour lui offrir une chambre dans son palais, et l'inviter à venir assister aux séances de la commission qui devait examiner le projet et les pièces de l'impression.

Dieu nous prive, par cette mort, de ce témoignage de vive voix et si autorisé qu'il nous a donné dans plusieurs de ses lettres. Que son saint nom soit à jamais béni ! ! !

M. Liaubon nous avait témoigné de la répugnance pour la mention de ses soins et de ses sacrifices dans les obsèques de Mgr Jacoupy : la même modestie lui a fait donner des ordres sévères à son exécuteur testamentaire pour empêcher toute manifestation publique des œuvres pies que doivent fonder à perpétuité ses dispositions dernières. Cette défense elle-même et la nature de ces legs honorent trop le chanoine de notre Cathédrale, l'enfant et le prêtre du diocèse, formé par Mgr Jacoupy, pour que nous négligions de les signaler à la reconnaissance et à l'édification de ses confrères dans le sacerdoce, et aux fidèles qu'il a dotés de secours charitables ou spirituels.

Outre les legs pour rentes annuelles qu'il faisait aux œuvres de Bordeaux, M. Liaubon a assuré pour cinq mille francs de rentes annuelles diverses :

Au Bureau de Bienfaisance d'Agen ;

A la Fabrique de la Cathédrale d'Agen ;

A la Fabrique de Gontaud, sa ville natale ;

A la Fabrique de Saint-Martin de Ribérac, avec la chapelle en vermeil de Mgr Jacoupy, calice, etc.;

Au Chapitre de la Cathédrale, outre sa bibliothèque, l'aiguière et le plateau en vermeil de la chapelle épiscopale.

SOUVENIRS DE Mᴳᴿ DE LA-TOUR-DU-PIN-MONTAUBAN,

ARCHEVÊQUE D'AUCH,

DANS LE CŒUR DE NOS PRÊTRES, A SARAGOSSE.

Un souvenir des beaux jours d'édification qu'il avait trouvés à Saragosse, exaltait toujours et ravissait la tendre piété de M. le curé de Penne : il bénissait les attentions de la Providence qui ne s'occupait pas que des besoins temporels de ses prêtres de France, dans leur dispersion. Mᵍʳ Louis-Apollinaire de La-Tour-Du-Pin-Montauban, archevêque d'Auch, vint visiter les prêtres émigrés, à Saragosse, du midi de la France, et de son diocèse. Ce grand et saint prélat leur apportait, avec l'onction de sa parole, l'éloquence plus puissante et plus persuasive de ses exemples. « Le voile de la modestie s'était déchiré ; son courage s'était grandi à l'égal de la tempête, pour défendre son troupeau, et il n'avait quitté, qu'à la dernière heure des combats possibles, la dernière vallée de son diocèse. La vénération des fidèles avait semblé s'accroître pour leur pasteur persécuté : toute l'Espagne la partageait : le vertueux archevêque était devenu l'étonnement des vertueux solitaires, des habitants d'une nouvelle Thébaïde. » Le saint prélat en sortait pour répandre sur la tribu sacerdotale les grâces abondantes que ses prières avaient réclamées pour elle dans la solitude.

A la nouvelle de son approche, l'archevêque de Saragosse s'était porté à sa rencontre, à la tête de son clergé : on conduisit processionnellement, sous le dais, l'illustre proscrit jusqu'à la métropole, où Mᵍʳ de La-Tour fut prié de bénir un immense concours de fidèles. La marche se dirigea ensuite vers le palais archiépiscopal. C'était là que le Primat de l'Aragon se promettait de satisfaire sa vénération et son affectueux dévouement envers un hôte si digne de son admiration. Mais l'exilé pour J.-C. et pour son Église se regardait comme une victime chargée des iniquités de son peuple : il refusa tous les honneurs dus à son rang, tous les adoucissements de la terre étrangère ; « son Église, son diocèse bien-aimé était en deuil ; ses frères dans l'épiscopat égorgés ou fugitifs : le clergé de France et le sien étaient persécutés, bannis ou en proie au schisme et à l'égarement : sur les terres de la fille aînée de l'Église, les brebis erraient sans pasteur ou se livraient à un mercenaire intrus. Sorti des derniers, des gorges obscures du sud de son diocèse d'où sa présence paralysait encore les ravages de l'impiété, son zèle lui avait fait braver tous les périls et il y était rentré pour combattre de nouveau. Mais ses enfants fidèles avaient fait violence à sa charité, pour sa conservation : ils venaient de le ramener sur le sol hospitalier, à travers les montagnes envahies par les gardes nationales. Les maux qu'il venait de voir de ses yeux ; les maux plus grands qu'il avait soupçonnés navraient son cœur d'amertume ; Mgr de La-Tour eut hâte de se dérober aux soins et aux attentions délicates de cette amitié : il était venu pour gémir, pour prier dans le secret d'un monastère, avec les compagnons de ses douleurs. Il désira s'y rendre à pied, sans cortège. A la vue de ses traits épuisés, de la pauvreté de son costume, on sortait des maisons sur son passage : embaumés de la bonne odeur de J.-C. les bons habitants de Saragosse se disaient les uns aux autres : *Bé aqui él santo ! Bé aqui él santo !* Regardez le saint ! Voilà le saint qui passe !

Le vénérable archevêque ne voulut accepter au couvent qu'une modeste cellule et une place à la table conventuelle, au milieu des prêtres de l'exil : il ne souffrit aucune modification à la règle et à la nourriture communes. Au reste, pendant toute la durée de son séjour, il se regarda, il se trouva heureux d'être traité comme un simple religieux de l'ordre.

« Quelle retraite que celle-là ! » disait M. Besse. Monseigneur se donnait tout entier à ses prêtres, à ses frères d'une patrie malheureuse. Comme le cœur du pontife s'épanchait avec larmes au milieu d'eux, sur les plaies de leurs sanctuaires ! Les vœux les plus ardents, dans ces exercices spirituels, n'étaient pas d'obtenir la fin de leurs souffrances, mais de se renouveler dans l'esprit de leur sacerdoce, de se sanctifier, de se préparer à devenir, dans les mains de Dieu, des instruments moins indignes de coopérer à la réédification des murailles en ruines de leur sainte Jérusalem.

Moins malheureux que les enfants de la captivité sur les bords de l'Euphrate, nos prêtres avaient trouvé des frères compatissants sur les bords de l'Ébre : mais le Français et le prêtre pouvait-il oublier un instant les malheurs dont tous les échos de la publicité venaient chaque jour attrister ses oreilles ! Le saint prélat relevait leur courage et leurs espérances ; il leur ouvrait cet avenir où la miséricorde de Dieu l'emporterait enfin sur la justice ; où, épurés dans le creuset de la tribulation, ils rentreraient dans leurs paroisses, pour y faire abonder le pardon et l'oubli. » A ces douces pensées, ils fondaient tous en larmes ; la voix du pontife s'étouffait dans les sanglots, et le lieu saint retentissait de soupirs ardents, de gémissements pieux.

« Tout contribuait à charmer nos peines », ajoutait notre saint vieillard. Cette heureuse retraite, si abondante en bénédictions, avait eu pour eux une jouissance particulière. Ils avaient trouvé une image de la patrie absente ; ils entendaient la langue de leur pays dans la bouche de leur saint prédicateur ; ils avaient la présence et les exemples d'un archevêque de leurs provinces ; leur psalmodie s'embellissait à l'uniformité de l'accent natal ; leurs yeux se complaisaient dans les cérémonie liturgiques de leur Église : « nous nous croyions en France ! »

Le prélat ne tarda pas à aller porter ailleurs le bienfait de sa parole évangélique : son départ laissa un vide profond dans le cœur des émigrés de Saragosse, mais ils bénirent la mémoire de leur bienfaiteur jusqu'au dernier soupir. Mgr de La-Tour-Du-Pin mourut archevêque — évêque de Troyes. Sa mort venait de plonger dans le deuil toute l'Église de France. Son diocèse d'Auch avait été placé sous la houlette du nouvel évêque d'Agen.

Mgr Jacoupy adressa une lettre admirable à cette partie affligée de son immense troupeau. Les prêtres de l'Agenais qui avaient eu le bonheur de vénérer Mgr de La-Tour-Du-Pin, à Saragosse, trouvèrent un acquit de leur reconnaissance dans la circulaire du 10 décembre 1807.

Voici cette lettre :

Jean JACOUPY, *par la miséricorde divine et par la grâce du Saint Siége Apostolique, évêque d'Agen ; au Clergé de l'ancien Diocèse d'Auch : Salut et bénédiction en N. S. J. C.*

Nos très chers Frères,

La mort de Mgr Louis-Apollinaire DE LA-TOUR-DU-PIN-MONTAUBAN, ancien archevêque d'Auch, et dernièrement archevêque-évêque de Troyes, plonge dans le deuil toute l'Église de France. Mais cette grande perte doit être encore plus sensible pour les témoins de ses vertus, les objets de sa sollicitude, les enfants de sa tendresse, et pour les coopérateurs de son apostolat. Accoutumés depuis longtemps, nos très chers Frères, à voir briller sur le siége d'Auch un mérite égal à cette place éminente, vous ne fûtes pas moins frappés de celui de Mgr *de La-Tour-Du-Pin*, de cette vertu modeste, de cette piété tendre, de cette douceur toujours égale, et de cette charité sans bornes, qui l'ont caractérisé.

Vos regrets le prouvèrent, quand la tempête frappa le pasteur, et dispersa le troupeau. Alors le voile de la modestie fut déchiré ; alors votre vénération sembla s'accroître, lorsque toute l'Espagne la partagea, lorsque votre vertueux Archevêque devint l'étonnement de vertueux solitaires, des habitants d'une nouvelle Thébaïde. Les liens sacrés qui vous unissaient à lui, furent resserrés par la tribulation ; et jamais il ne parut mieux votre Pasteur, que lorsque l'amour paternel et la piété filiale, irrités par les obstacles, franchissaient tous les espaces et bravaient la persécution. Ne s'est-elle accrue, cette tendresse mutuelle, que pour briser plus douloureusement des liens qu'aucune force humaine n'avait pu rompre ? Pour le bien de la Religion, pour la paix et l'unité de l'Église, à la voix de son auguste Chef, il s'est volontairement consommé, ce pénible sacrifice. Une autre Église a profité de vos pertes : l'heureuse Église de Troyes s'est enrichie de cet or, qui sortait plus brillant du creuset. Elle nous dira tout ce qui a fait le sujet de son admiration, après que ses larmes lui auront laissé retrouver la parole.

Cependant, nos très chers Frères, le Prélat, que nous pleurons, n'a jamais cessé d'être au milieu de vous par son affection. Rien n'a pu vous arracher de son cœur, qui s'occupait toujours de vous. Avec quelle confiance nous lui demandions des conseils! Avec quelle charité il nous les donnait! De combien de vœux pour votre salut, et de sentiments pour vos personnes, n'avons-nous pas été les confidents et les dépositaires! Vous le perdez pour la troisième fois. Mais ne nous affligeons pas comme ceux qui n'ont point d'espérance. Chacun de vous attendra de le retrouver dans le Ciel, croira avoir gagné un protecteur et reconnaîtra avoir hérité d'un modèle.

Il faut surtout, nos très chers Frères, le considérer se condamnant lui-même volontairement aux privations qu'éprouvent encore plusieurs d'entre vous; se dévouant, sans réserve, au service de l'Église, dont les immenses besoins sont la mesure de nos devoirs; voulant mourir les armes à la main, et ne cesser de combattre sur les bords du tombeau, qu'il avait déjà vu s'entrouvir pour lui, et qui lui avait donné une réponse de mort. Il crut ne pouvoir mieux s'y préparer, qu'en consacrant à la gloire de Dieu et au salut des âmes, tous les instants qui lui restaient.

La récompense si bien méritée ne s'est pas fait attendre. Hâtez-vous, nos très chers Frères, de l'assurer davantage, de plaider la cause de votre père au tribunal du souverain juge, et d'introduire votre pieux archevêque dans les tabernacles éternels. C'est le langage de Jésus-Christ même; c'est la touchante expression de cette infinie charité, qui s'identifie avec tous les malheureux, se met à la place de tous ceux qui ont besoin de secours, se charge de payer tous les services qu'on leur rend, et donne à la reconnaissance des hommes le droit d'ouvrir le Ciel à leurs bienfaiteurs: *Ut, cum defeceritis, recipiant vos in æterna tabernacula.* Luc. 16, 9.

Pour remplir un devoir si cher et si saint, nous allons dans notre église cathédrale, en faveur de Mgr Louis-Apollinaire de La-Tour-Du-Pin-Montauban, ancien archevêque d'Auch, immoler cette victime sans tache, que ses mains pures ont si souvent offerte au Dieu vivant et éternel.

Mais l'église de Sainte-Marie d'Auch, témoin des prières ferventes et continuelles qu'il adressait au Ciel pour son troupeau chéri, va retentir des prières qu'un troupeau reconnaissant rendra à son pasteur respecté. Mais tous les prêtres de l'ancien diocèse d'Auch prouveront leur zèle et leur charité envers celui qui en a été la source, ou le soutien et le modèle. Nous nous en rapportons entièrement à leur piété et à leur reconnaissance. Ils inviteront le troupeau, qui leur est confié, à unir ses prières aux leurs, afin que les funérailles d'un bon père soient célébrées par tous ses enfants. Ils en conserveront précieusement la mémoire; et c'est en les imitant, qu'ils feront le plus bel éloge de ses vertus : *mementote præpositorum ves-*

trorum, qui vobis locuti sunt verbum Dei : quorum intuentes exitum conversationis, imitamini fidem. Heb. 13, 7.

Donné à Agen, le 10 décembre 1807.

† JEAN, *Évêque d'Agen.*

Par Mandement :

GUILLON, *Chanoine-Secrétaire.*

LETTRE

De Monseigneur l'Évêque d'Agen, au Clergé du département du Gers.

MESSIEURS,

Puisqu'il est dans l'ordre de la divine Providence que, pour le plus grand bien de l'Église, les liens sacrés qui m'attachoient à vous soient rompus ; puisqu'il est vrai de dire que je vais bientôt cesser d'être votre Pasteur et que vous ne serez plus mon Troupeau, je me fais un plaisir et un devoir de vous exprimer les sentimens qui m'attacheront invariablement à cette partie de mon Diocèse qui va me devenir étrangère.

J'aime à le publier, Messieurs ; j'ai trouvé dans les vertus, les lumières et les talens de mes dignes coopérateurs tant de motifs de consolation, que je me regarderois comme coupable d'ingratitude si, en leur faisant mes adieux, je ne leur en témoignois ouvertement ma reconnoissance ; et c'est pour moi la plus douce des jouissances de pouvoir rendre cet hommage à la vérité. Je n'ai eu qu'à seconder dans la plupart des Pasteurs le zèle éclairé qui les anime ; et je dois ce témoignage à tout le Clergé en général, qu'on retrouve en lui cet esprit ecclésiastique qui caractérise les vrais Ministres de Jésus-Christ ; cet esprit de docilité et de soumission, cet amour pour la discipline qui lie tellement les inférieurs aux supérieurs, qu'un même mouvement les entraîne vers le but unique auquel ils doivent tendre, la gloire de Dieu et le salut des âmes.

Si je puis me flatter, Messieurs, que vous avez trouvé des guides et des modèles dans ceux d'entre vous à qui, dans les différens arrondissemens, j'avois donné des pouvoirs généraux, ne puis-je pas dire aussi que si vos vertus font leur triomphe, elles font aussi votre gloire.

Je m'abstiendrai de parler de celui qui est à leur tête, et qui est plus spécialement chargé de l'administration ecclésiastique dans le département :

la douceur, la fermeté et la sagesse qu'il a fait éclater tour-à-tour dans les circonstances les plus critiques ; cet esprit conciliateur qui lui a gagné tous les suffrages, sont assez connus. Ils lui ont mérité cette juste considération dont il jouit dans toutes les classes de la société.

Je vous félicite, Messieurs, et je félicite l'Église de France du rétablissement de votre Siége Archiépiscopal, de ce Siége aussi célèbre par son antiquité que par cette suite non interrompue de Prélats qui l'ont illustré par leurs vertus, leurs lumières, et ces magnifiques institutions qui leur assurent la reconnoissance et les bénédictions de la postérité la plus reculée.

Je vous félicite particulièrement, et je me réjouis avec vous dans le Seigneur, du bonheur que vous aurez incessamment de posséder ce nouvel Ange de l'Église d'Auch que Dieu lui réservoit dans les trésors secrets de sa miséricordieuse Providence, et qui, appelé par elle à réparer les erreurs qui auroient pu nous échapper pendant notre longue administration, est destiné à entretenir et perfectionner cette noble émulation de zèle évangélique qui vous a toujours distingués.

Jouissez longtemps, Messieurs, du don précieux que le Ciel vous accorde dans la personne de ce vénérable Pontife, et laissez-moi la consolante espérance que vous daignerez vous souvenir devant le Seigneur de celui qui vous portera toujours dans son cœur, et qui ne cessera de faire les vœux les plus ardens pour votre bonheur.

Je suis, Messieurs, avec les sentimens d'estime et d'affection que je vous ai toujours portés et que je vous conserverai toute ma vie, votre dévoué serviteur.

† JEAN, *Évêque d'Agen.*

Juin 1823.

ÉLOGE FUNÈBRE

DE

MGR JEAN JACOUPY, ÉVÊQUE D'AGEN,

PRONONCÉ DANS LA CATHÉDRALE

PAR M. L'ABBÉ SOUÈGES,

Le 12 Juillet 1848.

Monseigneur,

Lorsque d'honorables instances m'ont appelé à venir aujourd'hui déposer quelques paroles sur un cercueil, j'ai compris toute l'étendue de l'engagement que je prenais. J'avais à parler dignement du saint et bien-aimé Pontife qui revient, dans sa dépouille mortelle, reposer pour toujours au milieu de ses enfants ; et je n'ignorais pas que mes frères dans le sacerdoce, tant de prêtres marqués comme moi du caractère sacré par cette main vénérable, attendaient un hommage qui acquittât toute la dette de leur reconnaissance et de leur respectueuse affection.

J'ai tout accepté cependant ; j'ai cru que, désigné pour être l'organe des sentiments des autres, je devais me trouver heureux d'une obligation qui me donnait à moi-même l'occasion si solennelle de faire connaître les miens. Je me suis souvenu d'ailleurs qu'honoré d'une amitié dont je ne pouvais chercher la raison que dans sa bonté et dans son indulgence, je devais personnellement à notre ancien Évêque une belle part d'actions de grâces, affligé de ne la lui porter que sur sa tombe, mais heureux de pouvoir au moins donner quelque prix à mon souvenir, en l'associant à celui du clergé et de tous les fidèles.

Ainsi ma tâche est plus facile. Déjà prévenu dans ce que je pourrai dire, par l'empressement dont je suis le témoin, et par l'attention que ce pieux et honorable concours prête d'avance à mes paroles, je n'ai aucun sentiment à inspirer. La vie de notre saint prélat a son langage : elle le fera entendre du fond de ce monument funèbre. Seule elle vous parlera, Messieurs et mes Frères ; seule aussi elle vous touchera ; et l'éloge que je commence, vos cœurs se chargeront de l'achever.

Le Ciel qui destinait Monseigneur Jean Jacoupy à la grande mission du salut des âmes, l'y prépara par la sainteté de ses premières années. Après les soins que son enfance trouva dans une famille chrétienne, obscure par son rang, mais noble par sa vertu ; après les leçons que se plut à lui donner le bon pasteur de Saint-Martin-de-Ribeyrac, dont la tendresse l'adopta pour élève, et lui assigna une place distinguée dans son affection, Périgueux et Limoges furent successivement le berceau de son enfance cléricale. Sa vertueuse mère l'accompagnait partout de ses conseils et de ses exhortations ; et s'il fut jaloux de devenir un bon prêtre, il ne le fut pas moins d'être la gloire de celle qui ne compterait plus ses sacrifices, quand elle verrait son fils à l'autel. Le jour arriva enfin où l'Église put saluer un nouveau ministre fidèle, jour heureux pour le fils, pour la mère, pour le Ciel !

Le prêtre ne l'étant que pour les autres, celui qui doit un jour, comme parlent les livres saints, honorer sa robe de gloire, et brûler l'encens au Seigneur au plus haut de l'autel, part pour une petite paroisse, en qualité de vicaire. A son arrivée il est béni, et bientôt il est aimé. Le Ciel lui a donné pour inspiration la délicatesse de son cœur. Aussi, la grâce de ses manières le met à l'instant de niveau avec ce que le monde peut lui offrir pour modèle de politesse et de grandeur. Par un sentiment exquis des convenances, recherché de tous, il ne veut de crédit auprès d'eux que celui de la dignité de ses fonctions et de son caractère. Il sait que, né dans la bassesse, le sacerdoce est toute sa distinction, et que, hors de là, rien ne lui convient mieux que l'oubli de lui-même. On l'entendait souvent parler de l'obscure profession de son père, qui d'ailleurs, né sur le trône, n'aurait pas été plus grand pour lui. A ses yeux, rien n'eût racheté cette probité antique, vraie noblesse de l'homme, que toute la contrée se plaisait à honorer dans le père et dans les enfants.

Le jeune vicaire gagnait ainsi tous les cœurs ; et c'est tout ce qu'il entendait dire de son ancien élève qui porta alors le curé de Ribeyrac à lui résigner son bénéfice. Monsieur Jacoupy refusa. Le pasteur, dit-il, a besoin d'autorité et d'influence pour faire le bien. L'une et l'autre me manqueraient peut-être dans mon pays. Ainsi, dans cette âme sacerdotale, la perspective d'une position plus brillante ne pouvait balancer l'intérêt des âmes et le zèle de la maison de Dieu.

Cependant une grande épreuve l'attendait. La constitution civile du clergé lui impose un serment en vertu duquel il faut rompre avec la mère de toutes les Églises. Un refus lui vaudra l'exil et peut-être la mort. Le choix n'est pas douteux pour le jeune prêtre. Quitter sa patrie, faire à une famille désolée un adieu qui sera peut-être le dernier ; emporter, s'il le faut, au delà des mers le trésor de sa soumission et de sa foi, voilà comment le vertueux Jean Jacoupy va préluder aux nombreux témoignages que doivent plus tard exiger de lui sa fermeté et sa conscience.

Passé en Angleterre, il s'arrête à Londres, où il trouve son Évêque, Monsieur de Flamarens, qui l'a précédé dans l'exil. Comme les apôtres, il n'a porté avec lui que sa foi et son sacerdoce ; pauvre pour tout le reste, il met au service de quelques élèves les connaissances que lui ont acquises ses études, et il vit de ses faibles rétributions. Oh ! qu'il est touchant, Mes Frères, de le voir ainsi partager son temps et ses affections entre ces enfants qui aiment à l'appeler non leur maitre mais leur ami, et le saint Prélat qu'il est si heureux de regarder comme son père et son modèle ! c'est auprès de lui qu'il vient assidûment apprendre à supporter, à bénir même ces longs jours d'exil, et à plaindre son infortunée patrie dont les convulsions lui offrent la triste image d'une mère expirante !

Cependant les occasions ne lui manquent pas d'échanger contre des offres brillantes, cette vie précaire, où le pain peut lui manquer à toute heure, malgré la confiance qu'il a inspirée, et qu'il sait si bien justifier. Un capitaine de navire anglais, qui goûte avec délices son éducation et son amitié, lui propose de le suivre dans un voyage de long cours ; une grande fortune lui est assurée. « Monsieur, répond l'exilé sans demander le temps de réfléchir, Monsieur, votre offre me flatte, et je vous en remercie. Mais, pour vous suivre il me faudrait renoncer à célébrer les saints mystères ; je ne puis y consentir. Je serai pauvre, exilé, tant que le Ciel le trouvera bon ; mais ni la pauvreté, ni l'exil ne m'ôteront jamais mon caractère et ma conscience. Reconnaissant pour vos bontés, je suis avant tout chrétien et prêtre. » O foi sublime foi généreuse, qui étonna l'ami de la fortune, et qui préparai un saint Pontife à l'Église de Jésus-Christ !

Assez de ruines s'étaient amoncelées ; l'Eglise de France relevait enfin sa tête percée d'épines, et elle appelait ses prêtres fidèles pour venir lui ôter son lambeau de pourpre et son roseau. Jean Jacoupy entend son appel, il accourt ; il avait deux mères à embrasser ! Mais quel n'est pas son étonnement, et j'ose le dire, sa consternation, quand à sa demande d'une petite paroisse on répond par l'offre d'un vaste diocèse ! L'homme à qui la France commence à obéir et qui lui présente, comme droits à sa soumission, son salut et des victoires, veut que ce prêtre, nouvellement arrivé de l'exil, où sa foi s'est mûrie dans les épreuves, que lui recommandent surtout sa modestie et sa simplicité, monte sur un siége qu'ont honoré la vertu de tant de pontifes et le sang de ses martyrs. Monsieur Jacoupy ne s'interroge pas. Il sait quelle réponse lui ferait son cœur. Mais l'oracle du clergé de France doit parler pour lui. Il va, désolé et suppliant, plaider devant Monsieur Émery la cause de sa modestie. Il parle, il convainc, et se retire avec le conseil de ne pas accepter un fardeau qui irait bien peut-être à ses vertus mais qui écraserait sa faiblesse. Il pourra donc s'ensevelir dans les ténèbres ! Le Ciel a parlé. Que dites-vous, saint prêtre, enfant de l'exil ? Non, l'oracle n'a pas encore rendu toute sa réponse. En effet, Mes Frères, Monsieur Emery le rappelle. Un trait de lumière lui a montré un digne héritier des Apôtres dans celui qui tremble de toucher à la houlette de premier pasteur. « Monsieur l'abbé, lui dit-il, j'ai réfléchi devant Dieu. L'Église, votre mère, vous demande un grand dévoûment. Courbez donc vos épaules, et soyez Evêque. Vous avez dit à Dieu : Qui suis-je pour aller, et pour délivrer les enfants d'Israël ? Eh bien ! c'est Dieu lui-même qui me charge de vous répondre : Ayez courage, je serai avec vous ! Dans le diocèse où l'on vous appelle, le sel de la terre s'est affadi, allez lui rendre ce qu'il a perdu ; les lampes du sanctuaire sont éteintes, allez les rallumer. »

Ces paroles de Monsieur Émery donnèrent un Évêque au diocèse d'Agen. C'est ce pauvre vicaire du Périgord, cet exilé de dix ans, celui qui trouve le sacerdoce déjà si redoutable pour la sainteté des anges eux-mêmes, c'est lui que le Ciel a chargé de la mission la plus difficile qui fut jamais. Avec le diocèse d'Agen, il aura encore à administrer le diocèse d'Auch, nouvelle charge qui pèsera vingt ans sur lui, et qui lui vaudra dans ces contrées une éternelle admiration et la plus juste reconnaissance. Il part donc pour arracher et pour détruire, pour édifier et pour planter ; c'est la mission des Évêques ! La nouvelle de sa nomination avait ému tous les cœurs, les uns par amour de l'ordre, les autres par la crainte d'y rentrer. Sa présence a déjà dit ce que tous doivent attendre : Fermeté pour le bien, longanimité, indulgence pour ceux dont le moment n'est peut-être pas encore venu. Aidé du vieux et savant collaborateur,[1] dont le nom se lie avec tant de gloire aux premiers jours de son épiscopat, et qu'il aime à appeler son conseil et son organe, il plante sa bannière, et à l'instant accourent autour de lui

---

[1] M. l'abbé *Guillon*, secrétaire de Mgr J. Jacoupy.

tous les confesseurs de la foi. Les autres dont la faiblesse a couvert une loi impie de leur robe sacerdotale, désavouent leur serment et rentrent dans l'unité. Plusieurs cependant s'obstinent encore, encouragés par les populations aveuglées, et ne voulant devoir qu'à eux-mêmes leur règle et leur conseil.[1]

Monseigneur Jacoupy a appris que, s'il y a une sagesse dans la vigueur, il y en a une aussi dans la patience. Dieu lui est témoin qu'il voudrait recevoir sur son cœur tous ses chers diocésains, comme une mère presse tous ses enfants. Aussi, quelle n'est pas sa douleur, quand il est obligé d'annoncer aux pasteurs et aux troupeaux que, comme l'Apôtre, il viendra à eux, la verge à la main, et les séparera des fidèles ! Avec le cri de la désolation il demande aux dissidents ce qu'ils peuvent reprocher à Jésus-Christ, pour déchirer ainsi sa tunique. Il leur déclare qu'il se fera anathème, pour obtenir leur retour ; et, si sa charité n'est pas entendue, si enfin il est obligé de punir, il détourne les yeux ; ses larmes trahiraient une fermeté nécessaire ; et même en frappant les coupables, il leur ouvre encore son cœur !

C'est avec des éléments si divers que Monseigneur Jacoupy songe à organiser huit cents paroisses. Dans cet immense travail, si la douleur surabonde, il regarde la croix ; s'il succombe, il s'y attache ; si le succès couronne ses efforts, il l'embrasse ! Que de jours consumés dans les luttes et les combats ! Que de nuits sans sommeil ! Les prêtres manquent. Le schisme et la persécution ont décimé la tribu sainte. Il fonde des séminaires pour réparer les pertes et perpétuer le sacerdoce. Il ouvre de pieuses retraites aux vierges de Jésus-Christ, qui, sur la montagne, lèveront leurs mains vers le ciel, tandis que la sainte milice ira aux combats du Seigneur. Dans un temps surtout où retentissent encore de

---

[1] Il en coûtait à quelques prêtres de s'accuser eux-mêmes d'infidélité au sujet de leur serment à la constitution civile ; et beaucoup de fidèles aussi avaient conservé un penchant vers le schisme.

toutes parts les échos de la tempête, de la diversité des caractères et des fonctions surgiront quelquefois des conflits ; deux pouvoirs seront en présence. Pris pour arbitre, il sera sûr, non de les confondre en un seul, mais de les jeter bientôt dans les bras l'un de l'autre. Aussi ferme que conciliant, pour appuyer les droits de l'Église, il osera parler de justice aux puissants, sans être confondu, sans perdre même leur affection et leur estime. Défenseur zélé des saines doctrines, il gémira de la tendance des esprits qu'éblouit le génie, et qui ne voient pas que rien ne touche à l'erreur comme la nouveauté dans la croyance. Je puis manquer de lumières, disait-il avec simplicité, mais mon cœur ne se trompe pas quand il se tourne vers Rome.[1] Rome ! Oh ! qui dira sa filiale affection pour cette mère des troupeaux et des pasteurs ? Il sait que, pour ne pas tourner à tout vent de doctrines, il faut s'attacher à l'immortelle colonne de la vérité. Les droits même que des privilèges lui assurent, il se les conteste, il se les dispute, aimant mieux se faire dépendant jusqu'à l'esclavage, que de ne pas saisir toutes les occasions de prouver son dévoûment. Et lorsque le maître des empires veut l'être aussi des consciences, et que les Évêques de France appelés à Paris refusent leur adhésion à des prétentions illégitimes,[2] Monseigneur Jacoupy fait entendre, par amour pour l'Église, cette parole de l'Évêque et du martyr : On peut disposer de nos jours, mais on ne disposera jamais de notre conscience ; nous savons tous le chemin de la place de Grève !

Plus tard, une longue maladie a mis ses jours en danger, usé ses forces, et diminué, non son dévoûment et son zèle, mais cette vigueur nécessaire pour remplir d'augustes fonctions. Sa conscience s'est alarmée. Il écrit au Souverain Pontife, et le prie d'agréer qu'il aille enfin penser à lui, après avoir assez long temps travaillé pour les autres. La réponse

---

[1] C'est à l'occasion des doctrines de M. Lamennais que Mgr Jacoupy tenait ce langage.

[2] On sait que l'Empereur avait en 1811 convoqué un Concile national pour y faire approuver ses projets hostiles à la juridiction du Souverain Pontife.

du vicaire de Jésus-Christ est celle d'un ami, qui a compris un cœur, et qui ne pouvant partager ses pensées, l'encourage, et lui dit qu'il peut toujours compter sur le sien. L'Évêque d'Agen restera donc dans son diocèse. Il continuera à embrasser d'un coup-d'œil auquel rien n'échappe la cause, la marche, le dénouement des plus importantes affaires, à indiquer longtemps d'avance le résultat d'une erreur, à en appeler, pour justifier ses prévisions, au témoignage toujours si évident des conséquences. Le même avec les hommes qu'avec les affaires, il lira au fond de leur cœur, et les forcera de convenir que, pour échapper à sa connaissance, il faudrait presque s'abstenir de penser devant lui. Au reste, sa franchise ne pouvait blesser personne. Si des souffrances presque continuelles donnaient quelquefois malgré lui à ses paroles ou à ses manières un ton voisin de l'humeur, il s'en plaignait le premier, et la bonté y mêlait aussitôt sa douceur et son sourire. Des étreintes paternelles consolèrent souvent du trouble qu'avait excité un premier moment. Il s'épanchait dans les cœurs qu'il avait blessés, et les guérissait à force d'abandon et de confiance. Ils sont toujours présents à votre pensée et plus encore à votre reconnaissance, Messieurs, ces entretiens familiers où, sans descendre de son rang, il nous élevait nous-mêmes jusqu'à lui, et consentait à ne faire de son cœur qu'un cœur avec le nôtre ! Qui de nous se retira jamais de sa présence ou moins satisfait, ou moins heureux ? Qui lui ouvrit les plaies de son âme, sans les sentir rafraichies par ses larmes, ou adoucies par sa bonté ? Dans ses tournées pastorales, nous l'avons vu, entouré de ses prêtres, les honorer devant les peuples, les couvrir de sa dignité ou plutôt de sa tendresse, comme le cèdre du Liban protége les rejetons qui croissent sous son ombre ; nous l'avons vu, jusque dans le lieu saint, presser sur son cœur, avec une bonté ineffable, en présence de la foule reconnaissante, et de leurs confrères attendris, de pauvres prêtres que l'humilité tenait loin de lui, et seuls étonnés d'une faveur si touchante. O vénérable ami, voilà comment vous échappaient les secrets de votre cœur ! et quand je viens moi-même les révéler aujourd'hui, mon témoignage est une justice que mes auditeurs vous rendent tous comme moi !

Ainsi, Mes Frères, ainsi s'écoulait cette vie, dont chaque instant était un cri d'amour pour ses chers diocésains, un gémissement sur les maux de l'Église, un sacrifice pour les pauvres, une prière pour les pécheurs. Témoin ces tendres confidences qu'il nous en faisait, et ces entretiens avec les pieux fidèles qui venaient le visiter, et ces lettres pastorales où il pouvait si bien dire comme saint Paul : Mes petits enfants, vous êtes tous mon ouvrage dans le Seigneur, vous serez donc ma gloire, ma justification, et ma couronne ! ces lettres que les pasteurs lisaient à leurs paroissiens, et qui firent avouer si souvent que l'Évêque qui enseigne peut ne pas s'abaisser à la sublimité du langage humain, mais qu'il est toujours celui qui a le plus d'onction et le plus de lumière.

Cependant le fruit mûrissait. Trente-huit ans d'épiscopat, où le Ciel et les hommes avaient reçu un témoignage suffisant de foi et de bonnes œuvres, semblaient permettre enfin à Monseigneur Jacoupy de demander un repos acheté par tant de fatigues. Au poids du travail s'ajoute maintenant le poids des années. C'est assez combattre, se dit-il ; aujourd'hui les armes pourraient m'échapper ; qu'un autre les prenne ; ma course est achevée ; je n'ai plus qu'à tendre les mains vers la couronne que me prépare le juge de ma vie. Et il écrit de nouveau au Souverain Pontife. Quinze ans de plus se sont accumulés sur sa tête. Sa faiblesse, sinon son courage, refuse un plus long travail. Son cœur restera au milieu de ses chers diocésains ; mais c'est parce qu'il les aime, qu'il a besoin des les quitter. Un autre prendra sa houlette, et l'honorera par un ministère plus actif et plus vigilant. Les vertus de son successeur lui feront d'ailleurs pardonner sa retraite. Vous partez donc, ô bien-aimé Pontife ; vous vous séparez de nous, en laissant votre manteau à Élisée, et vos bénédictions à vos enfants. Que leur souvenir vous accompagne dans le sein de Dieu où vous allez vous cacher avec Jésus-Christ. Dans ces huit années où votre âme de chrétien, de prêtre et d'évêque va compter devant la justice divine ses profits et ses pertes, où la pensée des années éternelles mettra d'avance tout votre cœur dans le Ciel, permettez-lui d'en descendre quelquefois pour recevoir dans ses douces affections vos diocésains et vos prêtres ! Nous irons, reconnaissants et fidèles, vous demander vos bénédictions ; et vous, toujours bon et tendre, vous nous presserez dans vos bras, et ce seront encore vos plus beaux jours de fête !

Mes Frères, mes chers collaborateurs, et vous tous, nombreux amis du saint Pontife, la retraite de Monseigneur Jacoupy nous l'a fait perdre huit ans avant sa mort ; et de ces huit ans nous en avons eu encore la meilleure partie. Le Ciel et son cher diocèse d'Agen se partageaient ses souvenirs et ses affections ; et, quand il n'était déjà plus notre chef, il était encore notre père. Une de ses volontés dernières nous a légué sa dépouille mortelle. Que mon corps, dit-il, revienne à cette famille dont mon cœur n'a jamais été séparé. Il est juste qu'un père prenne son repos parmi ses enfants.

Le voilà donc, Mes Frères ; ses vœux sont accomplis. La tombe ouverte le réclame ; il va descendre dans cette demeure qu'une main bien chère lui a choisie, dans cette église qui fut sa métropole, au pied de cet autel où vous l'avez vu si souvent élever vos âmes par la sérénité de l'ange et par la dignité du Pontife. Le sang de l'agneau qu'il y a fait couler tant de fois, le couvrira d'une pourpre divine, et le marquera du sceau des élus. Et nous, Mes Frères, nous surtout, ses prêtres et ses enfants, quand nous passerons près de cette tombe, quand nous y lirons l'histoire de sa vie et de ses vertus, quand nous entendrons encore cette voix qui nous exhortait au bien, nous répéter ses tendres leçons, nous le remercierons de nous parler, même après sa mort. Nous recueillerons dans notre cœur, pour en faire la règle de notre conduite, ses conseils et ses exhortations ; et, quoique des exemples vivants ne nous manquent pas, pour être de bons chrétiens et de saints prêtres, nous aimerons à nous inspirer encore de ceux qu'auront consacrés pour nous notre piété filiale et la majesté du tombeau !

ACTES OFFICIELS DE LA RÉORGANISATION;

CÉRÉMONIES DIVERSES

Et allocutions de son ministère Épiscopal.

(Toutes les notes entre guillemets sont extraites des annales inédites d'un témoin contemporain.)

ÉGLISE CONSTITUTIONNELLE.

« Le 9 mars 1791, les électeurs du département de Lot-et-Garonne s'assemblent pour procéder au remplacement de l'Évêque du département, Mgr de Bonnac insermenté par son généreux refus du 4 janvier, et nomment d'abord M. Labarthe, prêtre de la Compagnie de Saint-Lazare, et professeur au Séminaire d'Agen.

M. Labarthe, consulté par M. Besse, son ancien élève au Séminaire, sur le serment, lui répondit : « Mon ami, mon ami, attendons.... tout ceci dépend du Pape.... attendons sa réponse. » La réorganisation nomma M. Labarthe, curé de Pleichac ; il est mort dans un âge avancé à Aubiac, dans le canton de Laplume ; il avait subi la déportation sans avoir prêté le serment.

« Par un nouveau choix du 1er mai 1791, les électeurs portèrent au siége épiscopal M. Gobet, évêque de Lidda ; mais on apprit bientôt qu'il venait d'être porté sur le siége de Paris, qu'il avait préféré. »

« L'assemblée se forma de nouveau et nomma M. André Constant, ci-devant dominicain et professeur de théologie, premier vicaire cathédral de l'Évêque de Bordeaux, le célèbre Lacombe d'Angoulême, dignes l'un de l'autre, comme il paraît par leurs principes dans les lettres du second, et par la réfutation que le premier publia chez la veuve Noubel, 1792, contre la lettre pastorale et l'ordonnance de Mgr de Bonnac.

L'évêque Constant, sacré à Bordeaux le 5 juin, entra solennellement à Agen, le 10 du même mois.

Un mois après son entrée du 10 juin 1792, des paroissiens de Saint-Étienne demandaient de célébrer la fête de la Nativité de la Vierge dans la chapelle N.-D. de Grâce, avec exposition du T. S. Sacrement dès la matinée, prédication et bénédiction aux vêpres, en l'église N.-D. du Bourg, leur église provisoire, où se trouve la dite chapelle.

M. Constant accordait après en avoir référé à son conseil.

Quant à la dévotion au *Rosaire*, l'ex-*dominicain* évêque suspendait, *se réservant de statuer ce qu'il appartiendra*, lorsqu'un décret de circonscription de la paroisse aura été remis à exécution.

† CONSTANT, *Évêque Constitutionnel*.

PELLISON aîné, *Vicaire Episcopal, pro-secrétaire*.

9 Juillet 1792.

Le *dominicain Évêque* vit-il un piége dans cette demande ? Quoi qu'il en soit, elle dut lui parler de ses vœux et de ses pratiques dans l'ordre qu'il avait abjuré.

(*Archives de l'Evéché*.)

« Les électeurs du district d'Agen, réunis dans l'église des religieuses de la Visitation (aujourd'hui Petit Séminaire), procédèrent au remplacement des curés réfractaires ou non conformistes et à la nomination des cures vacantes. »

« En septembre 1792, les prêtres insermentés qui n'avaient pas choisi l'exil ou la déportation furent enfermés ou *reclus*, partie dans le Séminaire, partie dans le couvent des religieuses de Paulin, qui s'occupaient de l'éducation des jeunes filles et recevaient, dans l'année, pour leur honoraire, un cierge que chaque élève portait à la procession intérieure de la communauté.

Le Séminaire ayant été changé en caserne, tous les prêtres reclus furent enfermés avec leurs confrères dans le couvent de Paulin.

Le 15 mars 1794, on fit sortir de Paulin tous les prêtres

insermentés, pour être déportés à la Guyanne. Des bâteaux les attendaient au bord de la Garonne. Ils y furent conduits, au milieu d'une foule exaltée, avec des chants et des outrages atroces : on leur vola leurs manteaux et leurs matelas, etc., etc. Les mers parcourues par des navires anglais, ne permirent pas leur embarcation. On les enferma, dans la crainte qu'ils ne fussent enlevés par les Anglais, mais provisoirement, dans le fort du Hâ, à Bordeaux. L'abbé de Vérone, descendant des Scaliger, mourut dans cette prison. Les autres en sortirent le 9 thermidor, à la mort de Robespierre et purent rentrer dans leur localité.

« Il ne resta à Paulin que les prêtres âgés ou infirmes. Dans cette réclusion de Paulin se trouvait le vertueux Eymeric, ce vénérable frère ermite, le seul qui fût resté à Agen, après l'expulsion des frères de Saint-Vincent. Étant tombé malade, il fut porté à l'hôpital Saint-Jacques où il est resté jusqu'à sa mort arrivée en 1809. »

La réclusion à Paulin dura deux ans. « En mai (1793), les constitutionnels furent interdits de toute fonction. Presque tous remirent leurs lettres de prêtrise à la municipalité : plusieurs se marièrent. Il faut convenir cependant que très peu le firent par goût et que les autres s'y décidèrent par crainte et pour éviter les persécutions. »

Toutes les églises furent fermées et changées en magasins ou en écuries, ou en usages profanes.

L'argenterie, le mobilier, les ornements, etc., tout fut confisqué. Les cloches de toutes les églises cassées, pour être envoyées à Montauban, à la fonderie.

La grosse de Saint-Étienne de 100 quintaux avait été fondue, sous Mgr Hébert, 1er avril 1726.

La carémale qui appelait les chanoines et les prébendés et les fidèles aux offices du carême était la plus haute et la quatrième.

Celles de Saint-Caprais, de la même grosseur, eurent le même sort.

De toute cette magnifique sonnerie de la ville, il n'est resté que deux cloches ; celle qui était à l'ancien collége, est aujourd'hui à Saint-Caprais, l'ancien *répiquet* de Saint-Etienne, parce que ce *répiquet* appelait les huit sonneurs de l'ancien bourdon ; celle de Notre-Dame d'Agen était la seconde de Notre-Dame du Bourg (juin 1795). Toutes les églises qui étaient fermées depuis environ deux ans furent rouvertes à Agen, en vertu d'une loi du 11 prairial an III. Comme elles étoient toutes profanées par les différents usages, elles furent rebénites par l'évêque Constant, ou par d'autres prêtres qu'il délégua.

Nous avions, avant la Révolution, 24 églises publiques. Elles sont réduites à 7, Saint-Caprais, Sainte-Foi, Saint-Hilaire, Notre-Dame du Bourg, l'Hôpital et les Orphelines. Celle des Jacobins n'a été ouverte que 8 ans après. Jusqu'à ce moment le service de la paroisse Saint-Etienne se fait à la chapelle du Bourg où il se faisait autrefois, lorsque le Chapitre et l'église Saint-Étienne existaient. Le curé et les vicaires y remplissaient leurs fonctions et y faisaient tous les offices. »

Au reste les sept églises ne s'ouvrirent pas le même jour. Il fallut du temps pour déblayer, nettoyer et approprier au service divin.

Le 25 mai 1795, la première messe se dit à Saint-Hilaire. M. le curé de Saint-Caprais y fit son service jusqu'à ce que son église fût prête.

Le magnifique clocher de Saint-Étienne avait été démoli en 1791, par ordre du commissaire Paganel. L'église était hors de service par l'urgence des réparations.

En 1798, tous les cultes étaient permis ; mais une loi du 7 vendémiaire an IV, rendue par la police des cultes, prohibait tout signe extérieur d'un culte quelconque.

Le 19 mars, le commissaire dénonce et fait abattre toutes les croix qui restaient sur les clochers et dans les cimetières.

En avril, même année, deux institutrices, ci-devant religieuses, se refusent à ne pas élever chrétiennement leurs élèves ; leurs maisons et plusieurs autres furent fermées. »

Les habitants de la paroisse Sainte-Foi auraient voulu conserver l'église des Grands-Carmes, plus centrale et plus belle ; mais réduits à un choix imposé, ils conservent l'église actuelle, à cause de ses souvenirs et du culte si cher de leur illustre patronne, la première martyre d'Agen.

« En août 1719, le temple décadaire fut transféré de l'église de l'ancien collége à l'église de Saint-Caprais où, à des heures différentes, se faisaient le service divin et les réunions décadaires. »

Les prêtres insermentés se rendirent utiles, dans les oratoires privés, et après la loi du 18 brumaire an VIII, 9 novembre 1799, dans les paroisses qui se trouvaient sans secours.

« 1800, fin janvier. On commence à démolir l'église de l'ancienne Cathédrale, dont les pierres furent vendues à des particuliers ou servirent à établir la cale du Gravier en pierre sèche dans un gouffre dans la Garonne de vingt pieds de profondeur ou à bâtir le théâtre. »

« Il ne resta de cet ancien et magnifique édifice que la nef du milieu qui paraissait neuve quoique bâtie depuis sept ou huit cents ans et, dit-on, par les Anglais. »

La façade était moderne et contre le style de l'édifice.

« On a découvert en fouillant dans les ruines le tombeau d'un évêque qu'on a reconnu, à une inscription trouvée dans son cercueil, être celui de Mgr Claude Joly, nommé à l'Évêché d'Agen, le 23 avril 1664, mort dans cette ville le 21 octobre 1671. La municipalité, instruite de cette découverte, a fait recueillir avec soin les restes de ce vénérable prélat, ainsi que les attributs de sa dignité épiscopale qui avaient été renfermés dans son tombeau.

Mgr Joly est l'auteur du grand catéchisme d'Agen, publié sous le titre de « *Devoirs du chrétien.* »

(1800) « Les pénitents reparaissent tolérés et non autorisés. Leurs églises avaient été comme toutes les autres pillées et vendues ; les blancs à Saint-Hilaire, les gris à Saint-Caprais, les bleus à Notre-Dame du Bourg, plus tard aux

Jacobins. Ces trois congrégations avaient été établies à Agen, par Nicolas de Villars, durant son épiscopat (1580). »

« Par la loi du 18 germinal, le dimanche redevint le jour chômé, et le jeudi le jour de repos des classes. »

« Conformément aux intentions du gouvernement et aux vœux de tous les citoyens, on donna à l'installation de Mgr Jacoupy toute la pompe et toute la solennité dont Agen était susceptible. »

Suivent les détails et les pièces. L'évêque du Lot-et-Garonne, M. André Constant, ne fut point employé, par le gouvernement, dans la nomination des évêques du Concordat ; il fut pourvu d'un canonicat de Saint-Denis.

PRISE DE POSSESSION.

Arrêté du Préfet, du 21 vendémiaire an XI (12 octobre 1802).

Le Préfet du département de Lot-et-Garonne,

Vu la lettre du Ministre de l'Intérieur du 24 germinal an X (13 avril 1801) et celle du Conseiller d'État chargé de toutes les affaires des cultes, du 18 thermidor dernier (6 août), après s'être concerté avec *M. l'Évêque d'Agen*, sur le jour et le mode de son installation ;

Considérant qu'il est dans l'intention du gouvernement, comme dans le vœu de tous les citoyens, de donner la plus grande solennité à cette auguste cérémonie; et qu'il doit être chanté à Agen, le même jour, par mandement de M. l'Évêque, un *Te Deum* en actions de grâces des sénatus-consultes, des 14 et 16 thermidor dernier (13 août), qui garantissent la stabilité de la République ;

ARRÊTE :

Art. 1er. L'installation de M. l'Évêque d'Agen aura lieu, dimanche prochain, 25 vendémiaire (16 octobre), dans l'église Saint-Caprais, Cathédrale provisoire, à 9 heures très précises du matin.

Art. 2. Une salve d'artillerie et le son des cloches annonceront la cérémonie dès 8 heures du matin.

Art. 3. Tous les fonctionnaires publics, civils, judiciaires et militaires sont invités à y assister et à se rendre à l'hôtel de M. l'Évêque d'Agen à 8 heures et demie.

Art. 4. Un détachement de trente vétérans nationaux se rendra à la même heure, à l'hôtel de la Préfecture, pour escorter le Préfet. Le même détachement le reconduira après la cérémonie.

Art. 5. Les officiers de la gendarmerie et tous les fonctionnaires attachés à l'administration, sont invités à se réunir aussi à la Préfecture, pour se rendre ensemble à l'Évêché.

Art. 6. La garde nationale d'Agen, la gendarmerie et la compagnie des vétérans, prendront les armes et seront rendus à huit heures et demie sur la place du Marché-au-Blé. Le général commandant dans ce département et le commandant de la garde nationale et de la gendarmerie sont requis de donner les ordres nécessaires à cet effet. Il sera placé dès le matin deux gendarmes à cheval, à la porte intérieure de l'église pour faciliter l'allée du cortége et maintenir l'ordre pendant la cérémonie.

Art. 7. Fait à l'hôtel de la Préfecture les jours, mois et an que dessus.

Signé : J. PIEYRE, *préfet.*

Par le Préfet :

Le Secrétaire-Général, Signé : GODAILH.

Arrêté du Préfet du département de Lot-et-Garonne, du 21 vendémiaire an x (12 octobre 1802).

Le Préfet de Lot-et-Garonne, considérant que la pompe qu'il est convenable de donner à l'installation de *M. l'Évêque d'Agen* et le concours immense des citoyens qu'y attireront leurs sentiments religieux et civiques, nécessitent un ordre fixe et réglé d'avance, afin qu'elle soit aussi régulière que majestueuse ;

ARRÊTE :

Art. 1ᵉʳ. Le cortége se rendra de l'hôtel de l'Évêché à l'église Saint-Caprais dans l'ordre suivant : Un détachement de gendarmerie ; la musique de la garde nationale ; les notaires, les professeurs de l'école centrale ; les membres des jurys de l'instruction publique ; l'administration des domaines et de l'enregistrement ; la direction des contributions ; le receveur général et le payeur ; les ingénieurs des ponts-et-chaussées ; le commissaire des guerres ; les officiers du génie militaire ; le commandant des vétérans ; le commandant de la garde nationale ; les juges de paix ; le tribunal de commerce ; le tribunal de première instance ; le tribunal criminel et le magistrat de sûreté ; le tribunal d'appel ; le maire ; les adjoints ; les membres du conseil municipal et le commissaire de police ; les sous-préfets, le conseil de préfecture, le secrétaire général ; le président du tribunal d'appel ; le général commandant le département et le préfet, placés sur la même ligne ; M. l'Évêque d'Agen, précédé de ses assistants ecclésiastiques ; un détachement de gendarmes fermera la marche.

Art. 2. Le cortége sera escorté par la garde nationale et les vétérans qui formeront deux haies.

Art. 3. Pendant la cérémonie la garde nationale et les vétérans resteront sur deux lignes dans la longueur de la nef.

Art. 4. Tous les fonctionnaires publics et les tribunaux seront invités, par l'envoi d'un exemplaire du présent, à leurs chefs ou présidents, qui demeurent invités d'en donner connaissance à leurs collègues.

Fait à Agen, à l'hôtel de la Préfecture, les jours, mois et an que dessus.

Signé : J. PIEYRE, *préfet*.

Par le Préfet :

Le Secrétaire-Général, Signé : GODAILH.

Cet arrêté et le concours unanime de toutes les autorités,

constaté par le procès-verbal suivant, témoignent de la sollicitude et des soins actifs du gouvernement pour rétablir la société dans l'ordre religieux et civil qui peut seul assurer sa paix et son bonheur.

Le 25 vendémiaire de l'an xi (17 octobre 1802), Monseigneur sortait de l'hôtel de son évêché, entouré de ses dignitaires et précédé d'un immense clergé, en habits de chœur, de l'imposant et majestueux cortége qu'avait réglé l'arrêté de M. le Préfet, et se mettait en marche vers l'église de Saint-Caprais, entre les haies épaisses de fidèles, accourus des divers points du diocèse, avides de recevoir les prémices des bénédictions et des paroles de leur pasteur catholique. Malgré l'enthousiasme et l'empressement de cette multitude, l'ordre le plus parfait régna pendant toute cette cérémonie auguste.

Le Pontifè, crossé et mitré, bénissant sur son passage cette foule recueillie, qui bordait sa route, encombrait les avenues ou garnissait les portes et les fenêtres, arrivait comme conduit en triomphe, dans cette première résurrection du culte, devant la porte principale de Saint-Caprais où l'attendait M. Passelaygue, ancien chanoine de la Cathédrale de Saint-Étienne, avec les autres dignitaires ecclésiastiques préposés à l'assister dans cette commission canonique.

(Procès-verbal de cette installation.)

Au nom de la République, salut : savoir que :

Pardevant le notaire public de la ville d'Agen, département de Lot-et-Garonne, soussigné, en présence des témoins bas nommés,

A comparu Claude Passelaygue, prêtre, ex-chanoine de l'église cathédrale de cette ville,

Lequel a dit que M. Jean Jacoupy ayant été nommé évêque d'Agen, M. Primat, archevêque métropolitain de Toulouse, l'a délégué pour l'installer et mettre en possession suivant la commission que ce prélat lui a adressée, datée de Toulouse onze septembre mil huit cent deux, correspondant au vingt-quatre fructidor dernier, qui sera annexée aux présentes ; qu'ayant accepté cette mission et désirant la remplir, il nous invite de nous transporter avec lui, aujourd'hui à neuf heures du matin, dans l'église Saint-Caprais de ladite ville, Cathédrale provisoire, lieu, jour et heure indiqués par l'arrêté du Préfet de ce département du vingt-un de ce mois. Pour ladite mise en possession et installation à l'effet d'en dresser acte ; où nous étant rendu en compagnie dudit Passelaygue, et parvenu à la principale porte d'entrée de ladite église, en dedans d'elle ; ce dernier s'étant revêtu de son surplis, étole, chappe et bonnet carré, toutes les autorités civiles et militaires sont arrivées en cortége, à l'entrée de l'église,

Dans l'ordre prescrit par l'arrêté sus-daté, précédées de la musique nationale, suivies d'un grand nombre d'ecclésiastiques revêtus de leurs surplis, marchant processionnellement. Mgr Jacoupy qui terminait la marche, revêtu de ses habits épiscopaux, étant arrivé à la porte, M. Passelaygue lui a adressé ces paroles : Qui êtes-vous, Monsieur ? — Je suis Jean Jacoupy, nommé évêque d'Agen. — Veuillez, Monsieur, lui a répliqué ledit Passelaygue, justifier de votre nomination ? — Sur quoi, Mgr Jacoupy lui a remis l'arrêté des consuls, portant sa nomination, en date du neuf floréal dernier ; sa prestation de serment d'obéissance et de fidélité dans les mains du premier consul, du samedi vingt-huit messidor suivant ; son institution canonique, datée de Paris le quinze juillet mil huit cent deux ; le certificat de l'Archevêque de Paris, portant qu'il a été sacré par M. de Pancement, évêque de Vannes. Desquelles pièces il a été fait lecture à haute voix par nous notaire, en présence des autorités constituées, du clergé et d'un concours du peuple réuni dans ladite église ; après laquelle lecture, M. Jacoupy a pris place sur un siége à ce destiné, à la droite de la porte de l'église et en dedans, s'est mis à genoux, et s'étant levé, M. Passelaygue lui a présenté un Christ, qu'il a baisé, lui a donné de l'eau bénite, l'a encensé et lui a remis les clefs de l'église. Pendant laquelle cérémonie, le clergé, accompagné de la musique, a chanté divers psaumes ; le cortége a continué sa marche dans l'ordre indiqué, suivi du clergé, et parvenu dans le chœur, M. Passelaygue, accompagné de nous notaire, a conduit M. l'Évêque devant le maître-autel, où il s'est mis à genoux, a récité l'antienne et l'oraison de saint Étienne, patron de la Cathédrale, a baisé l'autel; l'a ensuite conduit au siége épiscopal où il s'est assis, et de suite M. l'Évêque a été revêtu de ses habits sacerdotaux, et a chanté la messe ; ainsi la mise en possession et installation de M. Jacoupy à l'Évêché d'Agen s'est terminée.

Suivent les signatures des témoins, Pierre Tinel, Jean-Étienne Laffargue, praticiens, Mgr Jacoupy, évêque, Claude Passalaygue, commissaire délégué.

CHAUDORDY, notaire.

Étude de M. Flourens, à Agen.

M. Claude Passalaygue, ex-chanoine de l'église Cathédrale Saint-Étienne d'Agen, délégué par Mgr l'Archevêque de Toulouse pour l'installation et prise de possession, s'acquittait de cette commission le 25 vendémiaire an xi (17 octobre, jour de dimanche, 1802), était nommé premier chanoine dans la réorganisation du Chapitre diocésain le 30 floréal an xii (19 mai 1803), et mourait en nivose an xiii (19 janvier 1804). M. de Cours de Paulhiac lui succédait.

Par son testament, M. Claude Passalaygue chargeait son héritière, Mlle Henriette Dumolin, de remettre à M. l'Évêque d'Agen ou à son successeur sa bibliothèque pour le Séminaire futur du diocèse, et au Chapitre, un calice en or et un ornement complet qui avaient appartenu à Mgr de Chabanes, évêque d'Agen. M. Passalaygue les tenait d'un oncle du même nom qui lui avait résigné son canonicat de Saint-Étienne et avait été vicaire-général de ce prélat.

Cette volumineuse collection d'ouvrages théologiques, historiques, patrologiques et exégétiques les plus approuvés dans l'Église, prouve son goût et son zèle pour l'étude sacrée et, par sa disposition dernière, son zèle sacerdotal pour la renaissance du diocèse.

Lettres patentes du Métropolitain.

Claude-François-Marie Primat, par la miséricorde divine et l'autorité du Saint-Siége Apostolique, Archevêque de Toulouse, Narbonne, Auch, Albi, à tous ceux qui verront les présentes, salut en N. S J.-C.

M. Jean Jacoupy nous ayant donné connaissance de sa nomination à l'Évêché d'Agen, et nous ayant supplié en personne ou par un autre ecclésiastique délégué par nous à son installation et prise de possession : ne pouvant nous transporter dans la ville dudit Évêché d'Agen, empêché par les affaires de notre diocèse, avons nommé et nommons par ces présentes M. Claude Passalaygue, prêtre, ex-chanoine de la Cathédrale d'Agen, y habitant,

A l'effet de procéder à l'installation de notre très cher frère en J. C. Jean Jacoupy, au siége d'Agen, et de dresser acte de cette prise de possession.

Donné à Toulouse, sous notre seing et le contre-seing de notre Secrétaire, le 11 septembre 1802.

† C. F. M.

Archevêque de Toulouse.

Par mandement prép.

Discours pour la prise de possession, à Agen (17 octobre 1802).

Les obligations que je viens contracter avec vous, Nos Très Chers Frères, me pénètrent d'une religieuse terreur. La solennité de cette cérémonie en me rappelant le ministère auguste, que je dois exercer au milieu de vous, la qualité d'envoyé de l'Église, d'ambassadeur de Dieu, d'apôtre de J.-C., me rappelle aussi la terrible responsabilité qui pèse sur ma tête, l'étendue de la carrière qui s'ouvre devant moi, et la pesanteur du fardeau imposé à ma faiblesse.

Si je suis revêtu de l'autorité et des pouvoirs divins du Sauveur de nos âmes, je dois participer à l'immensité de son zèle dévorant, de son excessive tendresse, de sa divine charité. Je dois devenir sauveur avec lui ; il m'est désormais impossible de me sauver seul ; je réponds de vos âmes sur la mienne ; et au jour redoutable du jugement universel, rentré dans la foule mais toujours distingué par le caractère de l'épiscopat, les œuvres dont j'aurai à rendre un compte rigoureux ne seront pas seulement mes propres œuvres ; ce sont les vôtres, N. T. C. F. Tout l'espoir de ma récompense éternelle se fonde sur les vertus que je vous aurai inspirées.

Ce n'est donc pas de ce temple auguste, de ces saints autels, de cette tribune sacrée, que je dois prendre possession ; c'est de vos âmes ; voilà le dépôt cher et précieux, qui m'est confié, par Celui qui est mort pour elles. Ouvrez-les moi, ouvrez-les à J.-C. dont je dois y établir, y éterniser le règne ; ouvrez-les à la Religion qu'il faut ressusciter dans quelques-uns, affermir dans plusieurs, entretenir dans tous.

C'est cette Religion qui a toujours fait le plus beau privilége de votre patrie. Qu'Agen oublie donc, un moment, les titres qui le distinguent de tant de villes ; cette antiquité reculée qui a bravé les siècles ; le second rang qu'elle occupait dans l'Aquitaine ; le premier qui lui appartenait au milieu d'un peuple antique et belliqueux (les Nitiobriges) ; ce ciel qui sourit toujours sur vos têtes ; cette terre qui s'embellit et se couvre de fleurs et de fruits sous vos pas, cette nature bienfaisante qui prodigue la fécondité et l'esprit à ses campagnes et à ses habitants. Agen trouve un titre plus glorieux et plus cher, il fut chrétien dès les premiers siècles du Christianisme et ce temple vénérable, digne monument de sa reconnaissance, atteste que saint Caprais lui donna et la foi et son sang. Leçon importante pour ses successeurs, exemple effrayant pour la nature, si, auprès de ces autels, il n'y ajoutait l'espoir de sa protection et de sa grâce.

Après lui, brille, comme une des plus vives lumières de l'Église gallicane, cet illustre Phébade, qui soutint d'abord à Rimini la foi avec tant de zèle, et ne paraît peut-être que plus grand par une chute dont il se releva avec tant de courage. Trompé, séduit, trop confiant, il signa comme tant d'autres une profession de foi captieuse et le monde fut étonné, dit saint Jérôme, de se trouver arien, mais il ne le fut pas longtemps.

Qu'un homme s'égare et tombe, rien de plus ordinaire ; qui osera le lui reprocher ? Qu'il revienne à lui et se relève, rien de plus glorieux : qui refusera de lui applaudir?

C'est ce que firent les saints Évêques des Gaules, qui, dans une lettre synodale aux Évêques d'Orient, reconnaissent leur erreur, raffermissent la foi et assurent leur propre gloire.

Le remède vint alors, comme aujourd'hui, de cette haute chaire, où le fondateur de l'Église l'a placé pour tous ses maux et pour tous les temps. Le centre de l'unité rapprocha et confirma les frères qui allaient se diviser : le fondement de l'Église soutint et raffermit cette foule d'Églises que la tempête faisait vaciller : la colonne de la foi restée debout et immobile au milieu de l'écroulement des pierres du sanctuaire, les aida à se rétablir : « Le grand nombre de tous « ceux qui s'étaient rassemblés à Rimini, dit un Concile de « Rome sous le pape saint Damase, ne put préjudicier à la « vérité, parce que le pontife romain, dont, avant tous, le « jugement devait être demandé, n'avait pas consenti ainsi « que les autres Évêques à ce qui s'y était fait. » *Neque enim præjudicium aliquod nasci potuit, ex numero eorum qui apud Ariminium convenerant; cum constet neque romanum episcopum cujus ante omnes expetenda fuit sententia, neque alios hujus modi statutis consensum aliquem commodasse* (Theodoretus; Hist. Eccl., lib. II, capit. XX).

C'est ce qui ne doit cesser d'arriver dans une Église éternelle; et ce que nous voyons de nos propres yeux. Exposés à la séduction, agités par l'orage, nous avons élevé nos mains vers ces montagnes saintes, vers cette chaire indéfectible que nous montraient les immuables promesses et les oracles infaillibles de J.-C. Ce Pierre immortel qui ne cesse d'y présider, a fait entendre sa voix : l'erreur fuit, la vérité brille, la tempête s'apaise, l'union renait, la Religion se relève et Phébade vit au milieu de nous.

De saints Évêques consolèrent vos pères de sa perte; mais au cinquième siècle leur succession est interrompue ou n'a laissé aucune trace. Elle reparaît pour s'éclipser encore du septième au dixième siècle et attester les ravages successifs des Goths et des Sarrasins.

Mais la Providence veillait sur vous, et vous envoyait comme aujourd'hui des héros, pour sauvegarder la patrie et la Religion. Quelle longue suite de guerres glorieuses, de victoires éclatantes, délivrèrent l'État de ses tyrans et l'Église de ses persécuteurs. La foi d'Agen sortait pure et brillante de ces cruelles épreuves, elle retrouvait sa ferveur avec la liberté ; elle n'était qu'éclipsée et non éteinte, et elle nous annonçait les merveilles dont nous sommes les heureux témoins.

Le bras du Seigneur n'est pas raccourci ; il vient encore de susciter un héros, qui ramène la Religion avec la victoire et la paix.

Lorsqu'elle se relève dans nos temples, renaîtra-t-elle aussi dans nos cœurs ? Imiterez-vous la fidélité de vos pères, pour les faveurs du Ciel ? Oui, sans doute, tout le promet, tout le prouve.

La pompe de cette solennité, le concours de tous les citoyens, l'accueil flatteur, et pour toujours gravé dans ma mémoire, que la Religion vient d'obtenir de vous, pour son faible ministre, me remplissent d'espérance et de consolation, comme de la plus vive reconnaissance.

Quels heureux garants, quels motifs de joie que de voir vos vigilants magistrats, les pères du peuple, environner les autels du Père commun des hommes, et venir apprendre à la source de toute paternité à être bienfaisants comme lui : que de voir ces guerriers intrépides, si redoutables à l'ennemi, si chers à la patrie, courber leurs fronts couverts de lauriers et rayonnants de gloire devant le Dieu des armées, et venir apprendre du Dieu de paix à n'employer la force et la victoire, que pour défendre et protéger.

Que de voir les défenseurs de vos droits, les pacificateurs de vos familles, les vengeurs et les organes des lois, les juges de vos différends et de vos actions, prosternés devant le Juge suprême qui élève son tribunal au fond des consciences et au plus haut des cieux, et venir apprendre la sagesse et l'équité de Celui qui assiste à leurs jugements, revisera leurs sentences et jugera les justices même.

Que de voir tous ceux qui au-dessus, ou au milieu de leurs frères, deviennent pour eux les canaux des faveurs du Ciel et des bienfaits du gouvernement, et sont des réservoirs publics de l'instruction ou des secours, venir eux-mêmes à la source des lumières et de tous les biens, puiser ceux qu'ils doivent répandre sur nous.

Que de voir les ministres de la Religion, qui ne sera plus un crime pour eux, rentrer dans ces temples où ils ne sont que pour vous bénir, monter à ces autels où ils ne cessent de prier pour vous, paraître dans ces chaires où ils doivent vous instruire et traiter avec vous de votre salut, et recevoir pour dédommagement de leurs peines le droit précieux de vous rendre de nouveaux services.

Que de voir enfin tous les citoyens inonder en foule nos sacrés portiques, remplir avec empressement la maison de Dieu, qui est aussi la leur ; et prendre possession de ces églises, où ils trouvent le pardon de leurs fautes, la consolation de leurs maux, des sources de grâces, les leçons de la vertu, les promesses et les moyens du bonheur.

Lorsque la Religion revient à vous, vous courez au-devant d'elle, et son retour est un triomphe. Ecoutez donc la première instruction qu'elle vous adresse, le vœu le plus ardent qu'elle forme, le grand commandement qu'elle vous prescrit : aimez-vous les uns les autres. Que les injures soient pardonnées, les divisions finies, les haines éteintes, les malheurs oubliés. Ne formons qu'une famille, soyons tous frères sous les yeux du Père commun. Que l'Église renaisse parmi nous, comme elle naquit autrefois, en ne faisant de la multitude des croyants qu'un cœur et qu'une âme. C'est à nous, ministres des autels, à en donner l'exemple. Notre première fonction est de répandre le feu sacré que Jésus-Christ apporta sur la terre et de faire régner la charité ! Elle doit être dans nos âmes plus que dans notre bouche ; et les esprits fussent-ils divisés, elle devrait rapprocher les cœurs; mais aujourd'hui, qu'à la voix du Père commun des chrétiens, comme au son des trompettes de Jéricho, tout mur de séparation est abattu, tout germe de division est extirpé ; aujourd'hui qu'entre les bras, dans le sein et l'unité de l'Église notre mère, nous sommes unis, nous nous sommes donné le baiser de paix, souvenons-nous que c'est à la charité, à l'amour mutuel, à ses preuves extérieures et sensibles, que les hommes nous reconnaîtront pour les disciples du Sauveur et qu'il nous reconnaîtra lui-même au jour des châtiments et des récompenses.

Heureux, mes Frères, d'avoir à vous porter des paroles de paix et d'union, je ne viens au milieu de vous que pour être l'apôtre de la charité ; et mon ministère sera rempli si je vous engage à vous aimer tous. C'est l'abrégé de la loi et des prophètes, c'est l'esprit et l'essence du Christianisme, c'est l'unique remède des maux passés, l'unique moyen de la tranquillité actuelle, l'unique source des dédommagements à venir : c'est le devoir et le besoin de la vie présente, c'est la récompense et l'occupation de la vie future : c'est notre bonheur dans le temps et dans l'éternité : aimez-vous donc les uns les autres. Ainsi soit-il.

Le jour même de cette installation (dimanche 17 octobre 1802) fut chanté, après la cérémonie, un *Te Deum* solennel, en actions de grâces pour les sénatus-consultes du 15 août, 27 thermidor. Le matin, Monseigneur donnait, à ce sujet, ce mandement si remarqué alors pour sa sagesse et son économie ; étude profonde et historique des intérêts de la société et de la patrie.

SERMENT DU CLERGÉ.

L'ordonnance de la Réorganisation, du 13 octobre 1802, disait, article 8 :

« L'institution canonique ne sera délivrée qu'après la prestation du serment prescrit par le Concordat. »

« Le nouveau clergé, organisé d'après les arrêtés du gouvernement, a été installé le 20 octobre 1803 par Mgr Jacoupy,

Évêque. Les curés ont prêté serment sur l'Évangile, en présence du Prélat et des autres autorités, dans l'église Saint-Caprais, qui, à l'avenir, sera la Cathédrale et portera le nom de Saint-Étienne, patron du diocèse. »

A cette époque de transition, de gouvernements divers, le serment avait sa raison d'être, aux yeux du nouvel ordre de choses, envers des prêtres de différents régimes.

Cependant cette mesure put arrêter de très dignes ecclésiastiques, au moment d'accepter un titre ecclésiastique ; nous en avons entendu se louer de n'avoir jamais prêté aucune espèce de serment.

Plusieurs fidèles partageaient les scrupules des bons prêtres, à l'endroit d'un serment quelconque.

Nous avons connu un ancien juge-mage, chrétien pieux, qui se laissait dépouiller de son droit devant le tribunal, plutôt que de l'établir par un serment très légitime.

Un paysan aveugle, dans la force de l'âge, du village de la Pagésie, paroisse de Penne, réglait avec sa sœur la succession de leur sainte mère, la plus belle âme, disait M. Besse, entre toutes les âmes d'élite. Cette excellente catholique ne perdait jamais de vue la présence de Dieu, au milieu de ses travaux incessants des champs ou du ménage.

Le notaire, selon la loi, demanda au paysan le serment requis sur l'exactitude de sa reddition de comptes : sans répondre, le scrupuleux chrétien disait à sa fille de sept ans qui dirigeait sa marche : « Petite, mène-moi chez M. le curé. » Il expose son cas, et M. Besse le rassurant sur la légitimité de la demande : — Pourtant, M. le curé, vous, vous avez préféré l'exil, et n'avez pas voulu accepter le serment. — M. le curé, quoique édifié, expliqua la différence, et l'acte actuel de Religion qu'il pouvait et devait accomplir.

Le brave chrétien obéit avec la docilité d'un enfant.

Dans cette installation du nouveau clergé, avant la prestation du serment, le 20 octobre 1803, Monseigneur adressa à tous ses prêtres, le discours suivant, afin d'amener l'unité, et de calmer les scrupules dans quelques consciences timorées.

DISCOURS DU PRÉLAT.

Le serment qu'on exige de vous, N. T. C. F., est un hommage éclatant rendu à la Religion, et une preuve honorable de confiance donnée à ses ministres. Avec quelle satisfaction ne devons-nous pas voir le gouvernement appeler l'auteur de la nature, de la Religion et de la société : le placer entre lui et les hommes qu'il doit diriger ; en faire le lien des membres de l'Etat, le regarder comme le motif de l'obéissance, le garant de la fidélité et le soutien des lois, la source de l'ordre et de la tranquillité publique, et donner pour base à la société la main même de Dieu.

Avec quelle satisfaction et quelle reconnaissance ne devons-nous pas voir le gouvernement, après tant d'orages, obligé à tant de précautions, entouré peut-être d'ennemis des prêtres et entendant de toutes parts retentir encore ces préventions injustes qui nous reprochent jusqu'à nos malheurs et y trouvent des motifs de méfiance, de le voir, dis-je, pour dissiper toutes les craintes, pour se rassurer sur vos sentiments, pour vous confier l'exercice public d'un ministère qui a une si grande influence, ne demander que votre parole ; asseoir la confiance sur la conscience des prêtres ; pour prix du bien qu'il veut vous faire, se contenter de la promesse que nous ne lui ferons aucun mal, et lorsqu'il rétablit l'antique et ancienne alliance de la Religion et de l'État, exiger seulement que les mains destinées à l'une s'engagent à n'être point les ennemis des autres.

Venez donc, avec le religieux tremblement, le respect profond, la sincérité parfaite qu'exige le redoutable témoin dont vous appelez les regards et le nom saint que vous allez prononcer, venez prêter un serment consacré par l'usage de tant de siècles, par l'exemple de l'épiscopat français, par l'approbation du Chef de l'Église, un serment qui vous fait promettre ce que vous êtes d'avance obligé d'observer, qui ne met dans votre bouche que ce que la Religion a dû placer dans votre cœur.

Venez jurer obéissance et fidélité au gouvernement établi, comme les disciples de Celui qui vous ordonne de rendre à César ce qui est à César et qui nous apprend à reconnaitre César, non par les discussions de la politique mais à l'exercice de l'autorité ; non par l'examen contentieux et si embarrassé du droit qui exciterait tant de scrupules, d'incertitudes et de divisions, mais par l'inspection simple et facile du fait, unique moyen de pourvoir à la sécurité des consciences, aux besoins de la société, au repos du monde.

Soumettez-vous à la puissance qui gouverne, parce qu'il n'y a point de puissance qui ne vienne de Dieu. Notre soumission n'avait pas besoin de ses bienfaits, il nous suffit de son existence : *Qui autem sunt;* elle existe, Celui par lequel tout existe l'a donc établie : *A Deo ordinata sunt ;* c'est résister à l'ordre de Dieu que de résister la puissance et troubler la terre serait s'exclure du ciel.

Gardons-nous de supposer une autorité étrangère à la source de toute autorité, de soustraire la moindre chose à l'empire universel de la Providence et de croire qu'il puisse rien arriver sans l'intervention du Créateur dont la main n'abandonne pas un seul instant son ouvrage ; il est le maître naturel de la terre et des hommes parce qu'il les a faits : *Ego feci terram et homines;* il dispose en maître, il prête et retire à son gré la puissance qui n'est qu'à lui ; il distribue la terre à qui bon lui semble : *Et dedi eam ei, qui placuit in oculis meis.*

Soumettez-vous donc, nous crient de concert les prophètes et les apôtres ; soumettez-vous pour l'intérêt de la société, le bonheur des peuples, unique but de tout gouvernement, unique motif de l'autorité confiée à des hommes ; soumettez-vous aux instruments et aux délégués de la Providence, aux desseins adorables, aux volontés particulières du Seigneur : que les raisonnements et les recherches ne peuvent découvrir et qui ne se manifestent que par les événements. Venez promettre de n'avoir aucune intelligence, de n'assister à aucun conseil, de n'entretenir aucune ligue qui soit contraire à la tranquillité publique, et montrez-vous les imitateurs comme les héritiers et les enfants de ces premiers chrétiens, qui sous des gouvernements presque toujours tyranniques et souvent usurpés, qui sous le fer des persécuteurs et au milieu des révolutions, se glorifiaient par la beauté de leurs apologistes, de rester étrangers à tous les troubles, de ne prendre part à aucun mouvement, et défiaient de trouver un seul chrétien parmi ces conjurés et ces agitateurs sans nombre qui, sous le spécieux prétexte d'abattre la tyrannie, établissaient l'anarchie et la désolation.

L'empire alors à l'enchère se livrait au plus offrant, la révolte et le meurtre étaient les degrés du trône, et l'autorité suprême appartenait à quiconque daignait s'en servir et savait la conserver quelques instants. Essentiellement amis de la paix, conservateurs de l'ordre, prodigues de leur sang mais avares de celui des autres, les chrétiens, à travers les passions humaines et les terrestres vicissitudes, voyaient la main qui dirigeait tous les événements, et dans la personne des chefs passagers de l'État ils obéissaient au Maître qui leur donnait la puissance comme il leur avait donné la vie, qui les établissait empereurs comme il les avait fait hommes : *Inde eis imperator, unde et homo; aut inde imperator, unde potestas illi, unde et spiritus;* à celui sans lequel il n'est rien, par lequel tout est et auquel la foi apprend à rapporter tout : *Colimus imperatorem a Deo secundum, et quidquid est a Deo consecutum.* Nous en coûtera-t-il de suivre de si beaux modèles, d'imiter ces hommes admirables, nos pères dans la foi, et de ne pas dégénérer d'une si noble origine ? Ils étaient soumis aux puissances qui les accablaient de maux, tandis qu'aujourd'hui notre reconnaissance appelle notre soumission; ils vantaient leur fidélité inébranlable, malgré les lois barbares qui voulaient anéantir leur Religion, et pour prix de notre fidélité, on nous envoie rétablir et perpétuer la Religion. Ministres de cette religion sainte, de cette religion catholique, faite pour tous les temps et pour tous les lieux, indépendante du sort des empires à la destruction desquels elle doit survivre, propre à s'allier avec toutes les formes de gouvernement parce qu'il y a partout des âmes à sauver ; prêtres du Seigneur, les intérêts de l'Éternité sont remis entre vos mains ; ils absorberont sans doute vos pensées et vos sentiments ; tout occupés du ciel, vous ne vous mêlerez de la terre que pour la sanctifier. La politique doit vous être étrangère parce que la politique n'est pas le salut ; laissez les morts ensevelir leurs morts : laissez les hommes, perdus dans un point imperceptible du temps et de l'espace, se disputer des biens qui leur échappent sans cesse, et ne travaillez qu'à les consoler par l'espoir des biens infinis et de la perte et de la possession de tous ces fantômes de biens ; uniquement chargés du royaume de Dieu, soumis à ceux que Dieu a chargés des empires terrestres, notre glorieux partage se borne à les rendre paisibles et heureux, par la soumission à l'autorité, le ministre de l'ordre, le retour de la vertu et les promesses. du Ciel.

Ainsi soit-il.

INSTALLATION CANONIQUE

des Archidiacres et des autres membres du Chapitre capitulaire (20 octobre 1803), Jeudi, fête de saint Caprais, patron de cette église.

Cette cérémonie eut son cachet particulier et circonstanciel de catholicité ; les Églises de France, par l'intrusion des adhérents à la constitution civile du clergé, avaient rompu l'unité et se trouvaient en désunion avec l'Église de Rome, la mère et le centre de l'unité ; elles rentraient dans cette communion essentielle par leur soumission filiale aux envoyés de cette Église, aux élus légitimes du successeur de saint Pierre, son chef visible et le vicaire de Jésus-Christ le chef et le pasteur invisible de l'Église universelle.

C'est en cette qualité que le nouvel Évêque avait pris possession de l'Église d'Agen, réédifiée, érigée de nouveau et circonscrite par le Souverain Pontife, Pie VII.

Les formules gouvernementales, réglées par l'autorité ecclésiastique et civile, étaient remplies. Les paroisses étaient délimitées, les pasteurs choisis et agréés, le serment exigé venait d'être prêté : Mgr Jacoupy, en vertu des lettres apostoliques du 29 novembre 1801, du décret de Son Éminence Mgr Caprara, légat *à latere* du Saint-Siége, du 9 avril 1802, établissait le premier corps de son Église, son Chapitre capitulaire, dans l'église de Saint-Caprais, dont il faisait son église cathédrale, en vertu du décret apostolique du 10 novembre 1802.

Lui seul, en ce moment, se trouvait hiérarchiquement reconnu et approuvé : lui seul était le chaînon rattaché à la pierre angulaire ; lui seul était, dans ce diocèse, la source de tout pouvoir et de toute mission juridique.

Chargé du soin de former son Chapitre, investi du pouvoir d'en nommer les membres, de l'aveu du gouvernement qui avait sanctionné son ordonnance générale, le 30 floréal an XI, Sa Grandeur le composa de dix membres, dont les deux premiers étaient ses vicaires-généraux, qu'il faisait archidiacres du diocèse : parmi les huit autres membres, il nommait, selon les saints canons, un théologal et un pénitentier : le curé de la Cathédrale et le supérieur du Séminaire prenaient rang parmi les chanoines, selon les statuts approuvés par le gouvernement.

Il nommait des chanoines honoraires et des bénéficiers pour donner plus de décence et d'éclat au service divin.

Son vaste diocèse se composait des anciens diocèses d'Agen et d'Auch, de fractions des diocèses de Bazas, de Condom, de Lectoure, de Montauban, de Cahors, de Sarlat et de Périgueux ; il fit choix de ses coopérateurs, parmi les ecclésiastiques de toutes les parties diverses sur lesquelles s'étendait sa juridiction, comme le témoigne le tableau de son ordonnance, soit pour ses archidiacres, ses chanoines titulaires ou honoraires, soit pour les curés et les recteurs.

C'est de lui qu'ils reçurent tous leur installation et leur investiture canoniques et, par ses délégués, tous les prêtres, dans leurs paroisses respectives.

Une ordonnance épiscopale du 4 novembre 1845 modifiait le costume de chœur donné au Chapitre, dans cette installation canonique. Au retour à la liturgie romaine, au Concile de

Bordeaux, on convenait d'un costume commun à toutes les Cathédrales de la province, et chacune gardait ou modifiait à son gré. Au milieu de ces adoptions diverses et *privées*, le Chapitre d'Agen revenait au costume simple et canonique de sa réorganisation du 20 octobre 1803. Mais sa simplicité contrastait avec les décors de tous les habits de chœur, dans la province, et généralement dans toutes les autres églises épiscopales. Mgr d'Outremont, dans sa visite ad limina, de décembre 1872, obtenait de Sa Sainteté l'autorisation *vivâ voce*, de mettre en vigueur l'ordonnance de son prédécesseur, du 4 novembre 1845. Sa Grandeur obtenait en outre un bref apostolique, accordant à ses chanoines titulaires l'insigne faveur de porter sur leur camail, suspendue à un ruban en sautoir, une croix émaillée, à l'effigie des saints patrons de sa cathédrale, saint Etienne et saint Caprais. *(Bref du 24 décembre* 1872.)

Le Chapitre a inauguré le nouveau costume sanctionné par la concession apostolique, et la croix spécifiée dans le bref et reçue de la munificence de son Évêque, le 13 avril 1873, solennité de Pâques.

En présence de tout le clergé, qui venait de prêter le serment entre ses mains, et des autorités et d'un concours nombreux de fidèles, Monseigneur, après avoir célébré la sainte Messe, procéda lui-même à l'installation et à l'investiture des membres qu'il avait choisis pour former, selon le langage des saints Canons, son sénat et son conseil, les coopérateurs immédiats et les assistants de son administration et de son auguste ministère.

MM. Armand-Joseph de Rangouse de Beauregard, ancien vicaire-général d'Agen, élu pour son premier vicaire-général et son premier archidiacre,

Jean-Fris Rous, du diocèse d'Auch, son second vicaire-général et archidiacre, se présentèrent devant lui, tenant sur leurs bras, leur rochet et leur mosette. Monseigneur les en revêtit lui-même, après la lecture des lettres canoniques de leur nomination, les conduisit au pied de l'autel, où, après une inclination profonde, il les fit monter, pour en baiser la pierre sacrée et chanter, au coin de l'Epître, l'oraison du patron, de saint Etienne, patron du Chapitre et de son diocèse ; les ayant ramenés à son siége, il les fit asseoir, l'un à sa droite, l'autre à sa gauche.

La prise de possession des chanoines titulaires se fit dans le même ordre et la même forme. Seulement, après lecture des lettres de nomination, Monseigneur, après les avoir revêtus lui-même de leurs insignes de chœur, délégua son second grand-vicaire pour les conduire à l'autel et à leurs places, selon l'ordre de leurs rangs.

La cérémonie des chanoines honoraires eut lieu, le dimanche suivant ; ils se présentèrent dans la chambre capitulaire, devant les archidiacres et les chanoines titulaires, canoniquement assemblés. Ils remirent leurs lettres de nomination dont on prit connaissance, et se revêtirent de leur rochet. Le Chapitre délégua un de ses membres qui les conduisit au chœur où siégeait le Prélat ; Monseigneur les revêtit lui-même du camail, et le commissaire les accompagna à l'autel et à la place qui leur était réservée dans le chœur.

Les bénéficiers furent introduits dans le chœur où on leur fit prendre place.

Les chanoines honoraires d'Auch étaient présents, en petit nombre.

Cette double cérémonie eut, dans cette circonstance, une impression particulière. Ces formes, ces détails, l'action personnelle du pontife légitime faisaient comprendre aux fidèles le caractère catholique de leurs pasteurs, la nature et la source de leur mission et de leur dignité. Du siége de leur Église respective, ils remontaient jusqu'au siége apostolique de cette Église Romaine, la mère et le centre de toutes les Églises ; de cette chaire de leurs pontifes, jusqu'à la chaire, méconnue par l'intrusion, d'où la voix de Pierre, toujours vivant dans ses successeurs, venait de restaurer et de consacrer de nouveau la mission divine du sacerdoce catholique.

Toutes les paroisses de ce vaste diocèse rentrèrent dans la même unité, par l'installation de leurs pasteurs, confiée à des commissaires délégués à cette fonction par le premier Pasteur de leurs âmes.

Nous avons à cœur de transcrire à cette occasion le trait si honorable pour la mémoire de M. Rous, le second vicaire-général et le second archidiacre, que venait d'installer en personne Mgr Jacoupy. Nous l'avons raconté dans la notice de M. Besse.

Quelques curés de canton n'acceptèrent pas le privilége d'installer les succursalistes de leur archiprêtré.

En allant recevoir son titre et les dernières instructions de son Évêque, M. Besse, nommé à Fumel, entendit, avec quelque répugnance, l'injonction conciliante de son supérieur qui l'invitait à procéder lui-même à l'installation des confrères de son canton : « Je serais forcé de faire des exceptions ; puisque l'ordonnance de Monseigneur m'en donne la latitude, je laisserai à chacun le soin de son installation »: et M. Besse motivait son abstention sur la présence, dans quelques succursales de Fumel, de prêtres assermentés. — « J'ai failli comme eux, répliquait vivement M. Rous, et Monseigneur vient de vous donner, en votre présence, l'exemple de l'oubli et de la conciliation, en me prenant et m'installant pour son vicaire-général. »

Je fus bien édifié, disait plus tard M. Besse, mais je ne me rendis pas à son invitation ; parce que l'erreur de M. Rous n'avait duré que quelques jours et qu'après l'avoir solennellement rétractée, il était passé en Espagne. Tandis que ceux qui m'inspiraient de la répugnance s'étaient obstinés dans leurs principes et ne voulaient entendre à aucune démarche de rétractation.

En exécution de son Mandement, en date du 1ᵉʳ juillet 1806, Monseigneur présida, dans sa Cathédrale, l'installation de la fête solennelle, ordonnée pour le 15 août, et prononça le discours suivant, dont le *Journal officiel* rendait le compte élogieux que nous avons signalé.

15 Août 1806.

SUR LE RÉTABLISSEMENT DE LA RELIGION EN FRANCE.

Quis novit utrum idcirco ad regnum veneris, ut in tali tempore parareris.

Qui sait si vous n'êtes point parvenu au trône, pour nous secourir dans nos besoins présens.[1]

C'est là le sentiment qu'inspire aux hommes animés de la foi le dogme d'une providence souveraine, générale et paternelle, qui dirige tous les évènemens et s'intéresse à notre bonheur.

Lorsqu'assailli des plus grands dangers, le peuple de Dieu touchoit à sa perte et se trouvoit à la veille d'une destruction totale, le vertueux Mardochée regardoit l'élévation imprévue d'Esther, comme une ressource ménagée par le Seigneur. Sa confiance fut couronnée par le succès, qui lui prouva qu'Esther avoit été élevée sur le trône pour délivrer son peuple : *Quis novit utrum* etc.

Lorsqu'éprouvant des malheurs semblables, la France au fond du précipice avoit perdu le repos et la foi, et se débattoit dans les convulsions d'une douloureuse agonie ; peut-on douter que la Providence n'ait suscité l'homme, qui conçoit le dessein de la sauver, et qui l'exécute avec une promptitude admirable et une facilité merveilleuse? Peut-on douter que le trône où il s'élève ne soit le moyen et la récompense du rétablissement de la Religion : *Quis novit utrum idcirco*, etc.

Lorsqu'en ce jour, Marie est élevée, non sur un trône périssable toujours à côté du tombeau, mais sur un trône immortel, où au-dessous de son fils seul, elle règne sur les anges et sur les hommes ; ce n'est pas pour elle seule qu'elle est revêtue de tant de gloire, enivrée de tant de

---

[1] *Esther*. 4, 14.

bonheur ; c'est aussi pour la gloire de l'Église et pour le bonheur de l'univers : *Quis novit utrum idcirco*, etc.

Ainsi la Providence multiplie autour de nous les canaux de ses grâces. Elle voudroit associer toutes les créatures à son amour, et les rendre toutes des instrumens de sa miséricorde. Que notre reconnaissance éclate donc en ce jour. Nous ne recevrons pas avec indifférence le bienfait inestimable de la religion ; mais nous bénirons de son rétablissement le Dieu qui daigne nous la rendre, et, nous n'en doutons point, par la protection de Marie : **Ave Maria.**

De tous les maux, dont le souvenir récent nous effraye encore, celui qui doit surtout nous occuper, c'est la perte de la religion, parce qu'il est non seulement le plus grand de tous, la véritable cause de tous les autres, et ce malheur étoit depuis longtemps préparé parmi nous.

C'est la condition du royaume de J.-C. sur la terre d'être en butte aux contradictions :[1] *signum cui contradicetur.* Sa religion en apportant la paix a de toutes parts trouvé la guerre. Le monde la hait, l'indolence la craint, la corruption la déteste, l'orgueil la méprise, toutes les passions la combattent. Pendant plusieurs siècles, elle a été environnée de bourreaux, qu'ont remplacés les sophistes. Elle a triomphé de toutes les attaques, et les attaques se renouvellent sans cesse pour lui procurer de nouveaux triomphes. La persécution est la promesse, l'héritage que lui laisse son divin fondateur ; la souffrance est l'épreuve de sa vertu, le moyen de sa gloire ; la mort est la récompense de son zèle et l'objet de ses désirs.

Le dernier siècle a vu se ranimer les tempêtes à travers lesquelles l'Église avance vers le port du salut. Une conjuration de faux sages, trop semblables à ceux qui entraînèrent la perte de la Grèce et de Rome, a déployé contre la religion la haine la plus active, et armé tous les sophismes et toutes les passions.

Depuis longtemps les chaires de vérité alarmées prédi-

---

[1] *Luc.* 4, 34.

soient clairement les malheurs qui devoient en être la suite inévitable. Dès que leurs prédictions ont été accomplies, au milieu des ruines sur lesquelles nous gémissions, la prétendue philosophie s'est vantée de son ouvrage et a réclamé la gloire de nos malheurs. Les artisans de nos maux publioient hautement que pour réformer l'État à leur manière, il falloit anéantir la religion, et que pour bouleverser la France, il falloit la *décatholiciser* : car de nouvelles expressions étoient nécessaires pour des attentats inouïs, qui ont été exécutés d'autant plus aisément qu'on les croyoit moins possibles ; et afin qu'on ne pût se méprendre sur les vrais auteurs de nos maux, on a vu les cadavres des plus fameux ennemis de la religion retirés de l'obscurité de leurs tombeaux, pour recevoir les honneurs du triomphe, de l'apothéose, et venir remplacer dans nos temples le Dieu qu'on en avoit chassé.

Leurs funestes leçons avoient séduit les grands, les riches, les heureux du siècle, fatigués d'un joug et d'une morale qui comprimoit leurs désirs, plaçoit le remords à côté de leurs jouissances, et prêchoit le renoncement au sein de la prospérité. De pareils exemples devinrent contagieux. Le poison préparé avec art, répandu avec profusion, infecta toutes les classes ; et lorsque le ver rongeur de l'incrédulité eut attaqué la société au cœur, tout s'écroula. L'autel ébranlé fut bientôt entouré de ruines, et entraina l'État dans sa chûte.

Ainsi fut vérifié ce que tous les législateurs sans exception avoient hautement reconnu ; ce que l'exemple de tous les peuples avoit sans cesse démontré, ce que la conscience du genre humain avoit toujours fait profession de croire ; que la religion est le fondement de la société.

Nous n'avions pas voulu recevoir la leçon des siècles, nous recevrons celle de notre propre expérience ; car nous avons vu enfin ce que c'est qu'une société sans religion, et nous demeurerons convaincus que Dieu seul peut tirer du néant et soutenir au-dessus du chaos la société, comme la nature.

Des hommes audacieux ont osé prendre sa place, repousser sa main divine et lui substituer leurs propres mains. Pour se venger, Dieu n'a eu besoin que de les laisser faire. La plus terrible réfutation des vains systèmes de la sagesse humaine a été leur exécution. Elle a voulu se passer de Dieu; Dieu a détourné un instant sa face, et tout est tombé dans la confusion et le trouble; la société entière, comme un simple mortel, est retournée à sa poussière originaire : *Avertente autem te faciem turbabuntur, deficient et in pulverem suum revertentur.*[1]

Dès que le lien de la religion qui resserre et sanctifie tous les autres se fut relâché au fond des cœurs, tous les liens ont été promptement brisés. Cette clé de la voûte ébranlée, rien n'a tenu, un édifice de quatorze siècles, un trône environné de tant de gloire, objet de la jalousie des autres nations et de l'idolâtrie de son peuple, a été renversé par un souffle. Chaque père a été détrôné dans sa famille, où l'égalité a brisé son pouvoir, outragé sa tendresse et fait révolter ses enfants. Les époux sont devenus étrangers l'un à l'autre. Les hommes, que la religion aspire à rendre tous frères, ne se sont vus que comme des ennemis, respirant le carnage et acharnés à leur mutuelle destruction. Le meurtre d'un innocent étoit une fête publique ; et l'idole de la multitude passoit à ses acclamations de l'autel sur l'échafaud. Rien n'a été sacré, ni propriété, ni honneur, ni vie, ni lois, ni vertus, ni nature, lorsque la religion a cessé de l'être. Et cette anarchie sanglante, cet épouvantable chaos a été le résultat de tous les efforts, le chef-d'œuvre de toutes les spéculations d'hommes habiles, mais incrédules, qui vouloient travailler sans Dieu. Abattant la religion d'une main, et s'efforçant de l'autre de soutenir l'Etat, ils n'ont élevé que des ruines et ont éprouvé qu'on ne peut conserver un édifice dont on arrache le fondement.

Parlerons-nous, N. T. C. F., des funestes tentatives faites dans ces jours de deuil contre la religion de nos pères, et

---

[1] *Psal.* 103-29.

qui ne durent leur succès qu'aux mauvaises dispositions de nos cœurs, où la foi étoit languissante, la charité éteinte, la morale négligée. On commença comme Julien, on finit comme Néron.

Le temple de Jérusalem fut consumé par un tison qu'y jeta un soldat malgré la défense de Titus. Nous avons vu de même le brandon de la discorde jeté dans le sanctuaire avec l'intention de le détruire. On divisa la tribu de Lévi, pour l'affaiblir et pouvoir ensuite l'éteindre entièrement. Les enfans furent soulevés contre leurs pères; les frères furent désunis; l'Église de France vit rompre ses liens avec la chaire éternelle; et il faut bien que les ruisseaux tarissent, quand on les sépare de la source.

Les lévites, ainsi divisés dans le temple, furent bientôt après réunis dans les prisons et sur les échafauds; et Dieu lui-même fut poursuivi et proscrit bientôt après ses ministres. Ses images furent profanées, ses autels détruits, ses solennités interdites, son nom même puni comme un crime, et partout effacé comme un opprobre. A sa place, des idoles de chair s'élevèrent dans les temples, et au milieu du peuple très chrétien, l'encens fuma devant Vénus placée sur le tabernacle destiné à l'Agneau sans tache, à l'Époux des vierges, au Dieu de pureté.

Engourdie par une stupeur qui ressembloit à la mort, ou agitée par des fureurs qui représentoient l'Enfer, la nation consacra tous ses temples à sa propre raison, lorsqu'elle éprouvoit tous les accès du délire et de la frénésie.

Tant d'excès firent rougir leurs auteurs mêmes; ils s'efforcèrent en vain d'oublier Dieu, à force de l'outrager; ils le retrouvoient toujours dans leur cœur. Ils ne purent réussir à se rendre athées, à s'assimiler aux brutes; et je ne sais quelle force inconnue, quel sentiment intérieur arracha du fond de leur conscience l'aveu de l'existence de l'Être suprême et de l'immortalité de l'âme. Mais crainte que ces idées inspirées par la nature et conservatrices de l'ordre ne ramenassent à l'antique et vraie religion, ils inventèrent des religions nouvelles fabriquées de main d'hommes, et souillèrent nos églises par un simulacre de culte sacrilége, où tout étoit bon, excepté ce que Dieu avait établi.

Voilà, N. T. C. F., l'état où la religion se trouvoit parmi nous. Personne n'eut osé alors croire à la possibilité de son rétablissement. Ses foibles ressources diminuoient chaque jour. Ses ministres, dont la prédication seule entretient la foi, dont les fonctions sont nécessaires au salut des âmes, ses ministres périssoient en foule dans l'exil, les ténèbres et les cachots, moissonnés par le fer, l'âge, la contagion et la douleur. Ils ne se renouvelloient pas, et avec eux périssoit jusqu'à l'espérance. Quelques années de plus, et tout étoit perdu sans ressource.

Tout à coup un homme conçoit le dessein de prévenir ce malheur, et seul entreprend de réparer tant de désastres. Parlons plus exactement, N. T. C. F., c'est la Providence qui a suscité cet homme. Nous n'ôterons rien à la reconnoissance que nous lui devons, en la faisant remonter jusqu'au Ciel, et sa gloire n'en sera que plus pure, lorsqu'elle lui viendra de Dieu même, qui en a fait son instrument, et qui seul est le propriétaire et le distributeur de la gloire.

Cet homme extraordinaire entre dans le monde le jour où Marie entre au Ciel et en attire une rosée abondante et féconde de grâces; en recevant de la terre le don précieux d'une mère, le Sauveur prodigue en retour ses faveurs à la terre; et la France, plus spécialement consacrée à Marie, en éprouvera une protection spéciale.

Napoléon naît, et Dieu écrit dans son cœur : Tu délivreras mon peuple, tu rétabliras ma religion. Le pressentiment de cette haute destinée semble le diriger dans toute sa conduite. Les prêtres étoient persécutés et bannis; dans une terre étrangère, il accueille, il protége les prêtres, et conserve ces pierres vivantes et dispersées du sanctuaire qu'il devoit rebâtir. L'impiété régnante vouloit anéantir la chaire de Pierre; il fait avec elle un traité de paix, et la terreur de tant de nations ne se montre aux yeux de Rome que comme pacificateur. Si, en son absence et dans son éloignement, le trône pontifical est renversé, il réparera l'honneur de la France s'acharnant contre un vénérable vieillard, et insultant toute la chrétienté dans la personne de son auguste chef. Il honorera les cendres du martyr, qui par sa mort a sanctifié la terre de sa captivité et obtenu grâce pour ses persécuteurs, et qui, dans son tombeau placé auprès du trône qu'il a illustré, sera le modèle de ses successeurs.

Vous savez, Nos Très Chers Frères, comment cette chaire éternelle fut reportée à Rome. Dieu appelle de loin des nations hérétiques, des nations schismatiques, ennemies de son Église, et les charge du soin de relever le trône de ses Pontifes. La réussite est aussi rapide que l'ordre est extraordinaire. C'est l'unique succès de tant de coalitions formidables; et pour prouver qu'elles étoient envoyées pour cela, elles n'ont pu faire autre chose.

Ce prodige nous prépare à ceux qui nous sont réservés. Le Dieu qui est le maître des moyens, et qui tient dans ses mains tous les cœurs et tous les êtres, s'est servi de plusieurs nations réunies pour rétablir l'ordre dans un petit État; il n'a employé qu'un homme seul, pour le ramener dans un vaste empire.

Les trompettes retentissent autour de Jéricho et ses murs sont renversés. Douze pauvres pêcheurs sont envoyés à la conquête du monde, et le monde est soumis. Des obstacles sans nombre, des obstacles en apparence insurmontables s'opposent au retour de la religion en France; un homme repousse d'une main une foule d'ennemis et relève de l'autre les autels. Un homme seul, à peine revêtu d'une autorité passagère dans un poste glissant où personne n'a pu tenir; sur un volcan fumant encore qui menace de nouvelles éruptions; n'ayant rien à attendre des amis de la religion sans espérance, sans pouvoir, comprimant dans leur sein leurs gémissements et leurs désirs; ayant tout à craindre des ennemis de la religion, qui venoient de donner de si grandes preuves de leur audace effrénée et de leur puissance presque sans bornes; au milieu des ruines de cette religion éplorée, bafouée, proscrite, et des chants de triomphe que faisoient entendre ses destructeurs; un homme seul s'adresse au Souverain Pontife. Dans le secret de leur négociation, ils se disent : il n'y a plus de religion en France, rétablissons-y la religion, et la religion y est rétablie. Comment cela s'est-il fait, Nos Très Chers Frères? Tout ce que je puis vous dire, c'est que Dieu l'a voulu et que cela s'est fait : *Dixit et facta sunt.*

Qu'étions-nous il y a peu d'années? Que sommes-nous aujourd'hui? et comment avons-nous subitement passé d'une extrémité à l'autre? Comment du milieu des ruines, de l'anarchie, du schisme, de l'idolâtrie, de l'athéisme, nous trouvons-nous transportés, comme par enchantement, au sein de l'ordre, d'un gouvernement régulier, et de l'Église catholique? C'est votre main, ô mon Dieu, qui a fait ce prodige. Sans cesser d'être chrétien et même raisonnable, on ne peut l'y méconnoître : *Ex endisti manum tuam :*[1] Vous êtes le conducteur de cette grande entreprise ; c'est à votre seule miséricorde que nous devons notre délivrance : *Dux fuisti in misericordia tua populo quem redemisti* : et avec une force d'autant plus merveilleuse qu'elle ne paroit point, et par un seul acte d'une volonté toute puissante, du sein de la mer Rouge, d'une mer de sang, du milieu des déserts et des débris d'une religion proscrite, vous nous avez portés entre vos bras, dans la Terre promise, dans vos temples relevés, dans votre église sainte, où vous habitez de nouveau avec nous : *Et portasti eum in fortitudine tua ad habitaculum sanctum tuum.*

Avant l'événement, Nos Très Chers Frères, nous n'aurions pas osé nous le promettre, et nous aurions reçu avec transport la moitié des biens dont nous jouissons. Après l'événement, comme si ces biens nous étoient dus, et que Dieu fût obligé envers nous à quelque restitution, nous calculons froidement les avantages qui nous sont rendus ; nous osons disputer avec Dieu sur leur plus ou moins d'étendue, et sur la manière dont il a voulu nous les rendre. Ingrats! la re-

---

[1] *Exod.* 15.

connoissance est donc, pour notre cœur, un accablant fardeau? Afin de nous en décharger, si j'ose le dire, nous cherchons des torts à notre bienfaiteur, des défauts à des grâces; et si nous analysons nos murmures, nous reprochons à Dieu même de n'avoir pas accommodé ses bienfaits à nos goûts.

Mais quoi! ne vous a-t-il pas rendu tous les moyens, toutes les facilités de vous sauver? Est-il un secours essentiel de la religion qui vous manque? Tous les canaux des grâces ne sont-ils pas rouverts pour vous? Une seule des sources du Sauveur s'est-elle tarie? Y a-t-il encore des persécuteurs qui bannissent les médecins de vos âmes et vous ferment les temples? qui se placent entre votre Dieu et vous? qui vous défendent de chanter hautement ses louanges, de célébrer ses solennités, d'environner ses autels? qui vous empêchent d'être publiquement et impunément vertueux et chrétien? et ces biens ne vous suffisent pas? Quand aucun bien ne vous est dû, quand vous êtes le premier exemple d'un peuple, qui ayant eu le malheur de proscrire sa religion, a eu le bonheur d'y revenir; quand vous êtes la seule nation, que Dieu n'ait pas punie par un abandon total du crime de l'avoir rejetté!

Mais, direz-vous, la religion n'a pas repris son ancien éclat, ses temples sont dépouillés, ses ministres sont dans le dénuement, en petit nombre, et l'espoir de les voir s'accroître est fort incertain. Oui sans doute, Nos Très Chers Frères, il manque bien des choses; mais rien de la part de Dieu, et tout de votre part. Dieu a achevé son ouvrage, et vous n'avez pas commencé le vôtre. Car vous devez aussi mettre la main à l'œuvre, concourir au rétablissement de la religion; et ce qui manque, c'est ce que vous êtes obligés et ce que vous refusez de faire.

Oubliant ses injures, Dieu revient habiter parmi nous; mais c'est à vous à préparer, à orner l'habitation qu'il daigne accepter. Il vous envoie ses ministres, pauvres comme les apôtres, mais avec le même droit que les apôtres de vivre de l'autel; c'est à vous à les nourrir; et le prix du travail est dû par ceux pour qui l'on travaille. Dieu a rétabli sans vous sa religion dans les temples; il ne la **rétablira** pas malgré vous dans vos cœurs. Si vos âmes se ferment, lorsque les églises se rouvrent; si vous envenimez sans cesse des blessures que la religion venoit cicatriser; si lorsqu'elle éteint le schisme, vous paroissez vouloir le ranimer, et vous excitez de nouvelles divisions ; si lorsqu'elle veut vous détacher des biens de la terre et vous dédommager par des biens éternels, vous n'avez des regrets et des affections que pour ce qu'elle voudroit vous faire mépriser; si lorsqu'elle pardonné, lorsqu'elle ne prêche qu'oubli, union et charité, vous conservez la haine, vous fomentez le ressentiment, vous respirez la vengeance ; il est bien certain qu'en vain la religion aura été rétablie ou plutôt qu'il n'y en aura que l'extérieur et l'ombre. Lorsqu'elle revient à vous, courez au devant d'elle, ouvrez-lui vos cœurs, et dès qu'elle y aura ranimé la vertu, la piété, la ferveur, rien ne manquera et le rétablissement de la religion sera parfait.

Notre reconnoissance, Nos Très Chers Frères, nous procurera cet avantage. C'est en remerciant Dieu de ses premiers bienfaits qu'on en obtient d'autres ; et profiter des grâces, c'est en mériter de nouvelles. Cette reconnoissance n'oubliera point Marie ; Marie, qui au pied de la croix nous a enfantés avec d'inexprimables douleurs, à laquelle nous n'en sommes que plus chers, et dont le cœur maternel a dû si vivement compatir à nos maux ; Marie, vers laquelle toutes les âmes vertueuses ont tourné les yeux dans leurs afflictions et qui a été si ardemment invoquée pendant nos troubles; Marie, à qui l'Église attribue la destruction de toutes les hérésies, et l'honneur de toutes les victoires remportées sur l'erreur : *Cunctas hæreses sola interimisti in universo mundo* ; Marie, dont les véritables serviteurs ont appris par une longue et heureuse expérience que sa puissance et sa tendresse n'ont pas de bornes, qu'elle est le canal de toutes les grâces et le refuge de tous les malheureux ; Marie, à qui la France appartient par une consécration particulière, qui n'a pas voulu perdre cette précieuse portion de l'héritage que son fils lui a donné, et qui, comme son fils, célèbre son entrée dans le Ciel par les dons qu'elle répand sur la terre. C'est le jour de son triomphe que la France lui a été rendue, et que sur la chaire de Pierre a été scellé le traité de paix, qui nous fait retrouver nos tendres mères, Marie et l'Église.

Un des avantages que nous procure le rétablissement de la religion, auguste Mère de Dieu, c'est d'être encore vos enfans, de pouvoir publiquement vous appeler notre mère, et renouveler le vœu par lequel la France entière se consacra à votre service. Nous ratifions cette consécration solennelle ; Marie, reprenez possession de votre bien, reconnoissez-nous comme vos serviteurs ; aidez-nous à remercier votre fils de ses bienfaits, aidez-nous à y correspondre. Nous nous donnons à vous afin que vous nous donniez à lui, que par votre protection, il aime toujours cette France qui est à vous : *Amet tuam Galliam;* qu'avec son autorité il communique sa justice au héros qui la gouverne : *Regi det justitiam;* qu'il donne au peuple la vertu, le bonheur et la paix : *Plebi pacem supplici ;* un héros vient de nous la donner ; il sait commander à la paix comme à la victoire ; son génie achève ce qu'a commencé sa valeur ; chaque jour ajoute à la reconnoissance que nous lui devons et augmente le bonheur qu'il prépare à la France.

Vierge sainte, rendez éternels des biens que toute la puissance de l'homme ne peut procurer qu'en passant, et obtenez-nous surtout cette paix que le monde ne peut donner, cette paix qui nous réconcilie avec Dieu, avec nos frères, avec nous-même ; et qui sera consommée dans le Ciel où vous régnez et où vous appelez tous vos enfans. C'est le bonheur que je vous souhaite au nom du Père, et du Fils et du Saint Esprit. Amen.

LA CHAPELLE NOTRE-DAME DU BOURG.

Cette église est la plus ancienne d'Agen, comme le prouvent sa construction et le soubassement de son sol, au dessous du niveau du sol actuel de la ville. C'était la chapelle du Bourg de l'ancien Agen, avant que la ville se portât du midi au nord vers Saint-Caprais et Sainte-Foi. Ruinée par les Sarrasins et surtout par les Normands, comme tout l'ancien *Agennum*, N.-D. du Bourg fut reconstruite sur ses anciens fondements et reçut les premières formes ogivales de ses fenêtres à lancette et de ses voutes.

Dans cette église se trouve, au midi, la chapelle Notre-Dame de Grâce.

La dernière année de sa vie, Mgr Mascaron, en 1703, avait établi dans cette chapelle, la confrérie de la Passion, sur une bulle du pape Clément XI, datée de Rome, le 4 août 1702. Ce fut un des derniers actes de la piété de cet éminent prélat.

Mgr Jacoupy transféra à Notre-Dame d'Agen cette dévotion, où, tous les vendredi de la semaine, se pratiquent les exercices de cette fondation.

M. Tailhié fit célébrer une inauguration nouvelle de cette dévotion, en y déposant une relique de la vraie croix, qu'on y voit encore.

Selon l'ordonnance de la Réorganisation, le service de la paroisse de Notre-Dame se fit dans cette chapelle, jusqu'à l'ouverture de l'ancienne église des Jacobins.

En mars 1808, cette chapelle fut donnée au Séminaire qui en fit le service que continue le Petit Séminaire. Un décret impérial du 16 novembre 1807 l'avait donnée pour annexe à l'église Notre-Dame d'Agen ; mais le décret du 19 octobre 1808 réforma cette destination et l'affecta définitivement, en pure propriété, au Séminaire diocésain et la remit à la disposition de l'Évêque.

L'indulgence de la portioncule de saint François y fut établie en souvenir des religieux tertiaires de Paulin (maison Verdier), transférés de Bon-Encontre par Mascaron, pour leur servir d'hôpital urbain.

L'évêché était alors dans un reste de l'ancien évêché, les maisons actuelles de M. Rouillès, etc. A cause de ce voisinage, Mgr Jacoupy faisait les ordinations dans cette chapelle publique de son Séminaire.

Le cimetière de cette chapelle était le plus grand de la ville et servait de sépulture aux grandes familles.

M. le duc de Narbonne, le père, y fut enterré des derniers, le 12 août 1806, âgé de 87 ans.

La maison où il mourut, bâtie par M. Vigué, lui avait été vendue par M. le comte de Lacépède ; le département l'acheta des héritiers de M. de Narbonne pour en faire le palais épiscopal actuel.

M. le duc de Narbonne fut beaucoup regretté des pauvres et des ecclésiastiques, car il faisait d'abondantes aumônes et secourut les prêtres et les religieuses pendant la révolution.

En 1810, un décret impérial transportait tous les cimetières en dehors des villes.

Plus de vingt ans après cette mesure sanitaire, dans une société honorable, M. Tailhié, supérieur du Petit Séminaire, proposait, à un des principaux membres de la municipalité, l'annexion de ce cimetière au Petit Séminaire, afin d'y établir moyennant un tunnel sous la rue Saint-François, une communication facile avec la chapelle, y faire des plantations d'arbres et des cours aérées pour les élèves, singulièrement gênés dans leur local, à cette époque. Le magistrat répondait qu'il ne souffrirait jamais que des écoliers prissent leurs ébats sur les tombes de ses ancêtres. M. Tailhié faisait observer modestement que les administrations avaient leurs changements et qu'une autre pourrait vendre ce cimetière pour des services moins respectueux pour les cendres des ancêtres.

Après 1830, le cimetière fut en effet vendu et remplacé par les maisons actuelles de la rue Saint-François.

M. Tailhié fit recueillir avec un soin religieux tous les ossements qui furent exhumés ; on en remplit plusieurs tombeaux qui furent couverts de draps mortuaires et M. Tailhié, à la tête de son Séminaire et de ses professeurs en habit de chœur, les accompagna processionnellement au cimetière de Sainte-Foi, autorisé par Mgr Jacoupy.

Personne ne se présenta pour aider à recueillir, pour transporter, pour remercier.

La commune, sous le gouvernement de Juillet, vendit ce vaste emplacement. Les constructions particulières obstruèrent le jour et l'air : l'humidité augmenta dans cette église, déjà trop en contre-bas. En mars 1873, on l'assainit en renouvelant le sol à cinquante centimètres de sa profondeur. On gratte, on cimente ses murailles ; on porte le chœur à l'est en prolongeant d'une travée, on rouvre ses fenêtres et on lui construit une nouvelle sacristie.

L'antique dévotion des fidèles pour cette sainte chapelle, son utilité et sa commodité pour la population des quartiers intérieurs, font bénir ces urgentes réparations.

SAINT-CAPRAIS. — CATHÉDRALE.[1]

Nous ne relaterons que les époques et les actes qui ne se trouvent pas dans la notice.

1ᵉʳ novembre 1804. — Ouverture du Jubilé. Monseigneur chante la Messe, préside à la procession et prononce le discours ci-annexé :

Spiritus domini... misit me... ut prædicarem indulgentiam...

L'esprit du Seigneur m'a envoyé pour vous annoncer l'indulgence. Ce fut, mes Frères, la mission de Jésus-Christ même, chef-d'œuvre d'une charité infinie, dernier effort de

---

[1] Par la destruction de l'antique basilique de Saint-Étienne, l'ancienne collégiale de Saint-Caprais avait le premier droit, sur toutes les églises de la cité, au titre de Cathédrale, et s'offrait régulièrement au choix de l'Évêque réorganisateur.

La tradition fait remonter jusqu'à saint Dulcide, vers la fin du IVᵉ siècle, la consécration de cet emplacement au culte de ce premier martyr de notre Église naissante. C'était à son autel que nos Évêques venaient prendre leurs ornements pontificaux pour aller faire leur entrée dans Saint-Étienne et prendre possession de leur siége.

Elle était d'ailleurs la moins excentrique et la plus convenable des églises conservées au culte, car l'église des Dominicains était encore employée à des usages profanes.

l'amour de Dieu pour les hommes ; il n'est venu que pour leur bonheur, pour leur salut, pour être le prédicateur et le médiateur d'un pardon général, d'une indulgence plénière, etc., etc. C'est donc aussi notre mission, puisque nous continuons l'ouvrage de Jésus-Christ, que nous le représentons auprès de vous, que nous sommes ses lieutenants, ses ambassadeurs, ses ministres, et que nous n'avons reçu l'Esprit Saint que pour vous le communiquer, que pour être les instruments du salut de la terre et les apôtres de l'indulgence du Ciel : *Spiritus Domini, etc.*

Que d'aussi grands biens ne soient pas dépréciés à vos yeux par l'indignité de la main chargée de vous les transmettre : si le Seigneur a daigné choisir de pareils coopérateurs, c'est un nouvel effet de sa bonté, c'est une preuve de plus de son indulgence. Il n'a pas voulu seulement montrer l'indépendance et la force de la grâce, par la faiblesse des instruments qu'il emploie : il a voulu dissiper vos craintes, exciter votre confiance, attirer les hommes, encourager les pécheurs, en les adressant à des hommes faibles comme eux, pécheurs comme eux. Mais ces pécheurs qui ont avec vous un intérêt commun, qui doivent profiter les premiers des leçons qu'ils vous donnent, ne vous parlent pas en leur nom, c'est au nom de l'Église, c'est au nom de Dieu ; et moins ils sont par eux-mêmes, moins ils paraissent à vos yeux, plus votre attention se fixera sur Celui dont ils sont les organes.

Priez donc l'Esprit Saint de graver dans vos cœurs, les paroles qu'il met dans notre bouche pour vous annoncer l'indulgence : *Ave Maria*.

Que sont ces indulgences plénières que nous annonçons, ces grâces spirituelles qui, comme un torrent, vont couler sur vous, ces célestes trésors de l'Église qui vous sont ouverts en ce jour ; ce sont, mes Frères, les satisfactions du Sauveur, les mérites adorables de Jésus-Christ, la valeur du sang d'un Dieu mort pour vous, dont l'Église est la dépositaire et dont elle veut vous enrichir.

Vous connaissez l'excellence d'un si grand bien, vous que

la foi éclaire et auxquels elle apprend que c'est là l'unique et le souverain bien. Oui, l'Époux seul fait toute la richesse de l'Épouse, et lorsque l'Église, excitée par la tendresse maternelle, veut prodiguer ses trésors à ses enfants; lorsque le Ciel, dans sa magnificence, veut répandre ses dons sur la terre; lorsqu'il s'agit d'éclairer, de convertir, de purifier, d'ennoblir, de sauver, de récompenser les hommes, l'Église et le Ciel ne peuvent leur offrir que Jésus-Christ, et avec lui tout leur est donné. Le premier péché fait entrer dans le monde la misère, la mort, tous les malheurs, tous les crimes; le remède se présente aussitôt; une planche est offerte après cet horrible naufrage, un libérateur est annoncé pour retirer de l'abime le genre humain perdu : c'est Jésus-Christ.

L'Église nous offre aujourd'hui la même ressource et applique à nos maux cet unique et grand remède. Ce n'est plus le Sauveur annoncé de loin et promis d'avance; c'est le Sauveur qui a déjà paru, qui a pleinement accompli l'œuvre du salut, qui a légué tous ses mérites à son Église, pour en faire part à ses enfants.

Un déluge d'iniquités attire le déluge des eaux et fait repentir Dieu d'avoir créé l'homme.

Mais Dieu se repent aussi de le punir; il diffère la vengeance; pendant un siècle, il montre aux pécheurs un juste, figure du juste par excellence qui doit sauver et renouveler le monde; pendant un siècle, il les invite à la pénitence, en leur montrant les préparatifs de l'arche, figure de l'Église dans laquelle seule on se sauve et hors de laquelle tout périt sous les eaux.

A la vue d'un nouveau déluge de crimes, qui a failli nous engloutir; lorsque les malédictions et les mensonges, les homicides, les vols et les adultères ont inondé de toutes parts; lorsque les meurtres se sont accumulés sur les meurtres, et que le sang a touché et recouvert le sang (*Maledictum et mendacium et homicidium et furtum et adulterium inundaverunt, et sanguis sanguinem tetigit.* — Osée, 42), pour nous arracher à tant de dangers, l'arche véritable, l'Église dilate son sein, élargit ses portes, aplanit les voies et rappelle avec inquiétude, avec amour, ses enfants, que la violence ou la ruse, que l'erreur et le vice lui ont enlevés. Le pardon est dans sa bouche, les grâces dans ses mains, l'indulgence dans son cœur ; notre salut l'inquiète, l'occupe et lui fait embrasser avec ardeur tous les moyens d'y réussir.

Plus coupable parce qu'il était plus privilégié, le peuple de Dieu oublie son bienfaiteur et son père, il cède à la tentation, succombe dans ses épreuves, murmure contre les privations auxquelles le Seigneur le condamne, et parce qu'il ne sait pas souffrir, il s'attire de nouvelles souffrances ; mais la main qui le frappe le guérit, l'indulgence suit de près le châtiment, et aux morsures des serpents enflammés est opposé le serpent d'airain, la figure de la croix dont la vertu se fait sentir d'avance pour annoncer les prodiges qu'elle doit opérer et guérit les corps pour prouver qu'elle sauve les âmes.

Trop semblables aux Israélites, qui regrettaient l'Égypte, charnels comme eux, courbés vers la terre, amateurs du monde, nous n'avons pu perdre ses faux biens qu'avec les plus vifs regrets ; nous n'avons pas voulu voir que la véritable cause de nos malheurs était en nous-mêmes, que nos désastres étaient des châtiments provoqués par nos crimes, et nous n'avons répondu que par des murmures aux coups trop mérités de la justice divine. L'Église vient à notre secours ; elle élève au milieu de ce désert, témoin de nos maux et de nos plaintes, elle élève l'étendard de la croix, elle tire du rocher des sources abondantes, elle adoucit les eaux amères de l'affliction, elle supplée à la disette de la terre par une nourriture descendue du ciel, et riche de Jésus-Christ, elle nous en offre tous les mérites, pour réparer nos maux, guérir nos plaies, nous consoler de nos chagrins, nous dédommager de nos pertes, apaiser nos murmures, étouffer nos ressentiments, nous rendre l'innocence et assurer notre bonheur.

Accourez-donc, mes Frères, hâtez-vous, venez puiser dans ces sources fécondes, dans ces ineffables trésors : *Omnes scientes venite ad aquas* (Isaïe, 55) ; on a égard à votre pauvreté, à votre faiblesse ; on veut mettre le pardon et le salut à votre portée, vous en faciliter les moyens, en aplanir la route, et vous rendre saints et heureux à peu de frais : *Properate, venite, emite absque argento* (Isaïe, 55). Faut-il vous presser d'accepter de si grands biens, et ne viendrez-vous point vous enrichir des mérites de J.-C. et de J.-C. tout entier dans sa personne adorable et dans son corps mystique?

Oui, mes Frères, pour accroître votre confiance et vous assurer la miséricorde, les trésors qui vous sont ouverts, sont remplis et comblés des mérites du chef et des membres, des satisfactions de J.-C. et de tous les saints, désormais inséparables de celui qui se les est unis et les a sanctifiés, ils deviennent avec lui nos intercesseurs; leurs vertus, fruit du sang adorable du Sauveur, en reçoivent l'efficacité et demandent grâce pour nous, parce qu'elles offrent aux yeux du père céleste les vertus mêmes de son fils, qu'il honore et qu'il récompense dans leur personne; les grâces qu'ils ont reçues dans l'Église sont l'héritage qu'ils laissent à cette tendre mère, à laquelle ils doivent tout, et la gloire de Jésus-Christ consiste en ce que ses inépuisables mérites unissent tous les membres, vivifient tout le corps, circulent dans tous les fidèles, s'appliquent à chacun et à tous, et donnent à chaque enfant pour patrimoine les richesses de la famille entière : *Particeps ego sum omnium timentium te* (Psalm. 118, v. 63).

Lorsque le Seigneur irrité voulut punir cinq villes criminelles, dix justes intercédant pour elles eussent éteint le feu vengeur destiné à les détruire : *Non delebo propter decem* (Gen. 18, 32). Pour désarmer le Ciel, pour couvrir les nombreuses iniquités de plusieurs peuples, Abraham voulait leur opposer les vertus et les prières de dix justes. Comme le père des croyants, le père commun des fidèles emploie cet efficace moyen d'apaiser la justice divine; ce ne sont pas dix justes qu'il lui oppose, mais tous les justes, mais l'intercession et le mérite de tous les saints; tout le Ciel est appelé à notre secours, on intéresse en notre faveur tous les amis de Dieu, on nous investit des prières de toutes les âmes ferventes, on nous propose pour objet tous les sentiments que la charité a jamais inspirés : on couvre nos faiblesses et nos défauts de toutes les vertus que la grâce a jamais produites; et l'Église nous présente au Père des miséricordes environné du cortége brillant de tous les justes, afin que ses yeux paternels nous confondent avec eux, qu'à la vue de cette charité fraternelle qui lui est si agréable, il reconnaisse sa famille, et qu'en faveur des enfants vertueux et suppliants qu'il aime, il pardonne à ses enfants coupables, mais repentants qu'il aime aussi. Et voilà, mes Frères, voilà les moyens de salut qu'on multiplie autour de vous, voilà ce que sont les indulgences qu'on vous offre et les richesses spirituelles que vous ouvre aujourd'hui celui à qui J.-C. a confié les clés du royaume des cieux. Votre confiance s'accroîtra dans ce jour solennel où tous les saints invoqués à la fois par l'Église en recevant ses hommages, écoutent plus favorablement ses demandes, ont un motif de plus de s'intéresser à nous et ne désirent que de nous voir augmenter leur nombre et partager leur gloire.

Vous connaissez, mes Frères, les conditions auxquelles tant de biens vous sont offerts; quelles bonnes œuvres courtes et faciles vous sont prescrites, pour vous enrichir gratuitement; mais les mérites de J.-C. et des saints suppléent à notre faiblesse, à notre indignité; mais les dispositions de nos âmes compenseront les peines qu'on veut épargner à nos sens; nous sommes conduits aux bords d'un océan de grâces, chacun de nous n'en rapportera que selon la capacité du vase avec lequel nous y aurons puisé. Dilatez donc vos cœurs pour recevoir tous les trésors qu'on vous offre avec tant d'abondance. Réunis aux habitants du ciel, aux justes de la terre, n'allez pas troubler par vos vices et même par votre tiédeur une aussi sainte société; n'allez pas déshonorer une pareille famille et dégénérer de votre auguste origine; l'intercession des pénitents et des martyrs ne doit pas vous exempter de la pénitence; le mérite de tout ce qu'il y a eu d'hommes vertueux ne vous dispense point de la vertu; une sincère conversion du cœur est la première et presque l'unique disposition qu'on exige de vous, la charité fera le reste. C'est en aimant beaucoup, que beaucoup de péchés vous seront remis ; et comment ne pas aimer lorsque le Seigneur fait éclater toute l'étendue de ses miséricordes. C'est lorsqu'il nous pardonne avec tant de facilité que nous ne nous pardonnerons pas à nous-mêmes. C'est parce qu'il est patient et bon, que nous serons fidèles et reconnaissants, que nous gémirons de l'avoir offensé ; et plus son indulgence est gratuite et admirable, plus nous ferons d'efforts, plus nous trouverons de larmes, plus nous sentirons nos cœurs se briser, nos âmes s'enflammer pour l'obtenir et l'en remercier sans fin : *Quia patiens dominus est, in hoc ipso pœniteamus et indulgentiam ejus fusis lacrymis postulemur.* (Jud. 8, 14.)

Au regret de nos fautes, si naturel après les désastres dont elles ont été la source, à l'amour de Dieu, si naturel à la vue de l'indulgence et des grâces qu'il nous offre, ajoutons, mes Frères, une autre disposition, moyen infaillible d'obtenir le pardon : pardonnons nous-mêmes ; la parole du Seigneur y est engagée : pardonnez et l'on vous pardonnera : *Dimittite et dimittemini* ; ainsi notre grace est dans nos mains ; notre conduite envers le prochain va régler la conduite de Dieu à notre égard, et nos plus grands ennemis deviennent nos plus puissants intercesseurs et nos bienfaiteurs les plus utiles. Nous ne pouvons seuls retourner à notre Dieu ; nous nous réunissons pour cela à tous nos frères. Est-ce pour aller nous diviser, nous haïr, nous combattre jusque dans les bras de notre Père, lorsqu'il réunit et qu'il presse contre son sein toute sa famille. Je vous bénis, ô mon Dieu, d'avoir attaché mon pardon et mon salut à une condition qui dépend de mon cœur, de changer pour moi en vertus, les affronts, les chagrins, les malheurs inséparables de cette triste vie, et de me faire un mérite de la malice même des autres ; pardonnez nos offenses comme nous pardonnons à ceux qui nous ont offensés : *Dimitte nobis.... sicut et nos dimittimus.* (Math. 6, 18.)

Nous le disons sans cesse, mes Frères, et pour être chrétien il faut toujours avoir ces paroles dans la bouche et ce sentiment dans le cœur, pardonnons, aimons et ne mettons point par nos vengeances et nos haines le comble à nos maux. Nos ennemis les plus acharnés n'ont pu attaquer que nos biens et nos corps, par notre ressentiment nous ferions périr nos âmes ; il est douteux et assez indifférent s'ils nous ont rendus moins heureux sur la terre ; il est certain qu'en les haïssant nous nous rendrons nous-mêmes malheureux pour l'éternité. Pardonnons, c'est là surtout ce que mon ministère m'oblige de vous dire, de vous répéter, de vous ordonner de la part de Dieu. La solennelle indulgence que nous publions est la rémission solennelle et réciproque que tous les hommes doivent se faire entre eux, c'est un pardon général et mutuel, c'est une charité universelle, sans réserve, sans partage, sans restriction ; c'est en cela que consiste le jubilé : *Vocabis remissionem cunctis habitatoribus terræ tuæ, ipse est enim jubileus.* (Levit. 25, 10.)

Pleins de la confiance que ce sentiment nous inspire et peut seul nous inspirer, nous vous rendons grâces, Seigneur, de ce qu'après vous être irrité contre nous, après nous avoir enivrés de la coupe de votre colère à cause de nos péchés, votre fureur s'est apaisée à cause de votre miséricorde, et vous avez fait succéder les consolations aux châtiments : *Confitebor tibi, Domine, quoniam iratus es mihi, conversus est furor tuus et consolatus es me.* (Isaïe. 12.)

C'est lui, c'est mon Dieu qui est mon Sauveur, il a fait fuir les troubles, l'anarchie, la terreur ; il a ramené le calme l'ordre, la sécurité : *Ecce Deus Salvator meus, fiducialiter agam et non timebo.*

Il est l'auteur de notre délivrance et de tous nos biens ; qu'il soit l'objet de nos louanges et de notre reconnaissance ; il conduit aux portes de la mort, et il ramène à la vie ; il frappe et il guérit ; nous étions perdus et il nous a sauvés : *Quia fortitudo et laus mea Dominus, et factus est mihi in salutem.*

Venez donc, accourez auprès de lui, vous ranger sous ses ailes et vous mettre sous sa protection : venez vous désaltérer, vous purifier dans les sources vives qu'il vous présente. Enivrez-vous de délices et de vertus dans les eaux des fontaines du Sauveur, venez vous enrichir de ses grâces que l'Église vous offre, recueillir le pardon et le mérite qui coule avec son sang de toutes ses plaies ; et dans son côté ouvert, venez trouver un asile et un lieu de repos : *Haurietis aquas in gaudio de fontibus Salvatoris.*

Alors pleins de joie et de reconnaissance, vous chanterez les louanges du Seigneur ; vous invoquerez son nom ; vous publierez parmi les peuples les inventions de sa sagesse, les voies admirables qu'il a prises pour opérer notre salut; parce que son nom est grand. Chantez donc des hymnes au Seigneur parce qu'il a fait des choses magnifiques, qu'il nous a sauvés contre toute espérance ; et après avoir été l'effroi de la terre par nos malheurs, soyons-en l'exemple et la consolation par notre retour et notre reconnaissance : *Cantate Domino quoniam magnificè fecit, annunciate hoc in universa terra.*

Maison de Sion, portion chérie du peuple du Seigneur, de l'héritage de Jésus-Christ, de l'Église catholique, tressaillez de joie et bénissez Dieu, parce que le grand, le saint d'Israël est au milieu de vous; on l'en avait chassé, il y revient; on voulait renverser tous les temples, il les relève; on s'efforçait de nous arracher sa religion, il nous la rend ; oublions tous nos malheurs, consolons-nous de toutes nos pertes ; nous n'avons pas perdu la foi, nous retrouverons notre Dieu : *Exulta et lauda habitatio Sion, quia magnus in medio tui sanctus Israël.* Nous avons retrouvé notre Dieu, ne nous en séparons plus, et unissons-nous si fortement à lui sur la terre, que nous lui soyions éternellement unis dans le Ciel.

POUR LA PLANTATION DE LA CROIX.

Accourons tous, mes Frères, auprès de cette croix : c'est le refuge assuré des pécheurs ; c'est l'unique espérance du juste ; c'est l'étendard glorieux du chrétien. Sous cette bannière nous marchons à la conquête du Ciel, et nous combattons le monde, le péché et l'enfer. Sous son ombre tutélaire, nous sommes à l'abri des vengeances célestes.

Jésus-Christ a attaché tous les péchés de la terre à la croix, pour les effacer par son sang ; venons à ses pieds, apporter tous nos péchés, déposer toutes nos misères, nous décharger de ce fardeau accablant, et recueillir ce sang précieux qui coule en torrent pour purifier nos âmes et nous mériter le salut.

Cette croix élevée au milieu de nous sera un missionnaire perpétuel, qui nous rappellera sans cesse les paroles saintes que le Sauveur a inspirées au zèle de son ministre. Dans sa miséricorde il a envoyé un homme nous parler de sa part, nous éveiller de notre léthargie, nous ouvrir les yeux sur les horribles dangers que nous courions, nous prêcher la pénitence, nous annoncer le pardon, et s'occuper avec des fatigues incroyables et la plus édifiante ardeur, de notre salut qui ne nous occupait guère nous-mêmes.

Ceux qui parmi vous n'ont point profité de cette grâce, ceux dont le cœur s'est endurci contre la voix du Ciel, ne verront cette croix qu'avec remords, qu'avec frayeur ; ils se diront : Comment ai-je pu résister aux pressantes sollicitations d'un Dieu qui est mort pour moi, et qui m'a fait offrir toutes les grâces que ses opprobres et ses tourments ont méritées ? Peut-être que cette idée les convertira enfin.

Ceux que la mission a touchés et ramenés, comme l'enfant prodigue, entre les bras du meilleur des pères, ne verront cette croix qu'avec reconnaissance et amour : elle est le témoin des promesses qu'ils ont faites au Seigneur, et le garant des faveurs qu'ils en attendent. Les larmes de leur pénitence viendront arroser le pied de cette croix et se mêler avec le sang divin qui la couvre : oh ! qu'elles seront douces et consolantes ! oh ! qu'ils seront heureux de pleurer !

Nous élevons cette croix. C'est un instrument de supplice et de mort. A qui les destinez-vous ? Il faut, mes Frères, y attacher, y crucifier, ou Jésus-Christ de nouveau, ou vos passions. Choisissez : si elle ne vous est utile, elle vous sera funeste ; et, au dernier jour, dans ce jugement redoutable et définitif, qui fixera à jamais le sort de tous les hommes, elle viendra condamner et punir ceux qui n'auront pas voulu qu'elle les sauve.

Sauvez-nous donc, croix adorable : recevez-nous entre vos bras, pour nous unir au divin Sauveur, que son amour a cloué sur ce bois douloureux.

Pendant la vie, soyez sans cesse sous nos yeux et dans nos cœurs, pour nous rappeler nos devoirs et les miséricordes éternelles, pour nous servir d'arme et de bouclier contre le monde, le démon et nous-mêmes, pour nous inonder de ces grâces, dont vous êtes l'unique source.

·A nos derniers moments, venez vous appliquer sur nos lèvres livides et mourantes, pour soutenir nos forces, ranimer notre espérance dans cette crise décisive, et nous faire expirer dans le baiser du Seigneur.

Après notre mort, que nos corps reposent sous votre ombre, élevez-vous au milieu de nos ossements arides et entassés, comme le signal et le garant d'une résurrection glorieuse.

Au dernier jour du monde, brillez d'un éclat immortel, rassemblez-nous autour de vous, pour nous conduire au ciel dont vous êtes le chemin et la porte, et à cette vie éternelle que Jésus-Christ nous a méritée par la mort de la croix. Ainsi soit-il.

POUR LE RENOUVELLEMENT DES VŒUX DU BAPTÊME.

Lorsque vous serez entrés dans la terre que le Seigneur vous a promise, dit Moïse au peuple hébreu, vous élèverez un monument en figure de l'alliance que vous avez contractée avec le Seigneur, vous y graverez la loi sainte, et le peuple rassemblé prononcera des bénédictions pour les observateurs fidèles et des malédictions contre les prévaricateurs!

C'est ce que nous venons faire en ce moment, mes Frères ; le baptême qui, comme la mer Rouge, a enseveli dans les eaux tous nos ennemis, le baptême nous a introduits dans la terre promise, dans l'Église qui est le royaume de Dieu et le corps même de Jésus-Christ : nous y avons reçu sa loi, ses grâces, ses promesses : nous lui en avons fait à notre tour. Nous y avons scellé entre Dieu et nous, un traité solennel, un contrat irrévocable, une alliance auguste et indissoluble. Dieu nous a adoptés pour ses enfants, et nous l'avons reconnu comme notre père et notre modèle. Jésus-Christ nous a rendus les membres de son corps, une partie de lui-même, et nous l'avons reconnu comme notre Sauveur et notre modèle. L'Esprit du Seigneur a consacré nos corps et nos âmes comme son temple ; et nous nous sommes abandonnés à cette opération toute puissante qui ne travaille qu'à notre sanctification. Dieu nous a promis de nous aimer : nous avons promis d'aimer Dieu. Il nous a offert le ciel et un bonheur sans fin, à condition que nous observerions ses commandements, et nous avons juré d'observer ses commandements, pour mériter le ciel, et pour être éternellement et infiniment heureux.

Voilà, Nos Très Chers Frères, l'alliance que nous venons renouveler. Immuable dans ses sentiments, infaillible dans ses paroles, fidèle à ses promesses, Dieu n'a pas besoin de répéter les serments qu'il a daigné nous faire, et dont nous seuls pouvons empêcher l'exécution. Mais nous ! nous si souvent infidèles à nos promesses, nous les ennemis de notre propre bonheur, et les malheureux artisans de notre perte, nous devons renouveler des engagements trop oubliés, et qui n'étaient de notre part ni libres, ni indifférents. Nous n'avons promis que ce que nous étions déjà obligés de faire, comme des créatures, dont la dépendance est sans bornes : nous n'avons promis que ce qu'il nous importe infiniment de faire, puisque toute notre félicité en dépend. Ne pouvant rien ajouter à son propre bonheur, Dieu ne s'occupe que du nôtre. Nous lui avons promis d'être heureux, et nous avons manqué à nos promesses ! venons les renouveler, et songeons que les serments que nous allons prononcer seront en même temps écrits dans le ciel, et qu'au dernier jour ils nous seront opposés, ils seront confrontés avec notre conduite et ils détermineront l'arrêt irrévocable qui nous attend.

Après avoir eu le malheur de perdre la grâce du baptême, un nouveau sacrement vient nous la rendre. Affligé de vous voir vous éloigner de lui et courir à votre perte, le Père céleste a mis ses serviteurs en mouvement et à votre poursuite, pour vous rappeler et vous reconduire dans la maison paternelle ; dès que vous y revenez, il nous ordonne aussitôt de vous rendre la robe première, à laquelle les eaux du baptême avaient donné tant d'éclat, que vos péchés ont si horriblement souillée, que vos larmes n'auraient jamais pu laver, si toute la vertu du sang du Sauveur ne l'eût purifiée et ne vous eût été appliquée dans le sacrement de pénitence. Reprenez donc cette robe de l'innocence, ce vêtement des élus, cet ornement des enfants de Dieu, que nous vous apportons de sa part : *Cito proferte stolam primam.*

C'est l'heureux fruit de cette mission, qui doit exciter toute votre reconnaissance envers le Dieu qui vous l'a ménagée, et envers le charitable instrument dont il s'est servi. Vous n'oublierez pas, mes Frères, cette mission, qui sera pour plusieurs la cause heureuse de leur conversion et de leur salut. Puisse-t-elle n'être pour aucun l'occasion de l'endurcissement et de la réprobation ! Vous n'oublierez pas votre missionnaire ; la peine qu'il a prise pour votre bien ; la charité qui, comme Joseph envoyé par Jacob, le fait accourir de loin pour chercher et sauver ses frères : *Fratres meos quæro ;* pour restituer à Jésus-Christ des âmes rachetées par son sang ; et pour conduire au ciel quelques chrétiens de plus ; cette charité sera partagée : vous aurez pour vous-mêmes le zèle qui anime un étranger ; et votre conversion sera la récompense. Nous ne finirons point cette cérémonie, sans élever pour lui nos mains et nos vœux vers notre Père céleste, qu'il a si souvent imploré pour vous et pour les pécheurs.

Commençons par renouveler des promesses violées trop souvent, mais que nous remplirons à l'avenir avec plus de fidélité.

Soyez-en témoins, fonts sacrés, où une seconde naissance et une régénération spirituelles, nous retirant de la nasse de perdition, nous donnent Dieu pour père, pour frère Jésus-Christ et pour héritage le ciel.

Soyez-en témoins, saints autels, où tous les jours le pain des anges devient l'aliment des baptisés; où l'agneau de Dieu, le Sauveur du monde, est la victime et le prêtre des chrétiens; où l'alliance que nous avons contractée avec le Ciel est sans cesse scellée par le corps et le sang d'un Dieu.

Soyez-en témoins, bienheureux habitants de la Jérusalem céleste, nos frères aînés, nos zélés protecteurs, avec lesquels nous ne formons qu'une famille ; vous nous donnâtes vos noms au baptême, vous ne cessez de nous donner vos exemples et nos prières et vous partagerez avec nous votre immortel héritage.

Soyez-en témoin, tendre mère de Dieu et des hommes, votre fils vous donna pour enfants tous les enfants qu'il donnait à son père. Interposez votre puissante médiation, réconciliez ce père avec ses enfants et ne souffrez pas que votre famille dégénère d'une si haute origine.

Soyez-en témoin, Trinité adorable, au nom de laquelle nous avons été baptisés. Nous voici prêts, que voulez-vous que nous fassions; parlez et nous obéirons. Nous avons péché contre le Ciel et contre vous, nous ne méritons plus d'être appelés vos enfants. Mais votre amour nous conserve encore ce titre glorieux; mais les mérites de J.-C. couvrent et réparent notre indignité. Dictez-nous vos lois, recevez nos serments, et accordez-nous la grâce de les observer fidèlement sur la terre et d'en être éternellement récompensés. Ainsi-soit-il.

Vers 1836, dans une cérémonie, des plâtras tombèrent de la voûte : on en résolut la restauration. Le nouveau clocher, la porte latérale furent reconstruits. L'église ragréée, fut peinte plus tard, par Bézard, sous Mgr de Vesins. M. Deyche y signala son zèle par toutes les décorations qui l'embellissent.

L'autel paroissial fut supprimé, pour la régularité de l'édifice, au grand regret de plusieurs : il avait été béni le

25 mai, jour de la Pentecôte, 1817, par Mgr Jacoupy, et dédié à Notre-Dame.

Le nouvel orgue changea aussi de place, afin de ménager cette *grande baie* qui donne de la lumière sur les peintures.

Pour cette restauration Mgr Jacoupy transféra son Chapitre aux Jacobins, et le service paroissial à la chapelle de Notre-Dame du Bourg.

Le 2 février 1816, Monseigneur bénit la croix de fer, qui est aujourd'hui restaurée et changée de place et entourée de sa grille.

Cette croix de fer avait remplacée la croix plantée à la clôture de la célèbre mission de 1806. Monseigneur l'avait clôturée, avait pontifié, et présidé au renouvellement des vœux du baptême. Sa Grandeur prononça le discours ci-devant, à la plantation de la croix ainsi qu'au renouvellement des vœux.

« 19 novembre 1817, mort subite de M. Claude de Parades, théologal du Chapitre, ancien supérieur du collége ; il était âgé de 78 ans. Il fut vivement regretté ; on attribua l'attaque foudroyante qui l'enleva, à sa trop grande assiduité au confessionnal. »

3 janvier 1818, mort de M. le chanoine Darguil. Ancien archiprêtre et vicaire-général d'Auch, sa ville natale, ancien supérieur du Séminaire d'Auch, etc, homme d'une grande érudition... nous en avons parlé... Il était âgé de 83 ans.

Le Chapitre et le service paroissial rentrent dans cette Cathédrale.

Le chœur était grillé et fermé par une belle table de communion, avec son maître-autel à la romaine. Le superbe rétable en bois de chêne, à riches colonnes, avait été vendu *six cents francs* et fait l'embellissement de l'église de Castillonnès.

Derrière le chœur, les chapelles ont leur autel et leurs grilles ; les vestiaires des chanoines, à la droite, ont été enlevés et laissent un large circuit, entre le chœur et les chapelles.

Le Chapitre et la paroisse ont leurs sacristies respectives.

L'église est assainie, au nord, par l'enlèvement du terrain qui entretenait l'humidité. A l'est, la magnifique abside est sauvegardée, dans ses fondements, par un sol profond, large et carrelé, et distancée des dégradations extérieures, par un beau grillage en fer.

Deux entrées, à l'est et au couchant, sont ménagées pour le libre service particulier.

NOTRE-DAME D'AGEN.

« L'église des ci-devant Jacobins avait servi depuis 1792, à des usages bien différents.

On y fit d'abord une écurie, et pour faciliter l'entrée des chevaux, on combla jusqu'au niveau de la rue, le soubassement de son sol : on établit des crèches le long des murs et entre les colonnes du milieu.

On y renferma plusieurs fois la chaîne des forçats à leur passage sur la Garonne, et se rendant à Rochefort.

Dans une occasion, une maladie s'étant déclarée dans les prisons, on eut besoin de les désinfecter. On mit les détenus dans cette église, avec la précaution de renfermer les plus coupables dans la sacristie où l'on plaça une forte garde.

Elle avait donc grand besoin d'être purifiée et réconciliée, pour être rendue à l'exercice du culte divin.

Cette cérémonie eut lieu le 23 mars 1807. Mgr l'Évêque y célébra la Messe, assisté d'un clergé nombreux et d'une foule de fidèles, et la consacra sous l'invocation de la Nativité de la Sainte-Vierge. Cette église est la seconde paroisse de la ville et s'appelle Notre-Dame.

Je ne dois pas omettre de dire que cette restauration est due à M. Carrieu, beau-père de M. de Sevin-Talives, qui fit toutes les avances pour le carrèlement et qui se donna les soins pour faire des quêtes dans la paroisse pour subvenir aux autres dépenses. Il y en aurait encore beaucoup à faire, pour achever de l'orner ; elle est bien nue et se ressent du vandalisme moderne (1814). Cette église a été bien embellie depuis cette époque et on y travaille encore. »

En 1868, on entreprenait un embellissement nouveau : mais les murs du nord et du couchant surplombaient de 0,50 cent. Les barraques avaient perforé les arcs-boutants, pratiqué des caves et des fosses et ébranlé l'édifice. M. le curé ne recula pas ; à l'aide de souscriptions abondantes et des secours de l'État et de la commune, il refit les murs, les rejointoya, établit la corniche, creusa et déblaya jusqu'au sol primitif, rendant ses proportions architecturales à ce majestueux temple. Ce fut la plus heureuse réparation. Il fit peindre toute l'église, refit la tribune, répara les colonnes et les chapelles, et après une dépense de 260,000 francs il continue encore (1872). M. Pagua a été le grand directeur et le grand appareilleur.

« En janvier 1800, M. Thaumasson, directeur de l'enregistrement et des domaines, acquéreur du couvent des Dominicains, voulait que l'État lui fît encore la vente de l'église et de la sacristie : mais les habitants, soutenus de M. le Maire et de M. le Préfet, réclamèrent cette église et celle du Chapelet, comme nécessaires au culte. M. Thaumasson fut débouté ; mais l'État n'accorda que l'église des Dominicains que Mgr Jacoupy consacrait en mars 1807. »

Le culte de la Passion, transféré dans cette église par Mgr Jacoupy, et le service paroissial y commencèrent à cette date.

« Le dimanche 19 avril 1818, M. Champier, curé, bénissait la cloche de six quintaux, assisté de plusieurs prêtres. Le parrain fut M. de Parades, gendre de M. Basson ; la marraine, Madame de Cazabonne, veuve du président de ce nom à la Cour et bienfaiteur de l'hospice et du bouillon des pauvres. Malade, elle fut remplacée par Mme de Galibert, supérieure du bouillon des pauvres, fondatrice de la Congrégation et membre de plusieurs autres établissements pieux. »

Mgr Jacoupy y établit la dévotion au S.-G. de Jésus-Christ et la solennité de la Propagation de la foi.

Le Rosaire y est établi en souvenir des Pères de Saint-Dominique dans cette église.

SAINT-HILAIRE.

Le service de cette paroisse se fit dans son ancienne et pauvre église, dont il ne reste que l'antique tour, jusqu'à sa translation dans l'église des Cordeliers. La vieille église fut vendue et démolie, au percement du boulevard du nord qui en traverse l'ancien cimetière ; en 1809, il avait été conservé, mais aujourd'hui, comme toutes les autres paroisses, Saint-Hilaire a son cimetière commun à Gaillard.

Le 8 août 1809, Mgr Jacoupy y avait béni une cloche.

La croix sous Prouchet, dite croix de la Mission, fut plantée à la suite de la mission fondée, pour tous les sept ans, par Mmes Desportes et Lascombes, et fut bénite dans la procession de l'ouverture du 5 avril 1818 par MM. de Saint-Pierre, Fossat de Moissac et Passenaud, célèbres prédicateurs de l'époque.

Un décret de 1869 a autorisé le legs fait à cette église par M. Beyne pour la célébration annuelle d'un service funèbre et des prédications extraordinaires tous les dix ans. Ce legs a fondé le même bienfait de cette prédication dans l'église de N.-D. d'Agen.

Cette cure avait été érigée en cure de 2e classe par un décret de 1810. Celle de Sainte-Foi obtenait le même rang.

Le service fut enfin établi, au grand contentement des fidèles et de la ville entière, à l'église actuelle (1827) ; Mgr Jacoupy en fit l'ouverture et la bénédiction.

« L'église des Cordeliers, disait notre annaliste, sert de magasin à fourrages à la gendarmerie qui occupe leur couvent et leur vaste jardin, réservés l'un et l'autre pour cet usage par le gouvernement.

Cette église est voûtée et très vaste ; toutes les fois qu'on la verra, on se demandera pourquoi l'on n'y a pas transféré le service de la paroisse Saint-Hilaire : celle-ci est petite et ressemble plus à un magasin qu'à une église, à cause des piliers de bois qui portent la toiture et les lambris. »

Le vœu de l'annaliste fut exaucé, 1827, et cette église déblayée. On y voyait dans la demi-chapelle du nord, un mausolée en marbre noir, avec un *lucus* sur une face, et un *mons* sur l'autre ; ce *bois sacré* et ce *monticule* figuraient le nom de Montluc. La tradition vulgaire raconte que les Pères Cordeliers avaient donné, au maréchal, dans son château d'Estillac, les derniers secours de la religion.

Depuis son ouverture, on a cherché à grand frais, à l'orner et à l'embellir.

M. le curé actuel, depuis son installation, en a fait un monument remarquable, un vrai bijou d'église.

Il en a fait la façade, bâti le beau clocher, pratiqué et orné les chapelles du midi et du nord, fait une tribune et un porche en pierre sculptée. Le chœur a été ajouté, avec les stalles en pierre : des sacristies établies : un riche autel en marbre et de grand prix, avec une table de communion en marbre digne de l'autel. Il a ouvert des fenêtres, ornées de belles verrières. Le chemin de la croix est sculpté dans la pierre des murs. La chaire attend la main du sculpteur.

M. Magen a trouvé dans la piété et dans l'amour de ses paroissiens des sommes fabuleuses qui expliqueront la possibilité de ces travaux et surtout les belles arcades qui dissimulent les anciens murs.

Son dégagement extérieur laisse à désirer, mais elle s'ouvre sur une place qui s'élargira et s'embellira à l'ouest.

Peut-être aurait-il fallu adopter un autre style pour la porte principale ; le lourd pilier qui partage en deux cette entrée forcera à introduire un baldaquin ou poêle à forme étroite et oblongue, pour la sortie des processions du *corpus Christi*.

C'est dans cette église que se pratique aujourd'hui l'Adoration perpétuelle que le pieux Mascaron avait établie dans l'ancienne, en 1697, avec amende honorable et bénédiction du Très-Saint Sacrement, le jeudi de chaque semaine.

SAINTE-FOI.

« L'église des Grands Carmes, entre la rue du Pin et la rue du Temple, aurait été utile dans cette partie de la ville, au centre des paroissiens qui sont obligés maintenant d'aller aux offices de Sainte-Foi. » Mais le choix était offert, on donna forcément la préférence à cette dernière pour son antiquité et son culte historique.

En souvenir de la première, Mgr Jacoupy, par un bref du Souverain Pontife, y établit la confrérie du Scapulaire.

Au mois de janvier 1697, Mgr Mascaron établissait dans cette église la dévotion pour les âmes du purgatoire, avec leur octave et l'exposition du Très-Saint Sacrement, le premier dimanche de chaque mois.

Cette dévotion eut son exercice spécial, lorsque le cimetière de la ville fut établi au nord et au levant de Sainte-Foi, en vertu du décret de 1809 qui supprimait les cimetières de l'intérieur des villes.

Mgr Jacoupy en fit la bénédiction solennelle le 27 septembre 1809, accompagné de ses vicaires-généraux, de son Chapitre, du clergé de toutes les paroisses et de la municipalité, et adressa à cette immense assemblée, sur le sol qu'il allait bénir, l'allocution suivante :

« C'est ici, mes Frères, notre demeure commune, c'est ici que nous viendrons bientôt échanger, contre quelques pieds de terre, tout ce qui fait maintenant et si mal à propos l'objet de notre cupidité et de notre ambition. C'est ici que la mort doit nous apprendre à connaître, à régler, à sanctifier la vie.

« Si la nature s'afflige à la vue de notre néant, et frémit dans un lieu qui nous en montre toute l'étendue, la Religion nous console par ses promesses et ses espérances. Sa tendresse qui la fit accourir auprès de notre berceau, pour nous marquer du signe du chrétien et nous ouvrir les portes du salut, s'empresse encore autour de notre tombeau, pour nous aider de ses prières et nous ouvrir les portes de l'éternité. Ses vœux accompagnent nos âmes jusqu'aux pieds du

Souverain Juge, et nos corps mêmes, ces tristes et hideux débris, deviennent l'objet de la sollicitude de cette tendre mère. Quand le monde les rejette avec horreur, elle les accueille dans un asile sanctifié, elle les environne des respects des peuples, elle les place sous la sauvegarde de la croix du Sauveur, elle les conserve avec soin, pour les rendre un jour au Dieu créateur, qui viendra les rappeler de la poussière, et les faire revivre à jamais.

« C'est donc ici que nous entendrons les sons effrayants de cette trompette qui ouvrira les tombeaux, ressuscitera les morts, et établira entre eux une si grande différence. Ah ! mes Frères, quel autre intérêt pouvons-nous avoir que de travailler à nous rendre favorable le sort qui nous est réservé pour toujours ! La vue du cimetière, vers lequel le temps nous pousse si rapidement, amortira les passions qui nous rendent coupables en ce monde et malheureux dans l'autre, nos vains et criminels projets s'évanouiront à la pensée du terme qui les attend sous peu, demain peut-être... peut-être aujourd'hui ; et le souvenir d'une mort inévitable et prochaine nous apprendra à bien vivre, pour revivre éternellement. Ainsi soit-il. »

M. de Saint-Phélip, chevalier de Saint-Louis, y fut le premier inhumé.

Ce cimetière, dont les tombes creusées dans un terrain toujours aqueux, affligeaient les familles, fut transféré, à son tour, au nouveau cimetière commun, à Gaillard.

L'église de Sainte-Foi ainsi dégagée d'un terrain qui obstruait ses murs, au nord et au levant, se trouva isolée, par le boulevard et la gare qui couvre toute l'étendue du cimetière.

Elle aurait besoin d'être débarrassée du singulier clocher et du porche rustique qui attristent son extérieur, car son intérieur vient d'être restauré en 1871.

Aujourd'hui, 5 mai 1872, cinquième dimanche après Pâques, nous avons entendu, dans la rue Cajar, les chants de la procession dite *des Ladres*. Pieuse tradition, précieux témoignage de cette foi de nos pères qui savaient adorer la main qui les frappait et consacrer des actions de grâces à sa miséricorde qui les délivrait de leurs fléaux.

Le chemin qui longeait le mur du cimetière de Sainte-Foi, allait traverser la Masse, sur un pont appelé vulgairement *lou poun dés asés*, pont des ladres, en souvenir de la maladrerie qui était dans le voisinage.

Sous le même nom, à Penne, en dehors des faubourgs de la ville, nous avons vu *lou cémentéri des asés*. Ce cimetière avait à côté la maladrerie et la chapelle de Saint-Antoine : ces lépreux étaient sous l'invocation de saint Lazare ; de là les *Ladres*.

Le même esprit chrétien avait institué la procession de saint Phébade, pour la cessation d'une maladie contagieuse ; les consuls en chaperon faisaient leur dévotion à Saint-Etienne et allaient en procession à l'église de l'ermitage Saint-Vincent; et la procession du jour de Pâques, où le Chapitre va, solennellement, à l'église de Notre-Dame, chanter l'*O filii et filiæ*... le *Regina* et revient chantant le *Te Deum*.

Avant la Révolution, le Chapitre allait acquitter ce vœu dans la chapelle de la Loge, où l'on avait inhumé, dans le cimetière des suppliciés, les victimes d'une contagion.

Cette chapelle détruite, sur la paroisse Notre-Dame, se trouvait au-delà du pont, à l'endroit que marque une maison isolée.

Mgr Raymond-Bernard, ou Raymond-Arnaud du Fossat fondait le monastère *Sanctæ-Crucis de Raynaldo* (aujourd'hui la Capellette), en 1142, pour des religieuses, dites de Renaud, après avoir fondé en 1130 le monastère de Notre-Dame du Paravis, sur la Garonne, où il avait envoyé vingt religieuses de l'ordre de Fontevrault.

En 1428, sous Mgr Imbert, le monastère Renaud fut uni au Chapitre de Saint-Etienne et devint paroisse. Les deux Chapitres y allaient en procession, le lundi et le mardi de Pâques.

Le maître désinfecteur, ou fossoyeur, de ce cimetière où se faisait l'inhumation des victimes de la maladie contagieuse en 1652, 53 et 54, maître Martin Grou fit vœu, s'il était préservé de la peste, de bâtir une chapelle commémorative de sa reconnaissance, à la place de sa loge, contre ledit cimetière. Les consuls lui donnèrent l'emplacement, Mgr Barthélemy d'Elbène l'autorisa, il paya une redevance au curé de la chapelle Renaud et bâtit en briques la chapelle de la *Loge* au midi du pont actuel, sur le Gravier, route de Layrac, vis-à-vis Catala. Il y fut seul inhumé et fonda douze messes pour lui et les pestiférés : mars 1669.

C'est dans cette chapelle de la *loge* que le Chapitre de Saint-Etienne faisait, le jour de Pâques, la procession qu'il fait maintenant à Notre-Dame d'Agen, réduisant à une seule et la procession des deux Chapitres à la *chapelle Renaud*, et celle à la *chapelle de la Loge*.

Sainte-Foi a réduit ainsi à la procession du 1er dimanche de mai les trois que cette paroisse pratiquait, pendant les trois dimanches, au cimetière des *Ladres*, sur la route de Toulouse, au ruisseau des *Ladres*, ainsi nommé de *l'hôpital du Pin*, ancienne maladrerie.

Le cimetière, place Lacépède, appartenait-il au couvent des Minimes, qui, après un établissement de cent ans environ, vendirent toutes leurs dépendances à M. Pélissier ou au couvent de l'Annonciade, ou mieux était-il un cimetière de l'ancien *Aginnum* ? Cette dernière opinion nous paraît la moins invraisemblable.

Le chanoine-portier, curé de Renaud, (Boudon de Saint-Amans) ne pouvait faire aucune fonction curiale dans cette chapelle, toute de dévotion.

HOPITAL SAINT-JACQUES, RUE DES MARTYRS.

Mascaron y avait d'abord mis, a-t-on cru par erreur, son Séminaire qu'il retirait de la maison insuffisante des *Petits-Pères*, les Tertiaires, jusqu'au moment où il put le placer dans le superbe édifice qu'il lui avait bâti et dont il confiait la direction aux Lazaristes qui l'ont continuée jusqu'à la révolution de 1792.

Mascaron appela, dans l'hôpital Saint-Jacques, les sœurs de la Charité, connues alors sous le nom de *sœurs grises*.

Ces saintes filles de saint Vincent continuèrent de donner leurs soins aux malades, dans cet hôpital, pendant tout le temps de la révolution. Leur chapelle, sur l'ancienne crypte des martyrs, fut interdite et fermée comme tous les autres oratoires. Elles quittèrent leur costume de religion. Une coiffe d'artisane, une guimpe noire et un tablier blanc sur leur robe noire fut l'habit extérieur de ces servantes des pauvres.

Des prêtres insermentés, cachés dans leur maison ou à l'extérieur, venaient en secret leur dire la messe ou pourvoir avec prudence au service religieux. Dans ces jours trop orageux, elles s'en privaient, ou allaient entendre la messe à la maison qu'occupent aujourd'hui les sœurs Dominicaines dans la rue Roussane.

Après la loi du 18 germinal, on leur laissa faire leurs exercices catholiques dans leur chapelle, mais sans sonnerie et sans culte public.

A la réorganisation du culte, elles eurent leur aumônier respectif. Monseigneur leur fit donner une retraite où elles reprirent leurs habits de religion, le 25 mars, fête de l'Annonciation. Mgr Jacoupy vint recevoir le renouvellement de leurs vœux, à la clôture, leur dit la messe, et au moment de la communion, tenant la sainte hostie qu'il allait leur distribuer, il leur adressa la touchante allocution suivante :

« Le voici cet époux, à qui vous venez d'engager votre foi, et avec lequel vous avez renouvelé une alliance que son corps adorable va sceller.

« Elle ne cesse donc pas de s'accomplir cette prophétie qui annonce que l'exemple de Marie, soutenu par la grâce de son fils, aura des imitatrices, fera habiter des anges sur la terre, et qu'à sa suite une foule de vierges viendront avec joie, avec empressement, dans le temple, se consacrer au Roi des Rois.

« Vous ambitionnez de partager avec Marie un autre titre aussi honorable. Lorsque l'envoyé du Ciel lui annonce en ce jour qu'elle sera la mère de son Dieu, elle ne prend que l'humble qualité de sa servante. Comme elle, vous voulez être les servantes de Jésus-Christ, et vous devenez pour cela les servantes des pauvres, dans la personne desquels la foi nous montre Jésus-Christ même. Vous venez vous dévouer à leur service, en reprendre aujourd'hui la livrée, et par des serments religieux, renoncer à tout et à vous-mêmes, afin d'appartenir entièrement et uniquement aux pauvres.

« Celui qui a reçu vos promesses, qui les a écrites dans le Ciel et dans son cœur, vous donnera les moyens de les remplir. Il vous offre en ce moment le motif et la récompense de tous vos sacrifices. Venez donc former le cortége de l'Agneau, suivez-le partout, retrouvez-le sans cesse, et dans les pauvres où il se cache pour recevoir vos services, et sous les apparences de ce pain où il se cache encore pour vous prodiguer ses bienfaits.

« Servantes des pauvres, épouses de Jésus-Christ, venez autour de la table sainte, recevoir de votre divin époux les preuves les plus touchantes de son amour ; allez auprès des lits des malades lui donner les preuves les plus empressées de votre dévouement.

« Entendez-le qui vous dit secrètement dans cette hostie et au fond de votre âme, comme il vous le dira publiquement au dernier jour en présence de l'univers : Je suis pauvre, malade, et vous me visitez, vous me soulagez, vous me servez ; pour vous témoigner ma reconnaissance, en attendant que je vous donne le Ciel, je me donne moi-même et je veux m'unir à vous, ne plus me séparer de vous, ni dans le temps ni dans l'éternité. Ainsi soit-il. »

Après s'être retrempées dans leur vocation par cette alliance, jurée entre les mains du Pontife, les saintes filles, remplies d'une force céleste, continuèrent avec un nouveau dévouement, le dévouement des jours de terrible épreuve.

Leurs exemples étaient bien utiles à la piété et stimulaient la charité des âmes ferventes dont plusieurs, anciennes et fortes servantes de Jésus-Christ, venaient partager leurs fatigues et leurs soins de chaque jour auprès des membres souffrants de Jésus-Christ.

« Mlle Delbès, habitante de la rue Molinier, mourut le 26 février 1817, âgée d'environ 66 ans. C'était une fille très pieuse et très charitable ; elle se tenait le plus souvent à l'hôpital et rendait aux malades les mêmes services que les sœurs. Elle a donné par son testament, à l'hôpital, une grande métairie près de Bon-Encontre et le reste de ses biens à sa nièce, épouse de M. Guerrin, négociant. »

« M. de Cazabonne de La Jonquière, président en la Cour royale d'Agen, mourait le 19 avril 1817, âgé d'environ 72 ans.

« C'est encore un des bienfaiteurs de l'hôpital. Il lui lègue par son testament *douze mille* francs et *cinq cents sacs* de blé, payables en dix ans, par égales portions. Il donne encore *dix mille* francs au bouillon des pauvres. Selon sa demande, il a été enterré dans le cimetière des pauvres. »

Par une ordonnance du Roi, du 20 janvier 1819, l'hôpital Saint-Jacques fut transféré à l'hôpital de Las, avec le service des hospices réunis.

HOPITAL DE LAS.

Le 22 mai 1812, les anciennes sœurs de l'hôpital Saint-Jacques refusèrent, pour la plupart, de reconnaître la supérieure que l'Empereur venait de nommer à cette administration. L'immixtion de la puissance civile dans le plein exercice de leurs règles, ou tout autre motif, en avait dispersé plusieurs dans diverses communautés, quelques-unes rentrèrent à Agen. Les nouvelles administrations, envoyées à la suite de cette nomination, ont trop bien mérité de la ville et des pauvres d'Agen, leur mémoire et leur dévouement si plein d'activité et d'intelligence, sont trop gravés dans la reconnaissance publique pour que nous hésitions à nommer la mère Lucrèce, et sa coopératrice la sœur Cécile, qui lui succéda dans la supériorité ; car, avec la vénérable sœur Augustine, elles trois ont été les bienfaitrices de l'hôpital Saint-Jacques qu'elles transférèrent dans les mois de février, mars et avril, à l'hôpital de Las. Elles avaient été installées le 22 mai 1812.

Ce changement fut utile au service et au rétablissement des malades, et à l'état sanitaire de cette communauté.

« Par un décret du 9 octobre 1810, un dépôt de mendicité était institué pour le département de Lot-et-Garonne. Il devait être placé dans l'ancien hospice de Las, disposé pour recevoir 300 mendiants de l'un et de l'autre sexe. Le département en compta six mille. On défendit la mendicité publique, on fit des arrestations, moyens inutiles. »

« Les dépenses annuelles coûtaient au département 100,000 francs. Le directeur, l'aumônier, le secrétaire, le pharmacien, le médecin, les surveillants, le garde-magasin, les cuisiniers, les infirmiers, l'architecte, les lingères, etc., etc., en emportent une bonne partie. » dit l'annaliste.

« Le 8 août 1810, le maçon Lapalme obtenait l'adjudication, pour 87,000 francs, de la construction de l'aile du Midi, du mur de clôture à l'Est sur la route de Layrac. »

Le 9 octobre 1810, le dépôt de mendicité était installé dans l'hôpital de Las : Mgr Jacoupy bénissait plus tard la trop modeste chapelle que la Mère Cécile (sœur Chalabre) a transformée en un magnifique monument d'élégance, d'ornementations intelligentes et de riche ameublement.

A cette bénédiction du 31 décembre 1812, Mgr Jacoupy célébrait les saints mystères et prononçait l'allocution suivante :

« Vous le savez, Messieurs, M. Jules de Mascaron, ce prélat non moins distingué par ses vertus épiscopales que par ses talents oratoires, jeta les premiers fondements de cet établissement; mais il n'appartenait qu'à notre auguste Empereur, dont le règne est un enchaînement de merveilles, de lui donner une destination modèle, qui le rendit d'une utilité générale, en en faisant le dépôt des indigents de ce département; et vous devez juger, Messieurs, que les vues libérales de S. M. pour ce grand objet, ne pouvaient être mieux remplies que par l'illustre magistrat auquel elle en a confié l'exécution : grâce à ses soins paternels, ce magnifique ouvrage est terminé, et la plus touchante reconnaissance se joint à l'admiration qu'il excite.

« Mais à quoi peuvent aboutir, Messieurs, tous les efforts des hommes, si Dieu ne protége leurs entreprises? Une expérience journalière confirme la vérité de cette sentence du prophète : Si le Seigneur ne bâtit la maison, c'est en vain que travaillent ceux qui la construisent : *Nisi Dominus œdificaverit domum*, *etc.* Avec quelle ardeur ne devons-nous donc pas implorer pour cet établissement les bénédictions célestes? Successeur de M. de Mascaron dans le siége d'Agen, je m'estime heureux, quoiqu'ayant d'ailleurs avec ce prélat si peu de ressemblance, d'associer aujourd'hui mon ministère au sien, dans une œuvre aussi sainte. La chapelle où nous sommes rassemblés est, si l'on peut parler ainsi, comme l'âme de ces vastes bâtiments, puisqu'elle est le centre où tous leurs habitants doivent venir sans cesse recevoir tous les aliments de cette vie spirituelle, sans laquelle la vie du corps n'est plus qu'une vie animale, et pour la foi qu'un véritable état de mort. Les prières que nous allons faire pour bénir cette chapelle, ne doivent donc pas se borner à en faire, d'après les pratiques de l'Eglise, un lieu saint, pour qu'elle soit apte à la célébration des saints mystères; mais elles auront encore pour objet de supplier la bonté divine, de protéger cet établissement, pour qu'il devienne, sous la surveillance des personnes recommandables que le gouvernement dans sa sagesse a préposées à sa direction, un asile de consolation pour la vertu indigente, une école de vertu pour la pauvreté vicieuse, et un objet d'édification publique, par le bon ordre, la paix et l'esprit de piété qui y règneront. Que tous les vrais fidèles unissent donc leurs prières à celles que nous allons faire pour un but si désiré. Amen. »

Le dépôt de mendicité eut ses aumôniers ; l'annaliste signale M. l'abbé Le Sire.

« M. Le Sire, natif de Besançon, fut ordonné prêtre le 19 septembre 1812, à l'âge de 60 ans, par Mgr Jacoupy, évêque d'Agen.

Il avait d'abord servi dans le régiment de Lorraine-infanterie. Il continua son service, pendant toute la révolution, dans la 92ᵉ demi-brigade de ligne, qui a été longtemps en garnison à Agen. Il parvint au grade de chef de bataillon ; on l'a souvent vu, sur le Gravier, commander les évolutions de son régiment.

Son âge et ses blessures l'ayant obligé à demander sa retraite, il l'obtint avec la croix de la Légion d'honneur; alors il se retira dans la maison curiale de Monbusq qu'il avait achetée au district d'Agen ; mais ennuyé de mener une vie oisive et voulant se rendre utile de quelque manière, il prit la résolution d'apprendre la langue latine et d'embrasser l'état ecclésiastique. Il parvint par son travail assidu et les soins du maître qu'il avait choisi, à surmonter les dégoûts de cette étude. Au bout de seize mois il fut en état d'entrer au Séminaire dont il suivit les cours pendant quinze mois et fut fait prêtre.

Bientôt après, Monseigneur l'envoya vicaire à Castillonnès et le nomma ensuite curé de Ferrensac, dans le même canton.

M. Le Sire est mort dans la fin de février 1817, à l'hôpital de Las, au dépôt de mendicité dont il était aumônier depuis un an. »

Par son testament, il léguait au Séminaire d'Agen tout ce qu'il possédait. Le Séminaire vendit à la commune du Passage, la maison curiale et ses dépendances.

Nous avons souvent entendu nos anciens du sacerdoce nommer avec éloge M. Le Sire, pour sa bonté et sa vie exemplaire, soit dans le Séminaire où il les avait eus pour condisciples, soit dans les fonctions dont il avait été le collaborateur.

LES ARRIÈRE-PETITES-NIÈCES

DE NOBLE MARC - ANTOINE DE LAS DE GAYON,

SEIGNEUR DE LACÉPÈDE,

MARÉCHAL-DE-CAMP DANS LES ARMÉES DU ROI,

MESDAMES AUGUSTINE - ERN. DE BRONDEAU

ET LOUISE D'ARBLADE DE SÉAILLES,

NÉES DE LAS DE BRIMONT,

ONT DÉDIÉ LE PRÉSENT PORTRAIT A LA MÉMOIRE DE

Mgr JULES DE MASCARON,

ÉVÊQUE ET COMTE D'AGEN,

L'ILLUSTRE AMI DE LEUR GRAND - ONCLE.

Ce portrait est la reproduction vivante du *grand tableau avec sa belle bordure* que le testament du Prélat léguait à ses successeurs, avec prière de l'accepter. Il est en tout semblable au second grand tableau, légué à M. Laurens, son exécuteur testamentaire ; ils se trouvent au palais épiscopal. Le premier, recueilli par M. Joseph-Antoine Mouran, chanoine et supérieur du Grand Séminaire, fut généreusement offert à Mgr de Vesins.

Ils sont peints l'un et l'autre à des dates distancées, offrant le même sujet.

Celui qui fut choisi pour l'exposition de 1863, d'un pinceau peut-être plus habile, endommagé par le temps, avait été réduit et enfermé dans son cadre ovale ; mais la conception de l'artiste s'y trouve tronquée : les traits sont de la vieillesse du Prélat.

Celui de notre photographie a quinze ans d'antériorité et accuse la vigueur de l'âge avec l'idée-mère du type original.

Le compositeur a voulu traduire le disciple du célèbre Costar, formé, sous sa direction, dans l'étude des Saintes Écritures, pour devenir le prédicateur et l'apôtre de la Cour et des grands, de la capitale et des provinces, et l'heureux controversiste de son époque. Les conseils de son savant maître lui avaient indiqué, dans la *Sainte Écriture* « la source de toute éloquence « chrétienne, *force, suavité, dignité, persuasion.* » Mascaron puisa dans ce livre divin tous les fruits de sa parole évangélique, à la Cour, à la capitale, dans les chaires principales du royaume, surtout dans son diocèse, pendant vingt-quatre ans.

L'artiste l'a donc représenté, dans sa chaire, avec les insignes de son autorité épiscopale, tenant sur ses genoux, appuyé sur sa main gauche, le livre ouvert des Saintes Écritures, et le visage tourné vers ses auditeurs ou ses interlocuteurs, leur montrant de la main droite les pages de la vérité catholique ; sa bouche, son regard, le feu de son visage, la bonté de toute sa physionomie, semblent leur dire :

Scrutamini Scripturas; quia vos putatis in ipsis vitam œternam habere : ET ILLÆ SUNT *quæ testimonium perhibent de me.* (Ev. S. J. 5, 39.)

Enquérez-vous diligemment des Écritures ; car vous estimez par ycelles auoir vie éternelle : et pourtant ce sont Elles qui portent témoignage de Moy. (Traduction du XVIe siècle.)

MASCARON.

Note biographique. — Testament inconnu et oublié parmi nous.

Nous venons de montrer Mgr Jacoupy mettant son bonheur et ses soins à rétablir dans son diocèse les dévotions pieuses, les institutions éminentes que son illustre prédécesseur, Mgr Mascaron y avait si glorieusement fondées, soit dans la construction et l'entretien de cet hôpital de Las, soit par son appel des filles de Saint-Vincent, cette providence visible qu'il sollicita pour le soulagement de ses chers malades infirmes, soit par la construction de ce Grand Séminaire où Mgr Jacoupy fut si heureux de ramener les élèves du sanctuaire, après avoir retrempé son clergé diocésain dans la discipline sacerdotale que lui transmettaient les ordonnances et les statuts synodaux de ce vénérable épiscopat, non moins pieux que ferme et vigilant.

N'est-ce pas remplir un devoir de reconnaissance, au nom des pauvres et des malades, au nom des secondes mères qu'il leur procura, au nom des élèves du Séminaire et de tout notre clergé, au nom enfin de toutes nos paroisses que cet apôtre infatigable parcourut pendant vingt-quatre ans, les gagnant à Jésus-Christ par la puissance efficace de sa parole et de ses exemples, n'est-ce pas un devoir de tenter un faible tribut d'hommage en faisant mieux connaître le nom et les travaux de ce grand bienfaiteur aux âmes qui en ont encore un vague souvenir, et en les révélant aux cœurs qui jouissent, sans le savoir, des fruits de sa piété et de sa charité industrieuse et inépuisable ?

Nous transcrivons ou nous analysons des témoignages sérieux et authentiques.

Jules Mascaron, évêque d'Agen, fut l'un des plus excellents prédicateurs du xvii° siècle. Il naquit à Marseille l'an 1634, et le plus considérable héritage qu'il eut de son père, fameux avocat au Parlement d'Aix, fut le rare talent d'éloquence qui le distingua. Etant entré fort jeune dans la congrégation des Prêtres de l'Oratoire, on l'envoya, dès l'âge de 22 ans, enseigner la rhétorique au Mans. Là, il devint l'ami du célèbre Costar et les avis qu'il reçut de lui ne contribuèrent pas peu à cultiver les favorables dispositions qu'il avait reçues de la nature. Peu d'hommes, destinés à parler en public, en ont eu de pareilles. Son extérieur prévenait et il était difficile, dès qu'il paraissait, de lui refuser son attention : prestance majestueuse, son de voix agréable, geste naturel et réglé. Avec ces beaux dehors et un fonds d'éloquence naturelle, cultivée par beaucoup d'étude, soutenue d'un esprit solide et d'un bon goût, il monta dans la chaire presque au sortir des bancs de l'école.

Ses premières prédications se firent à Saumur : l'église se trouva trop petite pour contenir tous ceux que sa réputation y attirait, et il fallut y dresser des échafauds pour mieux entendre le jeune prédicateur. Les hérétiques mêmes y accouraient, et le fameux Tanneguy Lefevre ne put lui refuser son estime et fut des premiers à faire son éloge.

L'évêque du Mans, voulant attacher à son Église un si habile prédicateur, le nomma théologal : mais Paris l'enleva bientôt à la province. Le Père Mascaron y parut avec éclat, dans l'église de sa Congrégation, rue Saint-Honoré. Les principaux membres de l'Académie française, qui avaient été en commerce de littérature avec son père, furent charmés d'entendre le fils et se firent un plaisir de rendre justice à son mérite.

La Cour le demanda : ce fut par l'Avent de 1666 qu'il commença ; et tout de suite il y prêcha le Carême de 1667, l'Avent de 1668, le Carême de 1669, le Carême de 1670 et l'Avent de 1671, sans que l'on se lassât de lui. Aussi disait-on que Dieu l'avait formé exprès pour annoncer ses vérités aux grands. Ses sermons étaient faits précisément pour la Cour. Il se retirait à Vendôme chaque été pour les préparer et les diversifier, de manière que rarement il a donné au Louvre les mêmes pièces.

Le roi le nomma à l'évêché de Tulle en janvier 1871, et sitôt qu'il fut sacré, il s'y retira. On eut dans la province le même empressement pour l'entendre qu'on avait eu dans la capitale: ainsi, après avoir donné à ses ouailles la pâture nécessaire, il alla rompre le pain de la parole chez ses voisins. Les Cathédrales de Toulouse et de Bordeaux eurent la consolation de le posséder ; mais le Roi voulut le ravoir pour le Carême de 1675 qui fut suivi de celui de 1677. Au commencement de 1678, Sa Majesté le nomma à l'évêché d'Agen.

Là, il trouva un plus vaste champ pour son zèle. Sa douceur y gagna le cœur des hérétiques; son éloquence les attira ; la force de ses raisons les convainquit ; sa politesse les charma; sa vertu les convertit ; et de trente mille qu'ils étaient à son arrivée, il eut la consolation d'en voir vingt-huit mille abjurer leurs erreurs.

Cependant la Cour s'ennuyait de ne le plus entendre. Il fallut y reparaître l'Avent de 1679. Quatre ans après, on lui redemanda l'Avent de 1683 et le Carême tout de suite de 1684 : enfin, pour la dernière fois, il prêcha l'Avent de 1694. L'assemblée du clergé lui confia, l'année suivante, le discours de son ouverture. Après quoi il prit congé de Paris et se retira dans son diocèse pour ne plus s'y occuper que de ses fonctions épiscopales. Ce fut là qu'il mourut au milieu de son troupeau, le 16 décembre 1703, avec les mêmes sentiments de piété qu'il avait tant de fois inspirés aux autres, instituant, pour ses héritiers, les pauvres qu'il avait toujours traités comme ses enfants. *(Moréri ;* édition 1718, en partie).

Ainsi disait, loin de son diocèse, l'écho fidèle de cette douce et sainte réputation. Et sur le cercueil de l'illustre défunt, en présence de son clergé et des fidèles, témoins inconsolables de cette vie si belle devant Dieu et devant les hommes, la voix émue de l'orateur redisait, le 20 novembre, comme dans la famille d'un père bien-aimé, les particularités plus intimes que nous lisons dans son oraison funèbre.

Nous serions heureux de les redire, mais nous devons nous renfermer dans nos limites et nous contenter d'enrichir le paragraphe de l'*Hôtel-Dieu*, fondé par Mascaron, du testament où ce bon père lui légua les dernières affections de son cœur avec ses dernières ressources.

Ce document précieux, demeuré inconnu parmi nous, avait été imprimé à Agen en 1703, chez P. Gayau, in-4°. Il en existe un exemplaire à la Bibliothèque Nationale, à Paris, sous le n° 13,683. Une intelligence laborieuse vient d'en découvrir l'existence légale, en fouillant les vieilles minutes de la riche étude de M. Recours. Nous devons à l'extrême bonté de ce notaire de notre ville de pouvoir collationner notre texte sur le texte original autographe, comme il fut juridiquement homologué, dans l'étude de Mᵉ Gélieu, notaire, le 17 novembre 1703, à la requête de M. Vital Laurens, prêtre, docteur en théologie, chanoine de Saint-Etienne, vicaire-général et exécuteur testamentaire du Pontife défunt.

Ce n'est pas sans un respect profond et une vénération religieuse que nous avons baisé et lu ces dernières lignes du grand et saint Évêque de notre cher diocèse : car sa gloire oratoire a moins encore illustré cette sainte Église d'Agen, que ne l'ont édifiée, pendant vingt-quatre ans, la vertu de ses exemples, les missions incessantes de son zèle apostolique, la sollicitude pastorale et paternelle pour son clergé, et les fondations encore vivantes que lui légua ce cœur éminemment riche en piété et en charité industrieuse et féconde.

Cette grande et dernière page fut le couronnement suprême de tant de belles pages de cette carrière si belle ! Nous la recueillons avec piété et nous la signalons avec bonheur à l'admiration et à la reconnaissance chrétienne. Ce 30 octobre 1703 n'est-il pas, dans un ordre plus sublime, le *magnum diem* qu'un illustre général réclame de ses braves pour couronner cinquante années de triomphes ! *Imponite quinquaginta annis magnum diem.* (Tacite, Agricola, 34).

N. B. — Les chiffres renvoient aux notes explicatives.

Testament de M⁹ʳ Jules Mascaron, évêque et comte d'Agen du 30 octobre 1703, remis *clos* en six pages signées et scellées en cire rouge des armes du prélat, à Mᵉ E. Gélieu notaire, le 3 novembre, homologué le 17 novembre à la requeste de M. Vital Laurens, l'exécuteur testamentaire.

« Au nom de la très sainte et très adorable Trinité, Père, Fils et Saint Esprit, un seul Dieu en trois personnes !

« Je Jules Mascaron, très indigne Évêque d'Agen, fais mon testament en la meilleure manière que je puis.

« Je déclare que par la miséricorde de mon Dieu, j'ay toujours vécu et que je veux vivre et mourir dans la foy et dans la communion de la Sainte Église Catholique, Apostolique et Romaine, hors de laquelle il n'y a point de salut.

« J'accepte avec une soumission sincère et en esprit de pénitence, la mort que j'ay si bien méritée par mes péchés, quand elle ne serait pas d'ailleurs une loy générale pour tous les hommes et je prie le Dieu des miséricordes, par les mérites de mon Sauveur Jésus-Christ, d'avoir pitié de ma pauvre âme et de ne la perdre pas avec les impies. Je prie très humblement la Très Sainte Vierge, mère de mon Dieu, de m'assister, par ses intercessions, à l'heure de ma mort. Je demande le même secours à mon saint Ange Gardien, à saint Jules, mon patron, et à tous les saints protecteurs de ce diocèse.

« Je veux que le plutôt qu'il se pourra, après mon décès, il soit dit cinquante messes, en chacune des quatre églises paroissiales de la ville d'Agen, dans celle du Séminaire, des Religieux et Religieuses de la ville, de Notre-Dame de Bon-Encontre, de l'hermitage de Saint-Vincent, des Orphelines et de la paroisse de Monbran.

« Je choisis ma sépulture dans le chœur de mon église

cathédrale, à tel endroit qu'il plaira à mes très chers frères, Messieurs les chanoines de ladite église, de marquer ; le moins honorable sera celui qui conviendra le mieux à un aussy grand pécheur que moy. Ma sépulture sera couverte d'une pierre, sur laquelle on gravera cette inscription : (1)

HIC JACET

JULIUS MASCARON MASSILIENSIS, (2)

EPISCOPUS ET COMES AGINNENSIS, (3)

EXPECTANS RESURRECTIONEM MORTUORUM

ET VITAM FUTURI SÆCULI.

SEDIT ANNOS (24) (4)

OBIIT DIE (16 Novembre 1705)

VIXIT ANNOS (70) (5)

« Je veux que mes obsèques soient simples et sans faste. Je défends expressément de me faire aucune oraison funèbre : on ne doit parler de moy dans l'église que pour demander à Dieu qu'il me fasse miséricorde. (6)

« Je donne et lègue à la sacristie de Saint-Étienne d'Agen mon église cathédrale, pour tout droit prétendu de chapelle, tous mes ornements en broderies d'or et d'argent, de quelque couleur qu'ils puissent être, chasubles, chappes et toutes mes aubes, mon second calice d'argent, qui est d'une très agréable figure, avec sa patène, les deux burettes, la cuvette d'argent, de même ouvrage, ma sonnette d'argent, mes vases d'argent à tenir les saintes huiles, ma crosse d'argent, à condition qu'elle sera employée au plustôt à faire une belle croix d'argent pour les processions. Le bâton pourra servir et le haut de la crosse qui est d'un bel ouvrage, après en avoir tiré mes armes, pourra être vendu, pour faire la croix ; et pour la rendre plus belle et digne d'une église cathédrale, je donne aussi mon grand calice ciselé, avec la patène, les deux burettes et le bassin : le tout pour la croix.

« Je donne aussy mon grand tapiz de Perse à la même sacristie, pour être mis et étendu sur le marche-pied du grand autel aux jours des grandes solennités ; et pour les jours ordinaires, je laisse à la même sacristie le tapiz de Turquie.

« Que si avant ma mort j'ay donné à ma dite église cathédrale un ornement blanc de quatre mille livres de valeur, comme j'en ay le dessein, je révoque tous ces dons en général et en particulier, voulant que les choses qui y sont énoncées entrent dans le corps de mon hérédité.

« *Item*, je donne et lègue à l'église de la paroisse de Monbran mon troisième calice dont mes aumôniers se servent dans ma chapelle, l'encensoir et navette d'argent que je porte dans mes visites et le devant d'autel de ma chapelle d'Agen.

(8) *Item*, je donne et lègue à tous mes domestiques commenseaux de la ville et de la campagne une année entière de leurs gages outre ce qui leur sera dû au jour de ma mort. A chacun de mes laquais deux cent cinquante livres, pour leur faire apprendre un métier et cinquante livres pour les habiller. Aux garçons de cuisine ou d'offices, cinquante livres, et s'ils veulent demeurer, ils seront nourris, quatre jours après ma sépulture, aux dépends de mon hérédité.

« *Item*, je donne et lègue à Jean Guillemot mon jardinier de Monbran, outre les gages qui lui seront dûs au jour de mon décès, cent cinquante livres.

« (9) *Item*, je prie Messeigneurs les Évêques mes successeurs d'accepter les sept portraits que j'ay des Évêques d'Agen, en y comprenant le mien, en grand et tous mes orangers avec leurs caisses. Je les leur donne et les prie de se souvenir de moy dans leurs prières.

« *Item*, je lègue à Messieurs de mon Séminaire tout l'ameublement de la chambre et de l'anti-chambre que j'ay fait meubler au Séminaire, tapisseries, licts, chaises, tables, guéridons, garnitures de feu, tablettes, oratoire, afin que ce petit ameublement serve aux personnes de condition qui pourraient y aller faire retraite.

« (10) Je déclare que mes héritiers n'ont et n'auront rien à prendre dans tous les meubles qui se trouveront dans l'appartement de Monsieur Laurent, chanoine de mon église cathédrale et mon vicaire-général ; que le tout luy appartient par des conventions que nous avons faites ensemble, pour les licts, chaises, tables, tapisseries et autres choses qui m'auraient appartenu : luy ayant donné mon second grand portrait avec sa belle bordure et plusieurs livres ; et afin qu'on ne luy puisse faire aucune peine, ni luy rien demander, je luy donne tout ce qui pourrait m'apartenir de l'ameublement de laditte chambre. Je luy donne tous mes escripts, recueils, sermons, abrégés, explications de la Sainte Écriture : et pour ce qui regarde les registres et mémoires concernant la conduite du diocèse, tant ceux qui me furent laissés par Monseigneur de Joly, mon prédécesseur, que ceux que j'ay faits pendant mon administration, je le prie et je le charge de les remettre fidèlement entre les mains de mon successeur, pour luy servir à connaître l'état du diocèse (10).

« Je déclare que je n'ay pas fait de grandes réserves d'argent et que l'on ne doit pas être surpris si l'on n'en trouve pas beaucoup dans mes cassettes. Par la grâce de mon Dieu, je n'ay jamais eu l'inclination de thésauriser et je continueray de l'employer de même, jusqu'à la fin de ma vie, pour la gloire de Dieu, le secours des pauvres et l'acquit de mes obligations. S'il me reste de l'argent quant je mourray j'auray soin de le déclarer.

« Je déclare que j'ay employé aux réparations des églises où je tire la dixme, soit en tout soit en partie, tout l'argent qui fut laissé à cette fin par feu Monseigneur de Joly et qui m'a été donné par les héritiers de feu Monseigneur d'Elbène, et beaucoup au delà, comme il paraîtra par les quittances et l'état des réparations que j'ay faites et des soleils, calices, ornements que j'ay donnés. Je prie Messieurs mes exécuteurs testamentaires de prendre garde quant on fera la visite et les verbaux des réparations des paroisses de faire contribuer ceux qui prennent part à la dixme selon leur quotité.

« Je déclare que j'ay donné et délaissé depuis longtemps à mes parents le peu de biens que j'ay pu avoir de ma famille, et qu'ils ne doivent rien prétendre à ceux qui me restent qui proviennent tous des revenus de mon Évêché. Je reconnais que ces revenus sont le patrimoine des pauvres et je me crois si bien obligé, en conscience, de les leur donner, que je regarde les dispositions que j'en fais en leur faveur, plutôt comme une espèce de restitution d'un bien qui leur est destiné par les loix divines et ecclésiastiques, qu'une véritable libéralité.

« (11) C'est pourquoi j'institue les pauvres qui sont ou qui seront renfermés cy-après dans l'hôpital général de Las de la ville d'Agen et les malades de l'hôpital de Saint-Jacques de ladite ville mes héritiers universels de tous les biens qui me resteront après l'exécution des articles cy-dessus de mon présent testament, scavoir, les pauvres de l'hôpital général de la Manufacture (13) pour les deux tiers de tous mes biens et les pauvres malades de l'hôpital de Saint-Jacques pour l'autre tiers seulement.

« Je conjure les Directeurs et chapelains de ces dicts hôpitaux de faire souvenir les pauvres de prier Dieu pour moy, voulant que l'on conserve aux dicts pauvres de la Manufacture les deux tiers de mon hérédité et aux pauvres malades de l'hôpital Saint-Jacques l'autre tiers, dans le meilleur et le plus favorable état qu'il se pourra. J'espère de la justice et de l'honnêteté de Messieurs les Directeurs de ces deux saintes maisons, qu'ils n'auront aucun différent pour le partage de mes biens.

« Je souhaite et je veux que l'inventaire de tous mes biens meubles et effets, soit fait par un notaire, Messieurs les exécuteurs testamentaires présents avec Messieurs les Directeurs desdits hôpitaux ou quelque personne de leur part à ce commise et préposée et en présence de Monsieur le Procureur du Roy, s'il trouve à propos d'y assister. Je les supplie tous, par les entrailles de Jésus-Christ, d'agir de concert pour le plus grand avantage des pauvres.

« Je nomme pour mes exécuteurs testamentaires, Monsieur de Raymond, seigneur de la Garde, lieutenant de Messieurs les maréchaux de France, Monsieur Vital Laurens, chanoine de l'Église Cathédrale Saint-Etienne, mon vicaire-général, Monsieur Joseph Passalaygue, conseiller du Roy, receveur des décimes du Diocèse d'Agen et receveur de mes revenus. Je les prie de vouloir bien accepter cette qualité et la fatigue qui y sera attachée, ne doutant point que leur vertu et l'amitié qu'ils ont toujours eue pour moy ne les engagent à faire exécuter mon présent testament en tous ses chefs, tant pour les légataires que pour les héritiers.

« Je les décharge de rendre compte à qui que ce soit de l'exécution de mon présent testament, les priant de le faire exécuter au plutôt après mon décès, et pour reconnaître en quelque manière leur application et leur laisser une marque d'estime et de l'amitié que j'ay pour eux, je leur donne et je les prie d'accepter, savoir : Monsieur de Raymond, ma belle montre que j'achetay à mon dernier voyage de Paris (1695), Monsieur Laurens une de mes deux pendules, à son choix et Monsieur Passalaygue mes deux chandeliers d'argent dont je me sers ordinairement, dans ma chambre, avec les mouchettes et le porte-mouchettes qui sont aussy de l'usage de ma chambre ; et au cas que tous Messieurs les exécuteurs testamentaires que j'ay nommés ne fussent pas en état de travailler à l'exécution de mon testament, je donne le pouvoir entier à ceux ou à celuy d'entre eux qui sera en état et tel qu'ils l'auraient tous trois ensemble et je veux qu'il puisse faire lui seul, tout comme si je l'avais nommé luy seul exécuteur testamentaire.

« Je déclare que c'est icy ma dernière volonté. Je casse, révoque et annulle tous autres testaments, codicilles, et autres dispositions que je pourrais avoir faites, ne sachant pas pourtant en avoir jamais fait aucune. Je veux que celle-cy vaille comme testament, codicille, donation, à cause de mort ou autre meilleure disposition, l'ayant à ces fins, écrite de ma main en six pages ; et après l'avoir lue et relue et persisté dans cette volonté, priant Dieu de l'avoir pour agréable et ay signé au bas de chaque page dont celle-cy fait la sixième et la fin du dict testament.

« Fait dans le château Episcopal de Monbran, le trentième du mois d'octobre mil sept cent troys. (12)

† JULES E. C. *d'Agen*.

Notes diverses sur le Testament.

(1) L'*inscription*.

C'est l'inscription qui se lit sur la pierre tumulaire, en marbre, qui est derrière l'autel nouveau de la chapelle de l'hôpital actuel de Saint-Jacques de la ville d'Agen, autrefois l'hôpital de Las, fondé, entretenu et doté par Mascaron.

Cette pierre avait eu son usage profane, comme tous les matériaux des fouilles et des démolitions pratiquées dans l'église et dans le chœur de Saint-Etienne.

Depuis fin janvier 1800, elle avait servi à la construction du pont, qui ouvrit la rue Saint-François, sur le fossé de ville, à travers le chemin des Rondes, à l'extrémité du jardin de M. de Raymond, arrière petit-fils de M. de Raymond, premier exécuteur testamentaire. Les passants et autres se faisaient un lieu d'aisance sous la voûte de ce pont, appelé dans ce quartier le pont de Mézin, parce qu'il était voisin d'une auberge de ce nom. L'un d'eux, plus curieux que les autres, remarqua des caractères gravés dans la voûte et en parla. M. l'abbé Joseph Leroux, professeur du Petit Séminaire, chercheur ardent et intelligence d'élite, ne recula pas et descendit et prit un calque suffisant pour reconnaître l'épitaphe. Sur son avis, la sœur Chalabre, la T. R. Mère

Cécile, obtint l'autorisation de faire remplacer et emporter cette pierre monumentale, relique précieuse du premier bienfaiteur de sa congrégation et du fondateur de l'hôpital de Las.

Elève à cette époque, nous apprîmes ces détails de M. Leroux lui-même. Ce saint prêtre fut enlevé fort jeune au Petit Séminaire et au diocèse. Il mourut dans sa famille à Villeneuve, en 1821.

D'autres récits la placent sous d'autres ponts ; mais le témoignage de la famille de M. le comte de Raymond confirme le nôtre.

(2) *Massiliensis*.

Natif de Marseille (1634), il eut pour père un très célèbre avocat au Parlement d'Aix. La Provence, patrie du *Gai-savoir*, ne l'a pas moins été de l'éloquence, et de l'éloquence chrétienne, par son Comtat Venaissin. Tacite loue son beau-père d'avoir eu, dès son enfance, pour séjour et pour école Marseille, ville où règnent dans une heureuse harmonie la politesse grecque et la frugalité provinciale.

(3) *Aginnensis*.

Du siége de Tulle, il passa au siége d'Agen, le 25 février 1679.

En prenant possession de son diocèse, Mascaron eut ses premiers rapports avec le gouverneur de l'Agenais et du Condomois, le grand sénéchal, Arnaud, marquis de Belzunce[1] et de Castelmoron, baron de Gévaudan, marié à Anne de Caumont-Lauzun. Ces heureux parents présentèrent à la bénédiction de leur nouvel Évêque, un fils, âgé de sept ans, né en 1671, dont les vertus naissantes leur donnaient déjà les jouissances les plus douces, Henri-François-Xavier de Belzunce. La tendresse naturelle du prélat ne tarda pas à s'associer à toute la tendresse de sa famille pour cet ado-

---

[1] Belzunce, ancienne vicomté dans le val d'Albérone, Basse-Navarre.

lescent, prévenu de Dieu des plus délicieuses faveurs. Ce ne fut pas sans un attrait particulier, sans une affection toute spéciale pour cet enfant de son diocèse que le pasteur l'admit à la table sainte et le marqua du caractère qui imprime la force et la plénitude de l'Esprit Saint. Ces premières années révélaient-elles au pieux pontife que ce fils de son Eglise et de sa prédilection serait un jour le continuateur de ses soins apostoliques, une des gloires par ses écrits et ses travaux de l'Église des Caprais, des Phébade et des Dulcide, jusqu'à ce que, six ans après son propre trépas, le vicaire-général d'Agen allât porter sur le siége de Marseille, dans la patrie que les Mascaron auraient illustrée, une illustration de vertus héroïques et d'un dévouement qui affilia son cœur au Cœur sacré du Bon Pasteur *qui donna sa vie pour ses brebis.*

Le jeune Henri de Castelmoron entrait dans la Compagnie de Jésus, après ses études au collège de Louis-le-Grand ; la faiblesse de sa santé le ramenait auprès de sa mère, dans son diocèse, où il reçut les ordres sacrés, dans le Séminaire de Mascaron, et les pouvoirs de vicaire-général, sous Mgr Hébert. Député de notre province à l'Assemblée générale du clergé en 1710, pendant sa tenue il était sacré, le 30 mars, dans la maison même des Jésuites de Saint-Louis, à Paris, évêque de Marseille : il avait été nommé le 5 avril 1709.

Les souvenirs de son Église natale, des deux saints pontifes qu'il y avait admirés, le suivirent dans cette Marseille où, doyen des évêques de France, il honorait encore, à 84 ans, les vertus du père de sa jeunesse chrétienne, et du père de son sacerdoce : ainsi, par une admirable disposition de la providence, l'Église d'Agen paya son tribut de reconnaissance à l'Église de Marseille.

(4) *Sedit.*

Il siégea 24 ans, depuis février 1679 jusqu'en novembre 1703.

(5) *Vixit.*

Les travaux et les fatigues de toute sa vie, surtout de son

épiscopat, avaient ruiné une santé robuste et causé cette longue et triste maladie qui mit fin à ses jours, 16 novembre 1703. Il avait vécu 70 ans.

(6) *Obsèques, oraison funèbre*.

Mascaron, depuis son entrée à l'Oratoire, dans la plus tendre jeunesse, avait suivi, dans l'humilité et la modestie, même au milieu de la Cour, et des applaudissements prodigués de chaire en chaire à son éloquence, le Maître doux et humble de cœur qu'il eut toujours la sainte passion d'imiter et de faire aimer. Mourant, il ne pouvait désirer et prescrire pour sa dépouille mortelle que la simplicité d'une vie passée dans la fuite du luxe et des somptuosités.

N'écrivait-il pas la plus belle page de toute oraison funèbre en écrivant de sa main ce testament, pur reflet de sa vie entière ?

On ne respecta pas sa défense ; on obéit à un cérémonial consacré par l'usage. M. Labénazie, chanoine de la Collégiale de Saint-Caprais, prononça l'oraison funèbre à son enterrement, le 20 novembre 1703. Cependant, comme le proclamait l'orateur, que pouvait-il apprendre à son auditoire des vertus et de la mort de cet illustre mort? Les larmes et les sanglots de tous les pauvres, ses plus chers enfants, les regrets unanimes, le deuil profond de cette assistance, de tout le clergé de son diocèse, honoraient sa tombe au-delà de toute expression humaine : la vie entière du prêtre de l'Oratoire et du Pontife lui avait préparé ce glorieux éloge. La simple lecture, sur son cercueil, de son testament inconnu encore de cette assistance en pleurs, aurait mieux consolé ses enfants en leur disant les derniers adieux et les derniers bienfaits d'un père qui les *avait aimés jusqu'à la fin*.

L'oraison funèbre de Labénazie a pu paraître à un critique une œuvre de pur XVIe siècle : sans doute l'heureux émule des Bossuet et des Fléchier dans ce grand siècle, en plein règne de Louis XIV, dut lui sembler montrer du fond de sa bière le recueil de ses propres oraisons funèbres : de la *Reine-Mère*, de *Turenne*, etc. ; car l'auteur ajoute, peut-être sans intention maligne, que Bossuet et Bourdaloue s'éteignaient quelques mois après Mascaron. Cependant cette œuvre du Prieur de Saint-Caprais n'est pas inutile à cette biographie : au moins son abondance n'est pas stérile en faits.

Selon ses désirs, *on ne devait parler de lui, dans l'église, que pour demander à Dieu qu'il fît miséricorde à son âme.* Et il mourait dans le mois où l'Église fait prier pour les chères âmes de ses morts, dévotion filiale que les ordonnances de sa piété venaient d'établir dans Sainte-Foi et étendre dans son Diocèse, dévotion que ses exemples avaient encore mieux enseignée à son peuple : car il avait aimé à suivre en personne et à encourager de sa présence toutes les prières publiques : aussi ses institutions se perpétuent : dans Saint-Hilaire et dans tout son Diocèse, envers le très saint Sacrement; à Notre-Dame d'Agen, envers la Passion de Jésus-Christ; et dans Sainte-Foi, surtout par l'octave solennelle des Morts.

(7) *Donations à sa cathédrale.*

Au sein des richesses que les revenus de son Évêché, les largesses de la Cour, les honoraires de ses grandes stations lui avaient faites et entretenues, Mascaron, toujours frugal, toujours économe pour sa personne, après avoir accordé à sa dignité les dépenses qu'il ne devait pas refuser à l'Évêque, Mascaron ne fut magnifique que pour l'honneur du culte divin et pour les pauvres, autre culte de son cœur. De là le legs en ornements, en argenterie, en tapis luxueux, qu'il réservait à son Église et son souvenir de sa paroisse de Monbran.

(8) *A ses domestiques.*

Pouvait-il, en mourant, oublier ses domestiques, lui qui s'en était fait une famille, veillant sur elle, sur sa conduite et ses intérêts, en bon père; présidant lui-même, dans son palais, lorsqu'il n'en était pas sérieusement empêché, à leur prière du soir et aux autres exercices de religion ; car il les voulait chrétiens et laborieux, selon leur condition ; aussi le legs de ses laquais avait une modique augmentation pour leur faciliter « le moyen d'apprendre un métier. » Toute morale et sage qu'elle soit, cette idée paraîtra étrange en nos jours.

(9) La salle des conférences, au Grand Séminaire, est ornée d'une copie des grands tableaux.

(10) Son testament nous le montre jusqu'à la fin le bienfaiteur de son Séminaire et aussi l'ami fidèle et reconnaissant envers un collaborateur dévoué qui avait toute sa confiance. La munificence du testateur se montrait surtout dans le legs de tous ses manuscrits.

On regrettera longtemps que M. Vital Laurens n'ait pas pris des mesures pour leur conservation. Ces *recueils*, ces *sermons* auraient vivement intéressé. Peut-être ses sermons n'auraient pas répondu au prestige et à l'éclat de leur prédication : mais le public littéraire aurait trouvé son dédommagement dans l'étude comparée de ces compositions, au moment où la langue française et l'éloquence de la chaire prenaient leur essor vers leur apogée. D'ailleurs le public aurait tenu compte des travaux apostoliques qui absorbèrent le temps et l'application du prélat, loin, bien loin des soins et des compositions oratoires. L'Évêque se laissait emporter à une autre ambition. Au reste, Mascaron eut-il eu l'ambition, que son humilité n'eut jamais, l'ambition de l'orateur pouvait se contenter de son passé.

Son histoire, en effet, nous déroule une carrière de succès enivrants contre lesquels il eut toujours à se tenir en garde. Les protestants venaient de Londres, attirés par sa réputation, et la Cour, après douze stations, voulait l'entendre encore, et le grand Roi, satisfait, le complimentait de ces paroles : « Il n'y a que votre éloquence qui ne vieillisse pas. » Et pourtant, fidèle ministre de la parole sainte, Mascaron n'avait jamais hésité à la faire entendre au Louvre, dans toute sa vérité. Un jour même, les courtisans s'aigrirent de son courage et parlaient autour du Roi de le faire *appréhender* : « Laissez-le, disait le monarque ; il a fait son devoir, faisons le nôtre. »

C'est sous l'impression vivante de cette renommée, quatorze ans après sa mort, dans l'édition de 1718, que fut inséré l'article du Dictionnaire, toujours attribué à l'abbé Moréri, mort en 1680, à l'âge de trente-sept ans.

La perte de ses commentaires ou *explications* de la Sainte Ecriture n'est pas moins regrettable, parce que cette intelligence d'élite et ce cœur sacerdotal en avait fait l'étude principale de toute sa vie, après l'avoir commencée sous la direction des principaux Pères de sa Congrégation, et au Mans, sous la direction spéciale du célèbre Costar.

Ce digne et habile conseiller, entrevoyant dans les talents de son élève une vocation particulière, chercha à former en lui le prédicateur des Grands et des grandes chaires. Il lui avait montré la Sainte Ecriture comme la base de l'éloquence catholique, forte et douce, indépendante et persuasive : *fortiter et suaviter*.

Rien ne fut imprimé. Il ne reste que de bien rares exemplaires de ses statuts synodaux, quelques ordonnances éparses et les oraisons funèbres que publia le P. Fran. Bordes en 1703, et qui furent réimprimées in-12, en 1740.

M. Vital Laurens remit aux Archives de l'Évêché les mémoires et registres, tant ceux de son Évêque que ceux de Mgr de Joly. On les y possède encore.

(11) *Les pauvres.*

Dispersit, dedit pauperibus. Les pauvres avaient eu durant sa vie la grande part de ses revenus ; ils en eurent le reste, par testament.

Mascaron avait fondé, entretenu cet hôpital général qu'il dota des deux tiers de son hérédité. Sa charité en avait fait un asile pour y abriter et nourrir les pauvres mendiants et vagabonds, et aussi une école de travail et d'instruction chrétienne, leur grande plaie étant la misère, le désœuvrement et l'ignorance. Il le laissa prospère et dans un ordre admirable.

L'hôpital Saint-Jacques eut l'autre tiers de ses biens à sa mort. Vivant, il y avait établi les filles de Saint-Vincent (1686) et l'avait toujours assisté de sa protection et de ses aumônes personnelles.

« La sainte société des Dames pieuses qui prenaient soin « des pauvres honteux et souffrants », disait Labénazie dans son oraison funèbre, « a subsisté par ses libéralités : il « en fut tellement lui seul le soutien qu'il est à craindre « qu'elle ne soit en danger de périr, si nous ne réveillons « notre charité pour suppléer à la perte de cette source tarie « de miséricorde. »

12) *Château épiscopal de Monbran.*

Mascaron avait rebâti ce château et cette église en grande partie et embelli le parc.

C'est dans ce château, vendu par la Révolution, acheté plus tard pour l'hospice d'Agen, que le Prélat passa dans la souffrance les derniers jours d'une longue et triste maladie. Épuisé par les travaux et les fatigues du saint ministère, plus encore que par l'âge, il se soumit à la volonté de son Divin Maître avec une douce et inaltérable patience, soutenu par sa foi et sa ferme espérance dans la miséricorde de Dieu. Son mal s'aggravait, il fit ses dernières dispositions et demanda à rentrer à Agen. Il avait à cœur le séjour de Monbran. Ce départ lui fut pénible. Arrivé au haut d'un mamelon qui domine le château, il fit arrêter son carrosse, et jetant un dernier regard sur cette propriété épiscopale et sur l'église, il s'attendrit, et d'une voix émue : « Adieu, Monbran, dit-il, je ne te reverrai plus. » En descendant la côte, cette conscience timide se reprocha, avec larmes, comme une faiblesse, ce cri de la nature, et les prêtres de sa confiance eurent de la peine pour calmer ce remords.

Telle était la délicatesse de cette belle âme, qu'il se fit, dit-on, réordonner prêtre, parce que, ayant reçu la prêtrise au Mans, M. de Beaumanoir de Lavardin, évêque de ce siège, aurait déclaré, en mourant, qu'il n'avait jamais eu intention de faire aucune ordination.

Dans son palais, à Agen, il ne s'occupa plus que de sa préparation prochaine à la mort et reçut les derniers sacrements. « Ce fut alors, dit Labénazie, qu'il épancha son âme devant Dieu, avant qu'il parût devant son redoutable tribunal : ce fut alors que, dans les exercices de la plus vive foi, de la plus ferme espérance et de la plus ardente charité et de la plus humble pénitence, il remit son âme entre les mains de celui qui l'avait créée. »

Ainsi mourut Mascaron, heureux d'avoir bien enseigné toute sa vie, plus heureux d'avoir bien pratiqué.

Qui fecerit et docuerit, hic Magnus vocabitur in regno cœlorum. (Matth. 5, 19.)

Sa mort eut lieu le 16, de 10 heures à 11 heures du soir. Son enterrement, le 20 novembre 1703.

(13). *L'Hôpital général de la Manufacture.*

Cette appellation résumait, sous la plume du testateur, toute l'intention de l'œuvre du charitable pasteur et de l'industrieux Évêque.

Dès son arrivée à Agen, en 1679, les rues de sa ville épiscopale avaient affligé son cœur par la misère et l'oisiveté vagabonde des pauvres qui les encombraient. Pourvoir à leur nourriture, à leur entretien, à leur logement, pouvait satisfaire une pensée philanthropique. La pensée chrétienne dans le pasteur n'embrasse pas que les besoins du corps. Le besoin des âmes dévoyées dans le vice et l'ignorance lui révèle une misère plus profonde, un soulagement plus élevé. Les abriter et les nourrir tous sous un même toit, c'était épargner à la charité publique un affligeant spectacle : n'avait-elle pas assez des misères qui se cachent et des infortunes qui humilient? La morale publique trouvait un meilleur profit, en les réunissant sous une règle commune et appropriée à leur condition, avec les soins et les instructions d'un aumônier dévoué à leur salut. La Manufacture lui offrait leur réhabilitation civile et morale. Le travail à ses yeux, mais un travail réglé sur les aptitudes et les forces d'un chacun, devait réveiller ou ressusciter en eux tous les instincts honnêtes et faire aspirer les jeunes après un avenir honorable, dans l'occupation.

Ce plan, mûrement médité, lui offrait les véritables conditions de l'aumône. Le prélat communiqua son entreprise : des âmes élevées et généreuses s'associèrent à lui : il mit la main à l'œuvre : *Medium facti, qui cepit, habet.* Quatre ans après sa prise de possession, l'hôpital général de la Manufacture était bâti, installé, peuplé. Il fallait en assurer l'existence et l'érection légale : Mascaron obtenait de Louis XIV les lettres patentes d'avril 1685, ainsi motivées :

« Louis, etc.

« Notre amé et féal consseiller et notre prédicateur ordinaire le sieur Jules Mascaron, Évêque et comte d'Agen, nous a fait remontrer qu'un des principaux devoirs de la charge épiscopale étant celui de pourvoir au moyen de soulager les pauvres et d'empêcher les désordres que l'oisiveté et la mendicité causent parmy eux, il aurait eu diverses conférences, en sa maison épiscopale, tant avec les corps des communautés ecclésiastiques de la ville d'Agen, qu'avec nos officiers et principaux habitants, pour trouver les moyens d'y établir un hôpital général dans lequel les pauvres mendiants de ladite ville et jurisdiction d'Agen fussent logés, enfermés, instruits, nourris, élevés à la piété et religion chrétienne, et aux métiers dont ils se pourraient rendre capables, sans qu'il leur fût permis de vaguer sous aucun prétexte que ce fust... Quoiqu'il y eust beaucoup de difficultés au dit établissement, n'y ayant dans la ditte ville ni ez environ aucune maladrerie, léproserie, maison de Dieu, hospice, ny autre lieu destiné pour les pauvres dont on puisse demander l'union ; néantmoins la libéralité du feu sieur de Las de Gayon, maréchal de camp dans nos armées, a donné lieu à pouvoir *entreprendre* l'établissement d'une si bonne œuvre par le legs qu'il a fait par son testament du 28 juin 1681 de la somme de vingt-quatre mille livres pour commencer l'érection d'un hôpital général et y entretenir un prêtre pour le service spirituel des pauvres... (Suit un dispositif de treize pages assurant la pleine indépendance et la libre administration de l'hôpital général.

« A ces causes, voulant favoriser les bonnes et charitables intentions du sieur exposant et lui faciliter les moyens de les mettre promptement et facilement à exécution, etc., etc.

« Signé à Versailles, avril 1685. LOUIS. »

Oublieux de ses sacrifices personnels pour faire bâtir, meubler ce *vaste et superbe édifice*, oublieux du soin que cet illustre prélat avait dû se donner pour faire revenir *le fonds de cette maison naissante*, dit l'oraison funèbre, Mascaron, trop satisfait d'assurer dans cette maison, *à chaque espèce de misère de l'âme et du corps, une espèce de miséricorde qui la soulage*, Mascaron n'eut point souci de montrer son nom à la Cour et à la postérité ; au frontispice de l'établisment, il signalait aux pauvres et à la reconnaissance publique son principal auxiliaire dans l'inscription que nous lisons encore :

HOPITAL GÉNÉRAL

DE LAS,

1684.

L'aspect primitif des lieux et de l'édifice de Mascaron est bien changé aujourd'hui : les alentours se sont améliorés et embellis : les années ont ajouté la grandeur et la magnificence à l'édifice.

La façade principale s'ouvrait à l'ouest ; la Garonne baignait les terrassements abruptes qui épaulaient les fondations et flanquaient l'escalier et le perron de pierre qui conduisait à l'entrée. Un contemporain nous disait, ces jours passés, les jouissances de son jeune âge, à contempler du haut de ces rampes, des exercices nautiques fort grotesques et singulièrement amusants.

Aujourd'hui cette façade s'est grandement étendue : des cours, grillées en fer, l'enclavent dans son nouveau parcours et ont pris la place des terrassements à leur hauteur et dans la largeur de leur assiette. Des travaux intelligents et dispendieux ont conquis du terrain dans le lit du fleuve et refoulé ses envahissements. Cette plage s'est faite riante et productive.

L'entrée s'est portée à l'orient, comme on la voit aujourd'hui. L'hôpital Saint-Jacques avait absorbé dans son nom, les noms des *hôpitaux réunis* de la ville : en se transportant dans l'*hôpital général de la manufacture*, il y portait son nom, qui figure maintenant seul dans les statistiques et les actes publics. La Mère Cécile, en donnant à la chapelle le développement et les ornementations grandioses qui la décorent, avait reconstruit une partie du mur au couchant, et la pierre litturée de 1684 avait disparu. La piété des arrière-petites filles du seigneur de Lacépède, de M. de Las de Gayon, s'émut et sollicita le rétablissement d'une inscription déjà deux fois séculaire et entrant pour sa belle part dans le noble héritage de leur grand oncle. La Sœur Mellac, supérieure actuelle des Sœurs de Saint-Vincent, a réparé cet oubli involontaire et donné à cette réclamation une satisfaction bien légitime. A droite, en entrant, on lit, sur la même pierre, en caractères primitifs, l'inscription dédicatoire de 1684.

HOPITAL GÉNÉRAL
DE LAS,
1684.

Il nous parait difficile de concilier cette date, 1684, avec la date de 1686, que nous allons transcrire.

Le 8 avril 1686, Mascaron, à la tête d'une procession générale, qu'il avait ordonnée à cet effet, vint bénir solennellement la première pierre où se trouvait incrustée la lame de cuivre sur laquelle il avait fait graver l'inscription suivante. Composée par le prélat, elle dédiait aux pauvres ce bel édifice et consacrait la mémoire du fondateur. Lui ne figure que comme l'Évêque du siége, officiant dans cette inauguration

DEO , OPTIMO , MAXIMO.

Ne Agennum eorum pauperum, qui mendicitatem, loco artis, habent, colluvie diutius infestaretur, Nobilis Marcus Antonius Delas de Gayon, regiorum castrorum præfectus, vigenti quatuor librarum millibus testamento legatis, hanc domum publicam veris et indigentibus pauperibus includendis fundavit.

Sit igitur *ptochodochium* (πτωχοδοχεῖον domus egenorum) quamdiù pauperes habebimus nobiscum (quos quidem autore Jesu Christo semper habebimus) piissimi fundatoris liberalitate erectum monumentum, divitibus, eleemosynis sapienter collocandis incitamentum ; pueris rudibus vitæ comparandæ tironicium ; egenis industriis artis exercendæ officina ; invalidis et senibus infirmitatis et ætatis solatium ; omnibus schola Religionis et pietatis; solis erronibus (vagabonds) inverecunde et irreligiosè mendicantibus fastidio sit et terrori.

Primum in fundamentis lapidem posuit solemni pompâ Julius de Mascaron , Dei providentiâ et S^{tæ} Sedis Apostolicæ gratiâ , Ep^{us} et Comes Agen^{sis}, Regi ab omnibus conciliis et sacris concionibus, anno salutis 1686, die 8ma mensis Aprilis, sedente in cathedra Petri Innocentio XI° Pontif. Maximo , regnante in Galliis Ludovico Magno XIV°.

Traduction littérale.

Pour que la ville d'Agen ne fût pas plus longtemps souillée de cette tourbe immonde de pauvres, qui, au lieu de travailler, se font une profession de la mendicité, Noble Marc-Antoine Dèlas de Gayon, maréchal de camp, a donné par testament , vingt-quatre mille livres, afin de fonder cette maison publique pour y enfermer les pauvres dans une indigence véritable.

Puisse donc cette maison devenir l'asile des véritables indigents tant que nous aurons des pauvres parmi nous ; et nous en aurons toujours selon la parole de J.-C., puisse l'érection de ce monument servir aux charitables intentions et à la pieuse libéralité de son fondateur.

Puisse cet hospice être un stimulant appel auprès des riches pour placer leurs aumônes avec une sage utilité.

Puisse-t-il être pour les enfants pauvres et sans éducation une maison d'apprentissage afin de gagner honnêtement leur vie, un atelier ouvert aux ouvriers pauvres afin d'exercer utilement leur métier ; aux invalides et aux vieillards un soulagement assuré à leur âge ou à leurs infirmités.

Qu'il soit pour tous une école de Religion et de piété.

Puisse-t-il inspirer l'effroi et le dégoût aux vagabonds seulement, à cette mendicité sans pudeur et sans frein religieux.

Jules de Mascaron, par la providence divine et la grâce du Saint Siége Apostolique, Évêque et Comte d'Agen, a procédé, avec toute la pompe religieuse, à la pose solennelle de cette pierre fondamentale, le 8 du mois d'avril, l'an 1686 de notre salut, sous le pontificat d'Innocent XI sur la chaire de Pierre, et sous le règne en France de Louis-le-Grand XIV de nom.

Nous avons assisté plusieurs fois aux cérémonies de la Confirmation, dans ses visites pastorales. Monseigneur parlait, dans ces circonstances, avec énergie, simplicité, selon les besoins des localités et des circonstances, sans avoir écrit. Nous trouvons des formules d'allocutions, écrites de sa main, sans doute pour les commencements de son ministère épiscopal : nous en copions l'autographe.

POUR LA CONFIRMATION.

Le Saint Esprit descendra sur vous et la vertu du Très-Haut vous couvrira de son ombre ; et le fruit de cette opération divine sera saint, sera appelé le Fils de Dieu. C'est là ce que l'envoyé du Ciel dit à Marie, lorsqu'elle devint la mère de son Dieu. C'est là, N. T.-C. F., ce que l'envoyé de l'Église, le ministre de J.-C. vient dire, promettre, assurer à chacun de vous : *Spiritus Sanctus superveniet in te, et virtus altissimi obumbrabit tibi.*

Ce n'est pas seulement pour s'unir à un corps comme le nôtre, que le Fils de Dieu est descendu du ciel : c'est pour s'unir à tous les hommes et n'en faire qu'un avec lui. Le mystère et les prodiges de l'incarnation du Verbe se renouvellent sans cesse, se perpétuent en tous lieux et tous les jours. La puissance et l'amour qui ont donné un corps mortel au Sauveur dans le sein d'une vierge, lui donnent aussi dans l'Eglise un corps mystique qui sera immortel; le Seigneur en rassemble, en prépare, en sanctifie les membres; et l'Esprit Saint qui a formé l'humanité du Christ, ne cesse de former et de perfectionner les chrétiens.

Vous l'avez reçu, N. T.-C. F., cet Esprit Saint dans le baptême ! un nouveau sacrement va vous en donner la plénitude. Après vous avoir donné la naissance spirituelle, il vous donne l'accroissement, jusqu'à ce que vous parveniez à la perfection de l'âge de J.-C. Sa main divine s'occupe sans relâche d'un ouvrage qui l'intéresse si vivement. Comme une tendre mère qui ne perd pas de vue ses enfants, à laquelle il ne suffit pas d'avoir donné le jour, mais qui veille sur eux, dirige leurs pas, soutient leur faiblesse, préside à leur éducation, et travaille à leur procurer un sort heureux, l'Esprit du Seigneur, l'effusion éternelle de l'amour de Dieu, la source infinie de tous les dons, vous couvre de ses ailes, vous environne de sa protection, vous enrichit de ses bienfaits, ne cesse de vous rendre dignes de la félicité qu'il vous prépare ; il se donne à vous pour être le gage du bonheur du ciel, où il veut vous conduire, où il achèvera son ouvrage, où il fera éclater toutes les richesses qu'il accumule maintenant dans vos âmes.

Pénétrés de respect pour une si haute majesté, animés d'une vive reconnaissance pour cette charité infinie, ouvrez vos cœurs au Dieu qui vient s'y rendre, y habiter, les purifier et les ennoblir. Que les sens se taisent, que le monde disparaisse, que toute distraction s'éloigne, et que dans le silence et un religieux tremblement, la foi vous fasse contempler, adorer et bénir l'Esprit Saint qui va descendre dans vos âmes.

APRÈS LA CONFIRMATION.

Vous pouvez maintenant, N. T. C. F., dire avec Jésus-Christ : L'Esprit du Seigneur est sur moi, parce que le Seigneur m'a consacré par son onction : *Spiritus Domini super me, eo quod unxerit Dominus me.* (Isaïe. 61.)

Si le Seigneur vous a donné son Esprit et l'esprit de son Fils ; s'il l'a répandu sur vous comme sur Jésus-Christ même, c'est afin que cet Esprit vous anime, vous conduise, comme Jésus-Christ en a été conduit. Dès que l'Évangile nous a montré l'Esprit Saint descendant visiblement sur le Sauveur, il nous montre le Sauveur toujours dirigé par cet Esprit. C'est lui qui le pousse vers le désert ; c'est lui qui le ramène au milieu du peuple : c'est par lui que le Sauveur agit et opère ses merveilles ; c'est par lui qu'il court à la mort, qu'il s'offre en holocauste à son Père.

Voilà, N. T. C. F., notre modèle. Renonçons donc à notre propre esprit, environné de ténèbres, agité par les passions, enseveli dans les sens. Abandonnons-nous à la conduite de l'Esprit de Dieu ; qu'il grave dans nos cœurs les vérités qu'il nous enseigne dans son Église et qu'il nous fasse pratiquer les vertus dont il nous instruit.

Quel échange avantageux pour nous ! Au lieu de notre esprit, Dieu nous donne le sien ! Ce n'est plus l'ange qu'il envoie pour conduire les Israélites à travers le désert, c'est lui-même qui se charge de nous conduire par la main au milieu des dangers et des afflictions de cette vie, c'est l'Esprit Saint qu'il nous envoie du haut des cieux.

Il est maintenant dans vos cœurs cet Esprit Saint ; il sera le témoin de vos actions, de chaque désir, de toutes vos pensées. Ses regards perçants, qui pénètrent dans les profondeurs de la divinité, parcourent tous les replis de votre âme. Oserez-vous blesser leur pureté infinie ? Et par des œuvres et des sentiments peu chrétiens, irez-vous contrister, outrager, chasser l'Esprit Saint ?

Pour répondre à ses desseins de miséricorde sur vous, pour ne pas traverser l'ouvrage de votre sanctification, auquel il vient travailler, pour ne point perdre à jamais le bonheur auquel il vous destine, marchez, agissez, pensez sous ses yeux, glorifiez sans cesse, portez avec respect et conservez soigneusement dans vos cœurs, le Dieu qui daigne y habiter.

AVANT LA CONFIRMATION.

Transportons-nous en esprit, N. T. C. F,, dans le cénacle de Jérusalem, où les apôtres rassemblés par ordre de leur divin Maître, attendaient dans le recueillement et la prière le consolateur qui leur était promis. Tout-à-coup un grand bruit se fait entendre, un vent impétueux agite la maison ; des langues de feu paraissent et se reposent sur les apôtres. Bientôt des prodiges plus grands encore prouvent que l'Esprit Saint est réellement descendu ; ces hommes faibles, ignorants et grossiers, sont transformés en d'autres hommes, élevés au-dessus d'eux-mêmes et de la nature. Leur voix pénètre jusqu'aux extrémités de la terre, leur langage se fait entendre de toutes les nations ; les miracles leur deviennent familiers ; les erreurs et les passions cèdent à leur empire ; ils affrontent les dangers et souffrent avec joie les supplices ; l'univers devient pour eux la conquête de la Croix.

Ce n'était pas pour eux seuls que les apôtres avaient reçu l'Esprit Saint. Le Sauveur a prié son Père de nous envoyer cet Esprit de vérité, afin qu'il demeure avec nous éternellement, et c'est sur toute chair qu'il a promis de le répandre. Aussi les apôtres le communiquent aux fidèles. Dès que le baptême en a aggrégé à l'Église, ils vont prier pour eux, leur imposent les mains, et ils leur donnent le Saint Esprit, dont la présence se manifeste par les signes les plus éclatants.

Ils ne sont plus, ces prodiges sensibles, parce qu'ils ne

sont plus nécessaires. Il fallait au commencement prouver la réalité et l'accomplissement des promesses, et convaincre la terre qu'elle avait reçu le don ineffable que lui annonçait le Ciel. Les miracles des premiers siècles ont suffi pour convaincre tous les siècles.

Mais ce qu'il y avait de plus précieux, de plus grand dans ces événements mémorables, les prodiges opérés dans les âmes, l'effusion des grâces intérieures répandues sur les hommes, les vertus divines produites dans les cœurs, mais les dons ineffables de l'Esprit Saint et l'Esprit Saint lui-même nous restent. Nous venons vous le communiquer. Successeurs des apôtres, ministres de J.-C., faibles instruments du Tout-Puissant, nos mains vous portent ce que le Ciel a de plus auguste : à notre voix un Dieu va descendre sur vous.

Admirons, mes Frères, l'immense charité de notre Dieu, l'ardent désir qu'il éprouve de notre bonheur, les ressources infinies qu'il nous offre pour notre salut. Ce Dieu nous a envoyé son Fils, afin que nous devenions ses enfants, nous-mêmes, que nous recevions l'adoption divine, et puisque nous sommes ses enfants, il nous envoie dans nos cœurs, l'esprit de son Fils, afin que nous osions, que nous puissions l'appeler notre Père, et que ce cri touchant formé en nous par le Saint Esprit paraisse au cœur de notre Dieu la voix même de son Fils.

Vous le savez, N. T. C. F., car quelque sublimes que soient ces mystères, Dieu a daigné nous les découvrir, et vous êtes ses confidents. Les plus simples, les enfants mêmes sont initiés par l'Église dans les secrets les plus intimes de l'essence divine ; vous le savez : notre Dieu existe en trois personnes ; et l'une de ces personnes divines, l'Esprit Saint, est l'amour substantiel du Père et du Fils, le lien éternel qui les unit. Eh bien ! c'est cet amour, c'est cet Esprit que Dieu nous donne, afin de nous attacher à lui par le même nœud qui l'unit à son divin Fils ; afin que nous ne soyons qu'un entre nous et avec lui, comme il n'est qu'un lui-même.

Venez donc, Esprit Saint, venez opérer en nous ces étonnantes merveilles. Nos besoins vous appellent, nos désirs vous pressent, nos cœurs soupirent après vous, comme une terre desséchée attend la rosée qui lui rendra la fécondité. Que notre faiblesse et notre indignité ne vous rebutent point. C'est dans l'abîme de nos misères qu'éclatera la grandeur de vos miséricordes. Paraissez, et vous renouvellerez la face de la terre; et nos cœurs, créés de nouveau dociles sous votre main toute puissante, purifiés par vos grâces, embellis par vos dons, apprendront de vous-même à vous remercier de tant d'amour et de tant de bienfaits.

APRÈS LA CONFIRMATION.

Adorez l'Esprit de Dieu présent dans vos cœurs par l'effusion de ses grâces et par sa divine opération : vous venez de le recevoir comme les apôtres ; je devrais me réjouir, N. T. C. F., d'avoir été le ministre de l'amour du Seigneur, l'instrument de ses miséricordes, et le dispensateur d'un si grand bien. Mais un sentiment d'inquiétude et de crainte vient troubler ma joie : profiterez-vous, comme les apôtres et les premiers chrétiens, d'une faveur aussi précieuse? Quels admirables effets ne produisit-elle pas dans l'Église naissante ? Le goût des dons célestes détacha des biens frivoles et fugitifs; la charité, le désintéressement et le courage brillèrent sur la terre. La multitude des croyants n'avait qu'un cœur et qu'une âme. Personne n'osait appeler sien ce qu'il possédait ; toutes choses étaient communes parmi eux ; ils étaient tous frères, et tous les biens appartinrent à la famille entière ; les pauvent disparurent : il n'y eut plus que des pauvres volontaires, se dépouillant en faveur de ceux qui souffraient le besoin ; les apôtres prêchaient avec la plus grande force et le plus héroïque courage. Les fidèles recevaient avec empressement leurs leçons et imitaient fidèlement leurs vertus ; de grandes grâces se manifestaient en eux tous.

Que nous leur ressemblons peu, N. T. C. F. ! En comparant nos mœurs avec celles de ces temps heureux, croirait-on que nous composons la même Église, que nous sommes formés à la même école, et enrichis du même esprit ?

Des divisions, des haines, des disputes agitent tous les cœurs ; la concorde est bannie du milieu même des frères, et les hommes ne paraissent vivre ensemble que pour être ennemis, pour se supplanter, se nuire, se combattre et se déchirer.

Un insatiable cupidité dévore toutes les âmes ; les richesses maudites dans l'Évangile sont l'objet de tous les désirs, de tous les travaux et de la plupart des crimes ; l'or est l'idole du monde et l'odieux rival qu'on oppose à notre Dieu, qui dédaigne de partager nos cœurs avec lui.

Le respect humain étend son despotique empire, les discours des mondains sont plus redoutés que les menaces du Tout-Puissant : une raillerie fait plus de peur que l'Enfer. On craint de paraître pieux et chrétien. On fait dépendre sa foi et son salut des caprices des impies. On rougit de la croix de Jésus-Christ.

Nous achèverons ce portrait trop fidèle du monde, en y ajoutant une corruption profonde et générale ; mais tirons là-dessus le rideau par respect pour l'Esprit de pureté qui vient de descendre, et qui ne reste pas avec l'homme, lorsqu'il est chair.

Tous ces vices, dont nous devons rougir et nous affliger, régnaient sur la terre, quand Jésus-Christ vint la purifier par son sang, et l'Esprit Saint par ses grâces. Ont-elles perdu de leur vertu ? Et l'Esprit créateur qui orna les cieux et sanctifia l'Eglise ne saurait-il produire aujourd'hui les mêmes effets ? Il ne le fera pas sans vous, N. T. C. F., ce sont des mérites dont il veut vous enrichir, et les mérites demandent et son action toute puissante et votre fidèle coopération. Ne résistez donc plus au bien qu'il vient vous faire, à la félicité qu'il vous prépare, et ne perdant pas de vue les exemples des premiers chrétiens, nos pères et nos modèles, conjurez l'Esprit Saint de continuer ses prodiges, d'achever son ouvrage, de répandre dans nos cœurs cette charité qui nous unit à Dieu, à tous les hommes pour Dieu et au bonheur éternel en Dieu.

POUR LA CONFIRMATION.

Connaissez-vous, mes Frères, la grandeur du bien que vous allez recevoir, et l'excellence du don que votre Dieu veut vous faire ? Tout Dieu qu'il est, peut-il pousser plus loin l'amour et la libéralité, lorsqu'après nous avoir donné son Fils, il nous donne son Esprit Saint ?

Cet Esprit qui, à la création, porté sur les eaux, donnait au monde naissant l'ordre, la beauté, la fécondité et la vie ; cet Esprit Saint que l'Écriture nous montre formant les grands hommes suscités par la Providence, pour gouverner et délivrer son peuple ; cet Esprit Saint qui a inspiré les prophètes, et qui pendant quatre mille ans annonçait et préparait le salut ; cet Esprit Saint qui s'est reposé avec toute sa plénitude sur la personne adorable de J.-C. et que J.-C. a envoyé à ses apôtres pour en faire des héros, a communiqué aux premiers croyants pour en faire des saints ; cet Esprit vous est également envoyé du plus haut des cieux par le Père et le Fils.

Pourquoi, mes Frères, un pareil prodige, et quels sont les sublimes desseins du Seigneur sur vous, lorsqu'il emploie de pareils moyens pour y réussir. Il veut opérer notre bonheur, notre sainteté, notre salut ; il veut suppléer à notre faiblesse, réparer notre indignité, ennoblir notre néant. Il veut nous soutenir au milieu des piéges qui nous environnent, nous fortifier contre les dangers qui nous assiégent, nous élever au-dessus du monde, de la nature et de nous-mêmes. Il veut nous rendre parfaits chrétiens sur la terre, et parfaitement heureux dans le ciel.

Déjà, par le baptême, l'Esprit Saint nous a faits enfants de Dieu et membres de Jésus-Christ. C'est presque en naissant, c'est sans le savoir et sans pouvoir y répondre, que nous avons reçu cette grâce signalée ; il s'agit de la conserver avec soin, de répondre à la dignité, à la sainteté de ces titres augustes, de les défendre contre les illusions du monde, les assauts de l'Enfer, les révoltes de nos propres passions. Héritiers du Ciel, nous devons aussi le conquérir ; nous devons par nos efforts, notre coopération, notre fidélité, nous appliquer les droits que le Sauveur y a acquis pour nous, par ses mérites ; nous devons, sur ses traces, courir vers le Ciel par le chemin du Calvaire, être comme lui en butte aux contradictions, porter avec lui notre croix et soutenir une guerre cruelle et dangereuse.

Le sacrement de la confirmation vient nous armer pour le combat ; et l'Esprit Saint lui-même est l'arme toute-puissante que la bonté de Dieu nous met entre les mains, pour nous assurer la victoire.

Vous recevrez l'Esprit Saint, dit le Sauveur aux apôtres : il rendra témoignage de moi, et vous me rendrez témoignage vous-mêmes. Nous recevons aussi l'Esprit Saint pour être les témoins de la Religion, les soldats de J.-C. Sa croix va être empreinte sur vos fronts, afin que vous ne rougissiez jamais d'elle, mais que vous vous en fassiez gloire aux yeux de l'univers. L'huile sainte va être répandue sur vous comme sur des athlètes qui se préparent au combat. L'Église veut que vous receviez un soufflet, pour vous apprendre à souffrir les railleries, les affronts, et, s'il le faut, le martyre pour soutenir la cause de votre Dieu, pour défendre votre âme contre ceux qui conspirent à sa perte.

Qu'il est glorieux d'être ainsi aggrégé à la milice de Jésus-Christ, d'être admis au nombre de ceux auxquels il confie les intérêts de sa gloire, la profession de sa foi et l'honneur de son nom ! Soldats de Jésus-Christ, marchez sous sa conduite et sous l'étendard de sa croix, à la conquête du Ciel. Bravez ce monde, votre ennemi, parce qu'il est ennemi de l'Évangile et de la vertu. Ne craignez que Celui qui seul est à craindre, puisque seul il punit éternellement. Qui sera contre vous, lorsque le Seigneur est pour vous, lorsqu'il vous revêt de sa force, qu'il vous communique son Esprit, pour vous faire triompher du monde par la foi ?

Vos âmes vont donc se dilater, pour recevoir l'Esprit Saint qui vient y descendre, y habiter avec complaisance, et pour ne pas perdre une seule goutte de ce torrent de grâces qu'il cherche à répandre sur vous.

APRÈS LA CONFIRMATION.

L'Esprit Saint que vous venez de recevoir est celui qui formait les martyrs. C'est parce que l'Esprit Saint habitait dans leurs cœurs, qu'une foule innombrable de héros, que de timides vierges, de tendres enfants, de faibles vieillards bravaient les tyrans, affrontaient les bourreaux, méprisaient les supplices, souffraient avec courage et mouraient avec joie.

La persécution durera autant que l'Église, elle n'a fait que changer la manière de l'attaquer. Triomphera-t-elle aujourd'hui de nous, qui avons contre elle les mêmes ressources que les martyrs, et qui sommes comme eux fortifiés par l'Esprit Saint ? Les flatteries du monde seront-elles plus dangereuses que ses menaces ? Une raillerie sera-t-elle plus redoutable que les tourments ? Et faudra-t-il regretter le temps où l'Enfer soulevait le monde contre l'Église, où la mort était la récompense de la foi ?

Cette foi, mes Frères, est notre unique trésor. Elle seule nous rendra vertueux dans cette vie et heureux dans l'Éternité. Être chrétien, c'est notre bonheur ; le paraître, c'est notre gloire et notre devoir. L'Esprit Saint qui nous a élevés à cette haute dignité, vient nous en faire soutenir les droits et remplir les obligations. Par notre fidélité, témoignons-lui notre reconnaissance. Dans toutes les circonstances de la vie, demandons-nous si ce désir, cette pensée, cette action, ne sont point indignes de l'Esprit de Dieu qui habite en nous, et s'ils ne le contristeront pas. Soyons souples et dociles sous cette main puissante et généreuse qui nous a créés et qui veut nous sauver ; qui ne s'occupe que de notre sanctification et de notre félicité.

POUR LA CONFIRMATION.

Je répandrai, dit le Seigneur, mon Esprit sur toute chair : *Effundam Spiritum meum super omnem carnem* (Joël. 2.) Nous venons, mes Frères, de la part du Seigneur, accomplir sa promesse, et vous communiquer son Esprit. Nous venons consacrer chacun de vous, comme des temples où l'Esprit Saint doit habiter. Car ces temples matériels, ces églises dans lesquelles nous nous réunissons pour honorer le Seigneur, ne suffisent pas à son amour. S'il daigne résider dans nos temples, comme il réside dans les cieux, s'il veut avoir une maison auprès de nos maisons, c'est pour se rapprocher de nous, pour s'unir à nous, pour passer de ce tabernacle dans nos cœurs, y fixer sa demeure, et y trouver le trône, duquel seul son cœur est jaloux.

Lorsque l'Église élève des temples au Seigneur, ses bénédictions et ses prières les distinguent de tous les lieux profanes. L'huile sainte est répandue sur ces murs qui doivent former le palais du grand Roi, et sur ces autels qui sont l'escabeau de notre Dieu ; la croix y est partout imprimée, afin qu'ils soient saints et uniquement consacrés au Seigneur ; afin que dès l'entrée nous soyions saisis d'un religieux tremblement, remplis d'une attention respectueuse, et anéantis par la plus profonde adoration.

Nous allons de la même manière vous consacrer au Seigneur, comme ses temples vivants ; l'huile sainte coulera sur vous, vous serez marqués du signe auguste de la croix, et l'Esprit Saint descendra dans vos âmes, pour les sanctifier, les enrichir et y habiter avec complaisance.

Nous ne sommes donc pas à nous ; nous appartenons au Dieu qui nous a créés, au Dieu qui nous a sauvés et rachetés au prix de son sang, au Dieu qui nous a sanctifiés, et qui de tous ses ouvrages se réserve spécialement notre cœur, pour en tirer sa gloire et manifester son amour.

Ouvrons donc à l'Esprit Saint l'entrée de ce temple qui lui appartient à tant de titres, et qu'il recherche avec tant d'empressement. Si ce temple n'est pas digne de lui, il se charge lui-même de le purifier, de l'embellir. Il y vient avec la plénitude de ses dons, pour réparer les maux que nous a causés le péché, et nous délivrer de l'ignorance, de notre faiblesse et de la corruption. Il sera pour nous l'Esprit d'intelligence et de sagesse, qui dissipera toutes les illusions, et nous conduira sûrement à travers les ténèbres qui nous environnent. Il sera l'Esprit de conseil et de force, qui nous fera découvrir et surmonter les dangers sans nombre auxquels nous sommes exposés. Il sera l'Esprit de science et de piété qui nous donnera la connaissance et le goût de Dieu, qui le révèlera à nos esprits pour lui attacher nos cœurs. Il sera l'Esprit de la crainte du Seigneur, qui étouffera toute autre crainte; qui fera tout disparaître devant une si haute majesté, et qui nous le montrant comme un juge terrible pour les pécheurs, éteindra les passions, et nous le montrant comme le plus tendre des pères pour les justes, produira la charité. Nos corps mêmes dont il ne dédaigne pas de faire son temple, nos corps sanctifiés par sa présence, reçoivent avec lui le gage de l'immortalité, et un droit à la résurrection, que Dieu nous accorde à cause de son Esprit qui habite en nous.

Que de biens, ô mon Dieu, votre amour nous destine, et comment pourrons-nous répondre à votre amour? Ah! du moins, nous ne lui opposerons aucune résistance, et nous ne travaillerons pas à nous perdre, quand vous faites de si grandes choses pour nous sauver.

Venez, Esprit Saint, préparer le temple où vous voulez habiter; prenez-en possession; il est à vous et nous vous le donnons nous-mêmes. Ne dédaignez pas l'ouvrage de vos mains, ni l'offre de nos cœurs. Vous les avez faits pour la vertu et pour le Ciel; accomplissez vos desseins; venez en nous et ne vous en séparez jamais. — Ainsi soit-il.

APRÈS LA CONFIRMATION.

Qu'il est bon, qu'il est doux, ô mon Dieu, cet Esprit que votre main paternelle vient de répandre sur nous, et que vous avez promis de donner à ceux qui vous le demanderaient ! Comment pourrons-nous reconnaître un pareil don ? (Sap. 12.)

Les fruits de cet Esprit, mes Frères, sont la charité, la joie, la paix, la patience, l'humanité, la bonté, la persévérance, la douceur, la foi, la modestie, la continence, la chasteté ; ce sont toutes les vertus qui doivent nous rendre agréables à Dieu, utiles aux hommes, semblables aux anges et heureux nous-mêmes. (Galat. 5).

Remercions donc le bon Dieu, qui par nos mains, vous confirme lui-même en J.-C. : *Qui confirmat nos in Christo;* qui du haut des cieux a répandu sur vous l'onction sainte, pour vous sanctifier et vous consacrer à sa gloire: *Et qui unxit nos Deus;* qui vous a marqués de son sceau, et imprimé sur vos fronts et dans vos âmes le caractère ineffaçable de ses enfants : *Qui signavit nos*; et qui ne mettant point de bornes à sa libéralité, vous donne son Esprit et l'a envoyé dans vos cœurs, comme le gage des biens éternels qu'il vous prépare : *Et dedit pignus Spiritus in cordibus nostris.* (I Corin. 1).

Conservez précieusement un pareil trésor ; le monde et l'enfer veulent vous le ravir, pour vous perdre; défendez-le avec courage, il combattra lui-même pour vous : désormais regardez vos corps et surtout vos âmes, comme le temple du Saint Esprit. Tout péché serait une profanation, un sacrilège. Soyez saints, puisque la Sainteté par essence et le principe de toute sanctification habite en vous. Glorifiez et portez dans vos cœurs Dieu lui-même, qui veut être votre guide et votre soutien dans cette vie, pour devenir votre récompense et votre bonheur dans l'éternité. — Ainsi soit-il.

ABRÉGÉ CHRONOLOGIQUE

De quelques actes qui ne sont pas indiqués ou développés dans la Notice.

Le 2 décembre 1804, Monseigneur se rend au sacre de l'Empereur avec les principaux membres de toutes les autorités du département. Il lui est alloué dix francs par lieue de poste par le gouvernement.

(26 mai 1808). Bénédiction du drapeau de la garde d'honneur pour le passage de Napoléon à Agen. Allocution.

(Août 1808). Après son passage, Napoléon décrète entre autres intérêts religieux :

La maison de détention d'Eysses, Aumônier. Sainte-Foi, Saint-Hilaire érigées en cure de 2e classe, avec traitement de mille francs.

(12 juillet 1809.) Dans les fouilles du chœur de l'ancienne cathédrale, outre la sépulture de Mgr Claude de Joly, on découvre le tombeau de Mgr de Mascaron. La pierre tumulaire en marbre fut employée au pont qui reliait au boulevard la rue Saint-François. Les passants avaient fait un lieu d'aisance, au-dessous de ce pont. Sur le bruit qu'on voyait des lettres gravées sur une des dalles, M. l'abbé Leroux, professeur au Petit Séminaire en 1819, s'y rendit, lut l'épitaphe, en avertit la Mère Cécile, qui obtint de la retirer ; elle se trouve à l'hôpital de Las, qu'a fondé l'illustre prélat.

(23 avril 1810.) Le couvent des Carmélites avait été occupé par la Préfecture qui se transporta à l'Évêché, commencé par Mgr de Bonnac et où l'École centrale avait été établie, avec jardin d'expériences agricoles.

Ce couvent des Carmélites, dans la rue des Colonels-Lacuée où demeurait leur père, premier président de la Cour, fut donné à la commune pour remplacer son ancien collège des Jésuites, dans la place actuelle de la volaille. Cet ancien collége avait été fondé avec le concours de la reine Marguerite, de Mgr Nicolas de Villars et de la ville.

Nous avons lu tous ces documents de fondation, aux archives de la Préfecture.

(18 octobre 1811.) Ouverture solennelle du collége. Messe du Saint Esprit par Monseigneur, allocution. Principal, M. Roche, chanoine honoraire de la Cathédrale.

(1812, février et mars.) Passage de dix à douze mille prisonniers espagnols dans l'état le plus déplorable de nudité et de misère. On les enferma dans les écuries de Saint-Louis : plusieurs mille étaient atteints d'un reste de la fièvre jaune, dit l'annaliste. La charité chrétienne se dévoua. Des dames de la ville leur portèrent des secours. Il en mourut deux cents à l'hospice Saint-Jacques, deux sœurs succombèrent. M. Durand, médecin, mourut de son dévouement. On trouvait de ces malheureux, mourants et morts, sur les routes et dans les fossés.

La contagion fut plus meurtrière à Villeneuve.

(1814, 14 avril.) Mgr Jacoupy, accompagné de M. Roux, vicaire-général, se rend à Bordeaux afin de présenter ses hommages à S. A. le duc d'Angoulême. Le prince invite le prélat à sa table avec M. Sevin, maire d'Agen.

Le 22 du même mois, Monseigneur partait avec M. le Préfet pour accueillir le prince à la frontière du département et l'accompagna jusqu'à Condom.

(7 mai 1814.) Passage à Agen du prince venant de Toulouse. Joie, exaltation de toute la ville, on danse, on s'embrasse. C'est un délire de fête populaire. Monseigneur l'attendait avec son clergé à la Cathédrale pour le *Te Deum*. Le prince à cheval, marchant au pas, avait mis plus d'une heure pour arriver de la Porte-du-Pin à la rue Roussane. L'heure était trop avancée, il fit avertir Monseigneur qu'il n'irait pas à Saint-Caprais.

Monseigneur et le clergé, en habits de chœur, traversèrent à la hâte la place Caillives et se trouvèrent devant le prince, à la rue Roussane. Monseigneur lui offrit ses hommages, quitta ses habits pontificaux et accompagna à pied, avec le reste du cortège, pêle et mêle d'autorités, de femmes, de dames, etc., jusqu'à la Préfecture. On établit la différence de l'escorte sévère du 30 juillet 1808 et de la réception de famille dans l'ivresse du 7 mai 1814.

Le soir, Monseigneur est reçu en audience avec son clergé. M. le chanoine de Cours de Paulhac harangue le prince, au nom du Chapitre.

Monseigneur fut invité à la table du prince. Le lendemain, dimanche, Monseigneur célébra la messe pour le prince, dans une salle de la Préfecture.

(Novembre 1814.) En vertu d'une ordonnance royale, Monseigneur prépare et ouvre son Petit Séminaire dans le même local du Grand ; les classes secondaires s'ouvrent ; les élèves ne fréquentent plus le collége d'office.

(26 décembre.) Bénédiction du drapeau envoyé par le Roi ; au Gravier, ivresse et enthousiasme.

(1815.) Bénédiction papale, par Monseigneur. (Voir Mandement du 14 décembre 1814.)

(3 mars 1815.) Monseigneur, accompagné de M. Fabri, vicaire-général, se rend à Bordeaux avec toutes les autorités et une partie des habitants, pour le passage de Mgr et de Mme d'Angoulême. Ils rentrent le 11.

Au bruit de l'évasion de Bonaparte, le prince passe *incognito* à Agen, prend un léger repas chez la veuve Castan, hôtel du Petit-Saint-Jean. Il avait ordre du Roi de se rendre en Provence, à Perpignan.

(Le 15 août 1814.) La procession du vœu de Louis XIII, fondée à Agen en 1638, est reprise. Avant la Révolution, elle sortait de la Cathédrale, allait faire la station à l'église des Annonciades, fondée par une princesse du sang, sainte Jeanne, fille de Louis XI, et rentrait par la rue Garonne. Cette église, dont on voit encore un pignon à la rue de l'Angle-Droit ouverte sur son emplacement, se trouvant démolie, la procession, présidée par Monseigneur qui avait pontifié toute la journée, alla faire sa station, où elle s'est toujours faite depuis, à Notre-

Dame du Bourg, rentra par le Palais et les Cornières. Elle fut des plus solennelles en 1814.

(Détails historiques religieux des Cent-Jours, 1815.) Voir Mandement du 6 mai 1815.

Le 6 mai, M. le baron Marchand, Commissaire extraordinaire de l'Empire, annonçait, dans l'hôtel de la veuve Castan où il était logé, que le lendemain il se rendrait à la Cathédrale avec les autorités pour y faire chanter le *Te Deum* et l'*Exaudiat*. Il venait de vaincre la résistance de Mgr l'Évêque et en avait obtenu le Mandement de ce jour.

Le 7, dimanche, octave de l'Ascension, le Commissaire se rendait à la Cathédrale, avec tout l'appareil militaire.

M. Gardelles était le chanoine de semaine ; moitié peur, moitié obéissance aux ordres de son Évêque, il chanta les prières imposées. On l'appela depuis le curé du *Te Deum*. Le vénérable vieillard en resta toujours humilié, et il disait : « Viendra le jour de ma gloire, on oubliera cette journée, et on parlera peut-être de mes œuvres. »

Le même jour, dans la soirée, le même Commissaire se rendait à Cahors.

Ce baron Marchand est mort à Paris, le 14 août 1816, sur un bateau qui chavira sur la Seine, près du Pont-au-Change.

Le 14 mai, jour de la Pentecôte, les prières impériales furent chantées à la Cathédrale. Il s'y rendit peu de monde aux offices.

Notre-Dame et Saint-Hilaire ne donnèrent pas la bénédiction afin d'éviter ces prières.

Sainte-Foi donna la bénédiction, mais sans chanter le *Domine salvum fac*, etc.

Notre-Dame et Saint-Hilaire ne donnèrent pas la bénédiction ordinaire du jeudi et du vendredi selon leur usage.

A la procession du mois de mai à Bon-Encontre, les pénitents ne purent pas l'obtenir.

Le 28 mai, la procession du *Corpus Christi* sortit de la Cathédrale. Le Préfet et les autorités impériales s'y rendirent ; mais peu de monde l'accompagna.

Le clergé des autres paroisses n'y parut point. Elles ne firent pas l'octave ; Sainte-Foi la fit, mais sans l'oraison.

Ces détails extraits de l'annaliste font comprendre la situation des esprits de la ville et du département pendant les Cent jours, la pression du gouvernement sur Monseigneur, et la prudence de sa mesure afin d'épargner des violences par cette concession.

Le 19 août 1815, Monseigneur, accompagné de M. de Fabri, se rend à Bordeaux pour offrir ses hommages à leurs Altesses Royales le duc et la duchesse d'Angoulême.

Le premier dimanche d'août, les pénitents demandent, avec instance, de faire leur solennelle procession du Saint Sacrement. Monseigneur refuse, d'après les rubriques de l'Eglise pour ces sortes de processions.

(25 août 1815.) Splendide fête de saint Louis. Monseigneur officie à la grand'messe et à vêpres et au *Te Deum*.

(13 mai 1816.) Procession et prières réclamées par la municipalité. Le temps était affreux, les pluies torrentielles.

Le quatrième jour des prières publiques, Dieu exauce les vœux et le beau temps reparaît.

(19 avril 1817.) Monseigneur est remis en possession du Grand Séminaire.

Le 6 novembre, Sa Grandeur y installe le Grand Séminaire et le Petit dans l'ancien couvent de la Visitation, dont il avait acheté les restes, avec les aumônes du diocèse, en mars 1808.

(11 juin 1817.) Concordat signé à Rome, entre le Saint Père et Louis XVIII, pour l'érection des nouveaux Archevêchés et Évêchés.

La nouvelle en parvint à Agen (août). Mgr Jacoupy demeure Évêque d'Agen et redevient suffragant de Bordeaux.

Cette nouvelle hiérarchie ne s'établit qu'en 1822. C'est à cette époque que doit se rapporter la belle circulaire de Monseigneur au clergé et au diocèse d'Auch, qui se trouve sans date.

Nous n'avons trouvé, dans toutes nos recherches minutieuses, aucune trace des paroles de Mme la duchesse d'Angoulême, à son passage à Agen, le 30 du mois d'août 1816.

Nous ne tairons pas que nous les avons entendu redire souvent par de dignes prêtres !

Cependant en 1823, pendant la guerre d'Espagne, Madame la duchesse, arrivant par Auch à Agen, recevait Monseigneur avec une faveur prononcée. Elle l'entretenait avec satisfaction de l'accueil de son Petit Séminaire au bac de Layrac. M. Tailhié avait voulu faire présenter un bouquet par un élève, la princesse n'avait pas accepté. Le soir, à la réception, Madame faisait observer à Monseigneur que, malgré sa reconnaissance, une dame ne pouvait pas accepter un bouquet d'un jeune homme. « Ils sont bien excusables, le cœur les a trompés sur l'étiquette de rigueur ; mais ne leur en dites rien. » Monseigneur s'empressa d'instruire M. Tailhié de la satisfaction de Madame et de son observation.

NOTES.

PIÈCES JUSTIFICATIVES OU INÉDITES

TIRÉES DES ARCHIVES DE L'ÉVÊCHÉ.

Membre de la Légion d'honneur par le diplôme d'octobre 1810, renouvelé par titre officiel le 31 juillet 1819.

La première date rappelle la distribution impériale de croix et de baronnies aux évêques, afin de les préparer au Concile : *Timeo Danaos*.... dirent les grands évêques de France.

Erection du nouvel Évêché d'Agen suffragant de Toulouse.

Le Souverain Pontife Pie VII, de sa suprême autorité, par lettres apostoliques du 27 novembre 1801, avait supprimé, annulé, éteint, tous les titres et juridictions, avec tous les siéges des anciens Archevêchés et Évêchés de France.

Par les mêmes lettres apostoliques Sa Sainteté changeait, déterminait à nouveau les limites respectives des Archevêchés et Évêchés nouveaux du territoire français ; l'Eglise d'Agen, suffragante de Toulouse, était déclarée vacante : et la même autorité soumettait, à l'Évêque qui allait en être pourvu, le Chapitre, le clergé et tous les fidèles de ce nouveau diocèse, avec injonction de lui porter le respect, l'obéissance et la docilité filiale que des enfants doivent à leur père et à leur pasteur légitime.

Mgr Jacoupy, présenté, agréé, préconisé, sacré selon toutes les règles canoniques de la Sainte Église et selon toutes les formes sanctionnées par le Concordat avec le Gouvernement, pouvait-il trouver une opposition, une réserve, un doute dans une conscience catholique ?

Lettres testimoniales de sa consécration, de Mgr J.-B. de Belloy, Archevêque de Paris, qui se faisait remplacer, à cause de son grand âge, par

Mgr Antoine Xavier de Maynaud de Pencement, Évêque de Vannes, assisté de MM^{grs} Irénée Ivon Dessalles, Évêque de Dijon, et J.-B. de Colone d'Istria, Évêque de Vicence.

Analyse de plusieurs bulles, lettres, brefs... des *mêmes Archives de l'Évêché.*

La lettre de Mgr Jacoupy au Souverain Pontife, en date du 7 août 1802, quinze jours après sa consécration, confirme et justifie, par l'élévation de ses sentiments et la noble expression de sa foi et de son dévouement filial à la chaire apostolique, le témoignage honorable que lui faisait remettre son Évêque, à la veille de sa rentrée en France.

Cette lettre autographe, dont nous transcrivons l'original dans sa première rédaction, nous fait vivement regretter la perte ou l'absence des autres documents de ce mérite.

Le pieux Prélat demande au Saint Père les lettres apostoliques qui doivent confirmer son institution canonique et sa bénédiction pour le nouvel Évêque et le nouveau troupeau du diocèse d'Agen.

BEATISSIME PATER.

Dum Petri, semper in suis successoribus *viventi et judicium exercentis voce*,[1] Gallicana resurgit ecclesia, et *in Ecclesiæ catholicæ radicem ac matricem*[2] rursus insita, unde antiquitus acceperat exordium, inde haurit medicinam, levamen suscipit, recuperat sanitatem, dum dispersi lapides sanctuarii super fundamentum à Christo positum adunantur et in novam assurgunt structuram! nihil episcopis antiquius esse debet, nihil congruentius quam grati animi sensus effundere, filialis obedientiæ edere testificationem et in amantissimi Patris sinum confugere, ut alantur, foveantur, adolescant, ut *claves* petant ab eo qui eas communicandas cæteris solus accepit.[3]

Ex deportatione fermè decenni, ob fidei et unitatis studium, ob Apostolicorum judiciorum observantiam patienter toleratà, vix redux, Aginnensis a primo Galliarum consule electus, et cum orbis totius episcopis, Sedis Apostolicæ gratià institutus, Angelicis humeris formidandum onus, nimium impar, refugere debuissem, nisi Deus Optimus Maximus Pium Septimum et pacem Ecclesiæ suæ misericorditer largiendo, Urbem Pontifici et Pontificem orbi restituendo, tantis providentiæ miraculis, et alia plurima speranda pol-

---

[1] Allocutio legati, in Concil. Ephes. Act. 3.
[2] S. Cypri. epist. ad Cornelium, 45.
[3] S. Optat. milev. cont. para. lib. 7, cap. 3.
[4] S. Cypri. ut supra.

liceretur, adderet animos et præsentis et futuri auxilii fiduciâ, imbecillitatis propriæ conscientiam sublevaret :

Confirmet hoc Sanctitas Vestra quod operata est in nobis, benignèque suscipiat, Beatissime Pater, deditissimum filium qui *communicationem vestram*' id est, *catholicæ Ecclesiæ*[1] *unitatem pariter et charitatem præbet firmiter ac tenet ;* qui *sequens in omnibus Apostolicam Sedem et observans ejus omnia constituta, sperat ut in unâ communione* quam Sedes Apostolica prædicat, esse *mereatur, in quâ est integra et vera christianæ Religionis soliditas,* qui firmæ petræ, et fidei professione et obedientiæ nexu, radicitùs et totis visceribus adheret, litteras Apostolicas Aginnensis Episcopatûs, canonicam institutionem ab Eminentissimo Legato elargitam confirmaturas, *quas à Petri Sede velut de natali* suo fonte, sumere cæteræ debent ecclesiæ,[2] mittere dignetur Sanctitas Vestra, simul ac benedictionem Apostolicam, quam novo pastori et gregi sibi credito, ad pedes Vestræ Sanctitatis provolutus veneranter ambit, suppliciter exorat, fidenter postulatur.

Beatissime Pater, humillimus et obsequentissimus servus et filius

† JOANNES, *Episcopus Aginnensis.*

Lutetiæ Parisiorum, die 7ª Augusti 1802.

Parmi les témoignages présentés par Monseigneur à ses informations figurait la pièce peut-être la plus honorable, celle que lui faisait remettre, à la veille de son entrée en France, le 3 décembre 1797, Mᵍʳ Emmanuel Louis de Grossolles de Flamarens, Évêque de Périgueux : on y lit :

Fidem facimus et obtestamur, omnibus præsentes inspecturis, Magistrum Joannem Jacoupy, diæcesis nostræ presbyterum, bonis vitâ et moribus præditum, sanâ et orthodoxâ doctrinâ imbutum, nullo vinculo censuræ etc. innodatum immò, ut decet, Dei sacerdotem, in Galliâ munus vitæ sacerdotalis regulariter implendo, fideles docendo, functiones vicarii in parochia vulgo de Cumond, in diæcesi nostrâ, zelo, pietate singulari, catholicæ religionis causam constanter propugnando, et in Angliâ, ut verum Jesu Christi confessorem se gessisse.

In quorum fidem præsens testimonium subscripsimus, piis ubique fidelibus, in charitate Christi benignè excipiendum commendamus, enixèque

---

[1] Formula in Concil. VIII proposita, à Patribus subscripta.
[2] S. Innocent. epist. 24 ad concil. Carthag.

rogamus omnes quorum interest, ut munia sacerdotalia obire possit et valeat, ipsi licentiam concedant.

Datum Londini ubi exules à Patriâ Christi ejusque Ecclesiæ causâ degimus.

(*Archives de l'Evêché.*)

Nous n'ajoutons pas les deux témoignages que recevait le jeune vicaire, en se retirant de la paroisse de Roncenac où sa fermeté dans les bons principes lui attirait des tracasseries quotidiennes des partisans de la constitution civile du clergé : celle de son curé témoignait de la peine que lui causait la détermination de son vicaire ; celle de M. le vicaire-général de Périgueux lui donnait tous les pouvoirs nécessaires d'exercer le saint Ministère, dans tout le diocèse et hors le diocèse, jusqu'à révocation.

Nommé pour desservir la paroisse de Cumond près de Saint-Privat, il recevait du conseil général de cette commune ou des habitants assemblés, des certificats homologués d'une pleine satisfaction, et des prières d'habiter dans le presbytère et de continuer à desservir, jusqu'à l'arrivée du prêtre assermenté, nommé selon la loi.

Vicaire de Roncenac depuis 1787, M. Jacoupy desservit la paroisse de Cumond depuis le 15 juin 1791 jusqu'au 12 août 1792.

Agen fut surtout le centre et le siège des obsessions et des prétentions de tout genre, au milieu de ce laborieux et difficile remaniement.

Les deux lettres suivantes feront connaître l'esprit des prétentions diriger et imposer des choix pour la réorganisation et aussi l'esprit de cette sage administration, dans toute sa durée.

On écrivait d'Agen, 22 mai 1802, avant le sacre de Monseigneur :

« Quelque affligeante que soit votre dernière lettre, mon cher ami, je vous en fais mes remercîments : elle m'est très utile, elle m'instruit de bien des choses que je ne savais pas et de beaucoup d'autres que je ne connaissais que très imparfaitement, sans parler des affaires générales.

« J'ignorais que le citoyen P*** fût le défenseur de la constitution civile du clergé et ennemi des rétractations. Quelle surprise et quel chagrin tout à la fois ! quels maux ne prévois-je pas !

« Dans les g., ses amis triomphent et les autres éprouvent toute sorte de sentiments, désespoir dans les uns, indignation dans les autres, murmures, colères, etc., etc.

« La première chose qu'on demande : Se sont-ils rétractés ; ont-ils fait pénitence? et après, on entend prendre des résolutions qui nous font craindre. Ici plusieurs ont pris à tâche de l'élever jusqu'aux nues : c'est un homme du plus grand mérite, qui ne veut que le bien ; il y a longtemps, quatre ou cinq ans même, qu'il a fait sa rétractation.... etc., etc. Ils sont dans la plus grande jubilation, tandis que les autres sont dans la désolation.

« On lui donne pour vicaire-général, M. B. ci-devant prévôt, encore aujourd'hui sous les liens de la susp. selon la décision de Pie VI qu'on lui a présentée et dont il n'a point fait cas. C'est l'ouvrage du parti et de certains prêtres et laïques.

« .... Si cela est, vous jugez comme tout ira dans un temps où il faudrait de grands exemples de vertus de grands moyens pour rétablir et affermir la foi, la piété presque éteinte partout.

« Dans les g...., il n'y a personne avec qui l'on puisse s'unir pour mettre en pratique ce que vous désireriez.... Il n'y a pas heureusement un grand nombre de constitutionnels et de jureurs, quoiqu'il y en ait toujours trop.... mais ils sont tous très-constants dans leur refus.

« Celui des g., qui s'était tu, gardait le silence pour des raisons qui lui paraissaient bien bonnes ; mais comme il n'est point entier dans ses opinions et qu'il aime à déférer à celle des autres, il s'est laissé déterminer par ses conseillers à écrire une lettre datée du 13 de ce mois.... Il est vrai que s'il avait été instruit alors, il n'aurait point écrit ou du moins il l'aurait fait dans un autre goût, quoiqu'on ne puisse rien tirer contre lui de cette lettre : la réponse qu'il recevra lui donnera du jour pour pouvoir prendre une détermination sage. S'il quitte le pays, son départ fera plaisir à quelques-uns, sera indifférent pour d'autres, mais il causera bien du chagrin à un bon nombre, cela est tout naturel.

« J'ignore les vues que le papa peut avoir sur moi : j'attends qu'il me les manifeste. Dès que je connaîtrai la volonté de Dieu, je m'y conformerai avec le secours de sa grâce.

« Je compte sur vous pour les instructions utiles : j'espère que vous ne me refuserez pas ce bon office. Il est très utile d'être au fait de tout. Vous savez la confiance que j'ai en vous. Je vous embrasse bien affectueusement. »

J. B.

(*Archives de l'Évêché.*)

Cette jubilation dans les uns, et cette indignation et ce désespoir dans les autres, au sujet du citoyen P. trouvent leur cause dans les lettres de l'évêque Lacombe à l'*ami Bino*, imprimées et répandues à Agen par les coréligionaires à cette époque.

On y lit, entre plusieurs autres, ces lignes :

« Mes deux compagnons et moi, Beaulieu et Belmas, à la sortie de chez le Légat (15 avril 1802), nous allâmes chez le citoyen Portalis, chargé de toutes les affaires ecclésiastiques : nous l'instruisîmes de tout ce qui venait de se passer. Il parut improuver les prétentions de M. le Légat ; il dit qu'il y apporterait remède dans la journée : que le Gouvernement ne voulait point de rétractation ; qu'il ne serait exigé qu'une pure et simple adhésion au Concordat.

« Portalis fit appeler l'évêque Bernier et le chargea de dire au Légat que l'affaire des Évêques constitutionnels devait finir dans la journée.

« Lorsque le *Decretum absolutionis* a été remis à quelques-uns d'entre nous, par l'évêque Bernier, ils en ont fait justice, en le jetant au feu sous les yeux du citoyen Portalis qui nous a assuré en avoir fait autant, lorsque le Légat lui a transmis un semblable *decretum*, pour l'absoudre des censures qu'il a pu encourir, en prenant part à la révolution française. »

(Deuxième Lettre)

« J'aime bien vos lettres, Monsieur et très cher ami, elles sont pleines de choses, elles m'éclairent sur des détails que j'ignorais, et j'y trouve partout votre bon esprit, dans la justesse et solidité des réflexions que vous faites.

« Le premier article de votre lettre m'afflige beaucoup ; je n'aime pas l'infidélité ni la tricherie.

« L'on parle ici généralement — comme dans votre pays. Les réflexions sont les mêmes sur tous les objets. Un assemblage de circonstances nous ayant amenés où nous sommes et le Gouvernement voulant suivre sa marche, je pense que le parti le plus sage et même le seul sage *est de ne rien dire, mais de nous soumettre au nouvel ordre de choses, de nous unir au Gouvernement et de gagner sa confiance ; par cette conduite, nous montrerons à tout le monde que nous n'avons d'autres vues que le rétablissement de la sainte Religion et le salut des âmes et la prospérité de la France et que nous sacrifions tout ce qui n'est pas essentiel à la Religion pour obtenir ces fins.*

« Une conduite différente, une résistance dans le moment présent renverserait tout. Quand les Évêques seront placés, chacun dans son diocèse et qu'ils auront entrepris de remplir leur ministère selon le nouveau plan, ils en verront alors les difficultés ; ils feront des représentations bien motivées ; et les esprits étant plus calmes, ces représentations seront bien accueillies, plusieurs articles seront modifiés, d'autres tomberont en désuétude et peu à peu nous aurons une amélioration : voilà au moins ce qu'il nous est permis d'espérer. Encore une fois, une résistance opiniâtre sera inutile, et de plus très funeste au clergé catholique et à la Religion.

« Il y a eu certaines époques, et surtout celle où Bonaparte prit les rênes du gouvernement, si les évêques de France et les prêtres eussent alors fait paraître plus de complaisance, comme ils pouvaient le faire, s'ils se fussent rapprochés du Gouvernement, nous n'aurions pas eu besoin du Concordat et l'on n'aurait pas pensé à faire les articles *organiques* tels qu'ils ont été faits. Si nous voulons donc utilement servir l'Église, ne résistons plus à ceux qui sont plus forts que nous, et qu'il nous est impossible de faire reculer ; *faisons le bien de la manière qu'il nous est possible de le faire.* C'est pour me régler d'après ces principes que je travaille de mon mieux à calmer ici les esprits, et à amener au nouvel Évêque ceux qui seraient tentés de le fuir.

« J'espère que tous seront soumis. J'aurais confiance que s'il n'était pas dirigé par un parti composé de laïques en place et de certains prêtres qui veulent paraître mécontents, parce qu'on n'est pas content d'eux, il pourrait faire des choix qui lui feraient honneur et qui lui gagneraient la confiance : *mais le parti a déjà fait tous les choix et il se propose de les faire agréer au nouvel Évêque.* En conséquence, il faut voir venir et je vous marquerai la tournure que les choses prendront. Je ne puis pas désapprouver les délais que vous mettez à vous décider ; mais je crois qu'un prêtre comme vous, est obligé en conscience, dans les temps fâcheux où se trouve l'Eglise, de lui consacrer ses talents et ses travaux. Je vous suis au reste trop attaché, pour jamais vouloir, ni faire, rien qui pût vous être désagréable.

« J'aurais bien voulu que M. Emery n'eût pas refusé ; il aurait pu être dans sa nouvelle dignité, d'un grand secours aux membres de sa compagnie et continuer d'être leur général.

« Marquez-moi, je vous prie, ce qui arrivera de nouveau dans votre ville. Conservez-moi votre amitié et soyez bien persuadé que je serai toute ma vie dans les sentiments d'une grande estime et d'un bien sincère attachement, Monsieur,

» Votre très humble et très obéissant serviteur. »

J. B. adminis (*Archives de l'Évêché*).

Cette correspondance nous paraît venir à M. Guillon de M. Armand Joseph de Rangouse de Beauregard, le futur vicaire-général.

Les premières lignes que nous avons soulignées n'établissent elles pas toute la règle sage et prudente qui a dirigé cette longue administration.

Les secondes annonçaient les exigences outrées que devait trouver dans ses choix Mgr Jacoupy et dont témoignent les deux lettres du citoyen parvenu.

Un citoyen des plus haut placés par sa position et par ses rapports influents auprès du Gouvernement, avait demandé, avec instance, par lettres et par sollicitations verbales, la nouvelle cure de Saint-Etienne, la Cathédrale future, pour un prêtre constitutionnel.

Monseigneur avait promis d'examiner et de faire tout ce qui serait possible. Cette candidature n'obtenait pas les suffrages du Conseil : et le bruit en vint aux oreilles du protecteur.

Sa lettre, datée de Paris du 12 floréal an II, rappelait à Mgr Jacoupy, évêque d'Agen, *l'assurance positive* de cette nomination et l'intérêt qu'il y portait.

« Il n'avait pas pu entrer dans les projets de l'Évêque, de ne pas lui donner une si légère satisfaction, à laquelle toutefois il attachait le plus grand prix. « Je vous prie donc avec instance de nommer N. à Saint-Caprais d'Agen ou de ne pas trouver mauvais, si cette nomination ne peut pas être faite par vous, que je recoure au Premier Consul, s'il le faut, pour que toute autre nomination ne soit pas agréée par lui. »

Sa lettre de même date, à l'abbé Rangouse, le charge de remettre sa demande en mains propres à **M. Jacopin**, et il ajoute :

« Si, ce que je ne puis prévoir, M. l'Évêque ne se rendait pas à ma demande, je serais toujours l'ami de Rangouse, mais il trouvera bon que je ne le sois plus de son Évêque et que loin de le regarder comme *un ange de paix*, je le considère comme un homme qui est peu fait pour régir, dans des moments comme celui-ci, un grand diocèse.

« Mon cher Rangouse, je vous le dis avec sincérité, vous n'êtes pas encore assez forts pour trancher comme le font quelques-uns de vos évêques; qu'ils prennent garde à une réaction ; elle serait cruelle.

« Les autorités doivent se faire des concessions ; j'aiderai, comme je l'ai fait, M. Jacopin, mais il ne faut pas qu'il traite aussi mal le prêtre constitutionnel qui a eu le plus de droits à la constance des amis de la Révolution. »

Les en-têtes imprimés de ces lettres n'en portaient pas moins la devise *extérieure :*

Liberté ! Égalité !

Monseigneur, sans cesser d'être *un ange de paix*, nomma ailleurs le candidat du citoyen protecteur.

Pour respecter l'ancienne administration et aussi pour éluder les prétentions, on s'arrêta au principe général de rendre leurs titres aux anciens curés. M. Dupin, ancien curé de Saint-Caprais d'Agen, fut nommé à Saint-Caprais cathédrale.

Le sage dit selon le temps : Vive le Roi ! vive la ligue !

L'homme de la Révolution, le protecteur menaçant du 12 floréal an II, écrivait ainsi le 25 juillet 1815 :

« MONSEIGNEUR,

« Depuis votre départ de notre ville (d'Agen), il n'est pas possible d'imaginer les témoignages d'amour que nos concitoyens ont donnés à notre bon Roi et à son Auguste famille : ce n'est partout que des cris de joie : banquets, fêtes, illuminations, etc. ; cet enthousiasme devance la réception qu'on prépare au prince que nous attendons avec empressement.

« Vous avez le bonheur d'être auprès de lui ; parlez-lui, parlez-lui de nos dispositions à son égard... on nous a dit que N. N. avait encouru sa disgrâce ; si nous avions le même malheur, faites-le cesser ; dites-lui de nous tout le bien que vous en savez et palliez le mal s'il y en a : soyez auprès de lui notre *protecteur ;* assurez-le de notre amour pour notre Souverain et pour tous les Bourbons.

« Je suis avec respect, Monseigneur, votre très humble et très obéissant serviteur. »

L'Évêque d'Agen s'était rendu à l'appel de son Archevêque, désireux de s'entourer de ses suffragants afin d'offrir, avec eux, dans sa métropole, les hommages de toute sa province ecclésiastique, à la réception solennelle du duc d'Angoulême, à son passage à Toulouse.

Si les paroles sévères de Madame la duchesse d'Angoulême avaient eu leur probabilité au 1er septembre suivant, comment l'habile parvenu se serait-il réclamé d'une faveur que son tact et sa haute position à Agen lui avaient donné jusque-là tous les moyens d'étudier et d'apprécier le 25 juillet 1815, au sortir des Cent jours ?

M. Jacopin d'autrefois dut trouver du revirement dans le style...

Mêmes prétentions pour Sainte-Catherine de Villeneuve, érigée en cure, d'annexe qu'elle était demeurée jusqu'alors. On remettait le titre à l'ancien titulaire de l'ancienne église-mère et M. Dairie, curé de Cancon, était pourvu de cette nouvelle cure où son zèle finit par le martyre de son dévouement pastoral, durant la contagion de 1811.

A Cancon, M. Dairie n'avait pas caché ses dispositions au sujet de la constitution civile : ses paroissiens, désolés de la perte de leur pasteur dont le refus du serment les menaçait, employèrent tous les moyens pour détourner ce malheur : le dimanche du dernier délai accordé par la loi, les cris, les larmes, les sanglots, éclatent dans l'église, au moment de la messe paroissiale, le jeune curé se laisse attendrir et prête le serment ; mais après la messe, rendu à lui-même, il s'inquiète de sa démarche et part immédiatement pour Monflanquin et consulte M. de Lapeyrière et d'autres confrères et arrive à temps pour les vêpres de sa paroisse où il fit une rétractation solennelle du serment du matin et partit pour l'exil.

Dans ses visites pastorales, à Villeneuve, M. Dairie trouvait dans une des premières maisons de la paroisse, une réunion brillante où il était accueilli avec tous les égards que réclamaient son mérite et son caractère et la piété de la famille.

M. le curé avait à peine pris place qu'un personnage notable de la cité, lui montrant de la main le cercle de jeunes dames qui l'entouraient, demanda au pasteur quelle serait, de ce beau troupeau, sa brebis la plus chère : « La plus égarée, Monsieur ! ! ! » et le pasteur regardait en face le personnage. On se contenait ; mais, libres, ces dames apprécièrent à leur aise la réponse et l'application.

Dans la même soirée, M. le curé trouva, dans une autre société, le même personnage ; soit qu'il eût sur le cœur la réplique de la première rencontre, soit qu'il voulût produire de l'effet, avec son ton aisé et sa parole trop libre, ce monsieur se hasarda à demander à M. le curé si, avec son intelligence et ses études, il croyait, avec le peuple, à la présence réelle de l'Eucharistie : « Oui ! Monsieur, j'y crois, et de tout mon sang, je suis prêt à sceller ce témoignage de ma foi ! » et tout le sang du cœur avait instantanément coloré le visage du prêtre et sa voix s'était accentuée de la vivacité de sa croyance.

Le personnage, décontenancé, ne tardait pas à prendre congé.

Au reste ses dernières années furent admirables de piété et de dévotion à l'adorable Eucharistie.

Nous tenons ces détails de la dame qui avait fait les honneurs de son salon à la première visite.

Extrait des deux Bulles pour l'exécution du Concordat, approuvées par le Gouvernement et publiées dans toute la France.

Celle qui confirme le Concordat du 15 août 1802.

Cujus causæ, recolendæ memoriæ Pius VI, decessor noster, tot tantasque curas impendit.

(Reconnaissance de ses Bulles.)

Apostolicis nostris litteris diei 15 maii superioris anni ad universos episcopos datis (les constitutionnels les ont-ils reçues?) ingenti exoramus desiderio Galliæ ad unitatem S. Sedis feliciter revocandæ.

(Il y avait donc un schisme avec Rome malgré leur formule dans *la communion du Saint-Siége apostolique*.)

Nos justâ persuasione innixi Gallicanarum ecclesiarum titulares episcopos in animo esse comparatos ut eidem religioni omnia sacrificia vel ipsarum suarum sedium resignationem litare non sint detrectaturi (quod jamdiu quam plurimi inter ipsos nunquam satis commendandis litteris ad Rev. Mem. prædecessorem nostrum die tertia Maii 1791 datis ultrò obtulerunt) prædictos titulares adhortavimus.

La Bulle de suppression et d'érection des Évêchés du 29 novembre, dit :

Quum consuetis, ut antea formis nos canonicè archiepiscopos sive episcopos earum ecclesiarum institueremus, minime putabamus futurum ut nos cogi deberemus derogare assensibus legitimorum pastorum, qui pridem ecclesias illas et diæceses obtinebant..... Sperabamus veteres omnes illos antistites, tanto præsertim a nobis studio atque amore, ad vetera ipsorum merita magna atque præclara novo hoc sacrificio augenda..... sponte ac libere ecclesias suas in manibus nostris resignaturos.....

Cum maximum periculum sit, ne si tanta res diutius differatur, spoliata suis pastoribus Gallia, etc.

Derogamus expressè cuicumque assensui legitimorum Archiepiscorum, Episcorum et Capitulorum respectivarum ecclesiarum et aliorum quorumlibet ordinariorum et perpetuo interdicimus eisdem quodcumque exercitium juris ecclesiasticæ jurisdictionis ; *nullius roboris declarantes quidquid* quispiam eorum sit attentaturus.

Extrait d'un long et savant mémoire sur la conduite des nouveaux Évêques envers les prêtres constitutionnels, envers les fidèles.

L'Évêque est obligé, par sa place, de pourvoir à leur conscience.

La rétractation du schisme et de l'hérésie est irritante. Il pourra se contenter de leur adhésion au Concordat.

Pour les fidèles :

Les sacrements dont la validité dépend de la juridiction, ont été nuls, lorsqu'ils ont été administrés par des intrus.

Il faut revenir sur les mariages qu'ils ont bénis, sur les confessions qu'ils ont entendues : c'est du droit naturel. C'est un devoir rigoureux pour l'Évêque que confirment les instructions du Légat.

C'est par les confesseurs à qui il donnera les pouvoirs de ces réhabilitations.

Les constitutionnels ne recevront leurs titres qu'en donnant l'assurance positive qu'ils travailleront à cette réparation indispensable. « C'est là avouer leur intrusion et condamner leur conduite. »

(*Archives de l'évêché.*)

La collection des lettres personnelles adressées à Mgr Jacoupy, durant ce long épiscopat, témoigne de l'estime, de la vénération, de la confiance et de l'amitié dont il fut honoré, pendant cette longue période, soit par les évêques les plus illustres, soit par des ecclésiastiques et des laïques d'un mérite éminent et d'un nom distingué. Nous remarquerons entre autres, Mgr de Vannes, qui le remercie du parfait accueil qu'il lui a fait à Agen, dans la visite dont il l'honora; Mgr de Carcassonne, qui se servit de ses lumières et de ses renseignements, pour se préparer à son intronisation au siège d'Auch; Mgr de Montpellier, qui le plaint, comme il se plaint lui-même, du retard qu'éprouve le Concordat de 1817, opération bénie qui les déchargera d'un diocèse grand comme des royaumes ; M. l'abbé Sicard, l'instituteur des Sourds-Muets, plusieurs chanoines étrangers, plusieurs personnages des plus honorables familles du diocèse et d'autres contrées diverses.

Nous ne transcrivons que les suivantes, parce que celles de MMgrs de Toulouse et de Bordeaux, Mgr de Cheverus, n'ont qu'un intérêt privé...

Mgr d'Astros, évêque de Bayonne.

20 janvier 1820.

Je vous remercie bien humblement, Monseigneur, des vœux que vous faites pour mon petit individu ; recevez ceux que je fais pour tout ce qui peut contribuer à votre bien-être et à votre bonheur. Puisse le Seigneur les exaucer et accomplir tous vos désirs : puisse-t-il aussi accomplir tous ceux que nous formons depuis longtemps, vous et moi, avec tous Messeigneurs nos Collègues pour rendre à notre ancienne Eglise toute la splendeur qu'elle mérite et que malheureusement nos philosophes modernes, en conservant l'esprit de leurs prédécesseurs, voudraient obscurcir. Espérons qu'ils n'y parviendront pas. *Dominus subsannabit eos.*

Avec un attachement particulier et toute l'estime et la considération possible.

Votre très humble et très affectionné.

Mgr D'Aviau, Archevêque de Bordeaux.

30 décembre 1819.

Monseigneur,

Je réponds à vos charitables vœux par tous les miens. Ne nous lassons point de les demander au Ciel ces bonnes et saintes années. Si, depuis les instants que j'eus l'avantage de passer avec vous chez notre commun diocésain, nous n'apercevons pas encore de sensibles améliorations, au moins n'est-ce pas à lui qu'il faudra s'en prendre.

Agréez toujours le respectueux attachement...

M. le comte de Marcellus.

30 janvier 1829.

Monseigneur,

Je viens, avant de quitter ma solitude, vous remercier de l'aimable lettre dont vous m'avez honoré et de vos touchantes attentions pour faciliter le mariage de mon fils. J'ai suivi vos conseils, Monseigneur, et muni de votre si obligeante lettre, j'ai eu recours à M. le curé de Marmande. Ainsi tout sera au mieux ; et la semaine prochaine verra, j'espère, s'accomplir une union sur laquelle j'ose appeler de nouveau vos bénédictions et vos prières.

Je vais m'occuper à Paris de l'église de Marcellus. Quant à son digne pasteur, votre lettre a accompli mes vœux et terminé mes sollicitudes.

Mme de Marcellus se joint à moi pour vous offrir actions de grâces, respects et hommages.

Daignez agréer le tendre tribut de la vénération profonde, etc.

M. le vicomte de Marcellus, à son retour d'Orient.

Monseigneur,

Si je perds l'espoir de vous revoir dans la maison où j'ai reçu de vous un accueil si flatteur et si aimable, je ne quitterai pas votre diocèse sans vous offrir mon hommage respectueux. Le séjour de votre saint et vénérable collègue à Marcellus avait fait espérer que votre présence serait une seconde bénédiction pour la famille ; j'ai partagé bien sincèrement ses regrets en apprenant qu'il ne pourrait vous recevoir chez lui, cette année ; et si je n'étais rappelé promptement à Paris, je ne me serais consolé de ce contre-temps qu'à Agen.

Veuillez bien agréer, Monseigneur, l'offrande d'un chapelet que j'ai vu bénir devant moi, sur le Saint-Sépulcre, à Jérusalem, le 8 juillet 1820, jour où je fis célébrer un service funèbre pour Mgr le duc de Berry. Les grains sont des fruits de Jéricho et la croix a été faite à Bethléem avec la nacre de la mer Rouge par de vieux Arabes catholiques.

Je laisse à Marcellus une partie des pieux trésors que j'ai rapportés de Palestine ; ils vous seront montrés, Monseigneur, quand vous visiterez ce coin de votre royaume spirituel ; et j'ose vous demander alors de diriger vers le pèlerin une prière et une bénédiction.

J'ai l'honneur, etc.

M. le comte de Marcellus.

29 décembre 1840.

MONSEIGNEUR,

C'est un de vos anciens diocésains que vous avez toujours honoré de vos bontés, qui vient aujourd'hui mettre à vos pieds le double tribut de ses regrets en perdant un tel prélat et de ses vœux pour vous en ce prochain renouvellement d'année. Mon cœur s'attendrit, Monseigneur, en songeant qu'un si bon père nous a été enlevé, ou plutôt a cru devoir se dérober lui-même à notre amour. Nous nous plaignons de votre humilité... Quand on a confessé la foi, comme vous, certes on n'est jamais inférieur à la dignité épiscopale. Je regrette pour mon compte un prélat si bon pour moi, le confrère et l'ami de mon saint et illustre ami, Mgr d'Aviau. De grâce, conservez-moi un souvenir, une part à vos prières, et daignez agréer l'hommage du tendre et profond respect, avec lequel, etc., etc.

Des visites fréquentes à Agen et même à Bordeaux, une correspondance active, régulière, où les retards sont excusés avec chaleur, où les détails minutieux, réservés au chef de famille, s'exposent avec un respectueux abandon, nous laissent conjecturer les rapports les plus intimes entre M. le baron de Segonzac et Mgr Jacoupy.

Une lettre du 21 août 1842, datée du château de Segonzac, près Ribérac, nous donne l'idée de cette respectueuse affection et d'une reconnaissance héréditaire ; en voici un extrait :

« Sachez, Monseigneur, que vous m'avez rendu des plus heureux, en me donnant de vos nouvelles. Dans le retard que je mets à vous répondre, il n'y a pas de ma faute ; votre lettre est venue me chercher à Sorel. Il m'est pénible de ne vous avoir pas prévenu et d'avoir gardé un aussi long silence envers vous ; mais je vous fais le serment que mon cœur n'est point ingrat envers vous : ma reconnaissance ne vous a jamais oublié ; j'ai toujours présent ce que vous avez fait pour mon pauvre père ; le temps que nous avons passé hors du vieux colombier m'est encore présent ; c'est vous dire que je n'ai cessé d'apprécier les sentiments et l'attachement que nous nous sommes conservés. »

Par une lettre du 20 juin, une victime de l'ostracisme des Cent jours annonçait, de sa cachette, une rentrée de trois mille francs et donnait l'assurance qu'il s'acquitterait *entièrement*... « Quand je dis, je m'acquitterai, ce ne peut-être que numérairement, car ma vie ne serait jamais assez longue pour vous témoigner ma reconnaissance. » Une lettre du 10 mai 1816 faisait remettre ce *premier acquittement*, avec l'expression de l'amitié et de la plus vive reconnaissance ; la victime des Cent jours était remontée en *faveur*.

M⁸ʳ Jacoupy n'avait pas perdu les habitudes obligeantes ou bienfaisantes de l'exilé de Londres.

Nous ne trahirons pas ses aumônes secrètes ; mais nous l'avons vu souvent, le vendredi de chaque semaine, entouré des pauvres de la ville, sur la place de Lacépède, devant son palais, distribuer à chacun le tribut de sa charité. Les grandes maisons avaient alors leur jour de distribution publique.

M⁸ʳ Jacoupy, après une maladie grave, sollicitait sa retraite, auprès du Souverain-Pontife, 1825. Sa Sainteté Léon XII l'exhortait à conserver son siége.

Il l'obtint enfin à l'âge de 79 ans, en 1840. La lettre suivante de M⁸ʳ Mathieu, Archevêque de Besançon, aujourd'hui Cardinal, dira mieux que nos paroles, dans quelle estime et quelle vénération l'Évêque d'Agen était pour ses confrères de l'Église de France :

« Besançon, 7 novembre 1840.

« MONSEIGNEUR,

« J'ai été profondément affligé de la nouvelle que vous me donnez de votre détermination de quitter le siége d'Agen. Nous vous regardions avec raison comme une de nos principales lumières, comme un de nos guides les plus assurés. Je respecte sans doute une décision prise en vue de Dieu, pesée aux pieds du sanctuaire et dont on trouve des exemples parmi les plus saints Évêques, mais vous me permettrez de la regretter. Hélas ! qui sommes-nous pour soutenir l'Église de France, alors que nos Pères et nos maîtres s'en vont ! La vue des obligations d'un ministère si redoutable est sans doute propre à nous effrayer, mais la bonté du Souverain Pasteur dont nous sommes aussi les brebis, et qui, sans doute, n'a pas voulu nous imposer un joug intolérable, est propre à nous rassurer. La profonde estime, la sincère vénération, la respectueuse affection de vos collègues vous suivront dans votre honorable et édifiante retraite.

« Veuillez agréer l'expression de ces sentiments avec lesquels je suis, Monseigneur, votre très humble et très obéissant serviteur.

† CÉSAIRE, Arch. de Besançon.

(Archives de l'Évêché.)

TABLE DES MATIÈRES.

	Pages.
DÉDICACE à Mgr d'Outremont, évêque d'Agen............	1
LETTRE de Mgr d'Outremont............................	3
LETTRE de S. E. le Cardinal Donnet, archevêque de Bordeaux...	4
NOTICE sur M. Guillon................................	7

Préambule : Rareté des documents : Sa cause; Conservation de ceux qui restent.. 7

Naissance. Études ecclésiastiques : premiers succès du prédicateur. Chanoine de Saint-Agricol, collégiale d'Avignon, sa paroisse. M. de Boulogne l'attire à Paris............................ 11

Sa retraite dans la capitale; dix années de la Révolution. Conférencier de Saint-Sulpice, 1802. Secrétaire de Mgr Jacoupy. Occasion. Motifs honorables de ce choix et de son acceptation... 12

M. Guillon à Agen. Haute estime de son Évêque et du clergé. Travaux, prudence, habileté du Secrétaire dans la réorganisation. Ménagements et fermeté. Les deux dernières illuminées d'Agen. 16

Succès émouvants des publications épiscopales. Félicitations renvoyées par l'Évêque à son Secrétaire. La part de M. Guillon dans les éloges. La part aussi légitime de Monseigneur. Thème de toute émission écrite. M. Bouytaud et M. Feutrier, 1828..... 20

Caractère timide du Secrétaire. Précautions méticuleuses. Franchise, fermeté du Prélat. Accord toujours intime, édifiant.......... 23

Mandements de la coopération de M. Guillon. Quelques critiques attardées. Justifications, réponses. Allure du Prélat et du Secrétaire en dehors des publications imposées...................... 24

Vie privée. Ses quelques délassements, dans quelques lectures choisies, sacrifiées, dans quelques amis, ses visites au Séminaire. Ses études de chaque jour 29

Travaux préparatoires au Concile national, du futur théologien de son Évêque. Cette nouvelle application aggrave son dépérissement et empêche son départ. Ses derniers conseils, ses derniers adieux à son supérieur et à son ami. — A Paris, Mgr de Troyes cherche et réclame M. Guillon. Mgr d'Agen explique cette absence : le mémoire. Exclamations de regrets de Mgr de Boulogne........ 31

Pages.

M. Guillon demande et reçoit les derniers sacrements. Son dernier exemple aux fidèles. Ses paroles de foi à ses amis éplorés. Sa mort... 33

Journal de Lot-et-Garonne : éloge nécrologique. Retentissement de cette perte. Les funérailles. Le silence et l'oubli sur cette tombe... 34

Manuscrits. Leur nombre, leur variété, leur importance, en dehors des travaux du Secrétaire. Sermons; chronologie de la carrière oratoire de M. Guillon... 37

Notice historique sur la vie et l'épiscopat de Mgr Jacoupy. — Avant-Propos... 44

Naissance obscure toujours aimée. Le registre de la famille, extrait des archives de la paroisse de Saint-Martin-de-Ribérac. Joie de ce cadeau.. 47

Souvenirs et goûts de son adolescence. Les chevaux, sa passion d'autrefois. Ses courses à Saint-Avit : Mme de Galibert, sa noble Sunamite d'Agen. Le vieux cheval de Guirot au Caoulèt. Récit de M. Tailhié. L'enfant de saint François, curé de Boussorp.... 50

Le jeune Jacoupy clerc d'avocat à Bordeaux. Affection de la famille Ségalier. Souvenir et reconnaissance de l'ancien clerc. Son collègue de cabinet, le jeune Cousseau................................... 53

Rappelé de Bordeaux, le jeune Jacoupy fait ses études secondaires à Saint-Martin ; ses études théologiques, à Poitiers d'abord, à Périgueux. Son bon curé; sa bonne mère. Belle parole de Napoléon. Les impressions toujours vivantes de cette époque inspiraient souvent de sages avis à l'Evêque, pour ses jeunes clercs, Petit-Séminaire, M. Tailhié, pour ses jeunes prêtres : 1825, audience après l'ordination............................ 56

Vicaire de Roncenac. Sympathie prompte, générale. Accusation d'un seigneur du village. Justification devant son Évêque. M. Gros le demande pour son successeur. Refus admirable. Curé intérimaire de Cumond : adhésion connue aux brefs de Pie VI. Regrets des paroissiens... Certificats de la commune et du district. Avis de l'Évêque aux jeunes vicaires.................................. 59

Départ de Saint-Martin. Rétractation inspirée, obtenue... Réparation du serment irréfléchi. Son bienfaiteur, M. Gros succombe à sa douleur. Adieux à sa famille.................................... 61

Les prêtres français à Londres. Difficultés des premiers jours pour

Pages.

le jeune vicaire, le pauvre fils du maréchal-ferrant.. Son industrie, sa cellule, son ménage. Les leçons dans la grande ville. Le laquais éconduit : excuses de son maître au prêtre exilé. Le capitaine réclame la place refusée à son valet. L'abondance après la gêne ; intimité réciproque. — Nommé gouverneur d'une colonie anglaise, le capitaine conjure son ami de le suivre… Offres séduisantes. Refus du prêtre catholique. Gaîté du vieil Évêque au récit de ces jours........................... 63

Retour à la gêne, à l'industrie ; le faubourg de Londres. La forêt voisine. La cueillette de potirons ; l'heureuse rencontre. Le maître de français devient riche. Le seigneur du château, ses prévenances d'abord, son examen, sa conclusion. Les honoraires du Milord au précepteur des enfants de son intendant........ 66

Usage des bienfaits de la Providence. Ses confrères : de nobles souffrances. Relations sociales. Attentions respectueuses envers son Évêque.. 68

Retour en France. Rentrée douloureuse dans la maison paternelle. Consolations dans l'exercice du saint ministère.............. 70

Indignement repoussé par l'Évêque Lacombe, devenu le légitime Évêque d'Angoulême et de Périgueux par le concordat. Tentative obligée d'un emploi, dans la formation du diocèse de Paris. Entrevue fortuite. Le général homonyme : Ils se trouvent cousins-germains. Nomination au siége d'Agen. Refus, acceptation. Regard rétrospectif sur la conduite de la Providence envers son élu...................................... 72

Préconisation. Serment du 18 avril 1802. Joie de Pie VII sur cette solennité, devant le Sacré Collége. Joie des Évêques élus et de la Capitale. Leur consécration dans l'église des Carmes. Impressions de ce grand jour toujours présentes au cœur de Mgr Jacoupy... 75

Le nouvel Évêque se prépare à sa mission ; difficultés particulières. Conduite de Mgr de Bonnac appréciée sur l'allocution pontificale du 24 mai 1802. Extraits de cette mémorable allocution. Mgr Jacoupy annonce sa promotion à Mgr de Bonnac. Sa lettre. Réponse ambigue, fine, polie. Affirmation de l'autorité canonique seule légitime, pour l'administration du nouveau diocèse d'Agen.... 77

Son attente à Agen. Quelques oppositions sourdes : conciliation, fermeté du Prélat. Enthousiasme de l'immense majorité. Appui, esprit de l'autorité civile d'alors dans tous les rangs de la magistrature. Le maire de Marmande, M. de Souilhagon...... 87

Prise de possession. Entente parfaite du préfet et de l'Évêque. Délicatesse et convenance du premier magistrat. Monseigneur se loue de M. Pieyre.................................... 89

Réorganisation. Hommes rares en science et en vertus. MM. de Fournets, lettre, visite. A. J. de Rangouse, son éloge nécrologique. Darguil, François Maydieu, éloge nécrologique. Labrunie, éloge nécrologique. Scission malheureuse de quelques anciens. 94

Prédications de Mgr Jacoupy, de M. Guillon. Délimitation des paroisses. Zèle pastoral pour la décence des églises. Concours des fidèles, des curés. M. de Boudon-Lacombe, curé de Fauguerolles. 98

Fonctions épiscopales. Jubilé de 1804. Mandement remarquable. Fruits heureux et abondants. Souvenirs encore vivants. Le Bridaine de l'époque, Très Révérend Père Miquel. Mission de Sainte-Foi. Croix de la Porte-du-Pin. Missions diverses........ 100

Visites pastorales. Monseigneur honore ses prêtres devant les fidèles et dans les réceptions particulières. M. Monteils. Un vicaire devenu curé. L'excellent sujet dans un poste de dévouement. Le curé mal satisfait de son poste ; fermeté ; indulgence paternelle. Effets de cette bonté sur son clergé. L'illuminé du Port-Sainte-Marie............................. 104

Consolations du Prélat dans ses bons prêtres. Marmande, Puymiclan, etc. Vide des paroisses. Le Séminaire. Sa sollicitude ; mandements pour cette grande œuvre. Concours de ses prêtres et des fidèles. Réponse indirecte de l'Empereur à ce sujet. M. Pierre Dauront de La Palisse. *Journal de Lot-et-Garonne*.. 112

Les ruines de l'ancienne cathédrale sous les yeux de l'Empereur, 30 juillet 1808. Monseigneur blâmé de négligence pour la reconstruction. Pièces justificatives du Prélat.................... 115

Activité épiscopale, détails. Deux sacrilèges. Le chœur de la nouvelle cathédrale. L'orgue, l'artiste hors ligne, Tourelly. Inventaire canonique des saintes reliques à Saint-Caprais. Relique de sainte Foi. Procession solennelle de toute la cité civile et catholique. Le chanoine Duffau tient la chaire. Note sur l'enlèvement du neuvième siècle. *Journal de Lot-et-Garonne*, 1807............. 117

Retour de dévotions anciennes, de congrégations religieuses. Concile

Pages.

national, 1811. Les trois statues épiscopales. Retour du Concile. Ses relations intimes à Rome. Tristesse de sa rentrée dans le diocèse. Famine. Le colonel de Goujet. Peste. Dévouments héroïques. Mort de M. Dayries, de cinq coopérateurs. Prémices de son Séminaire. M. Mazet, seul prêtre, à Villeneuve. Mandement de cette époque..................... 125

Concordat de Fontainebleau. Les cent jours. Condescendance, fermeté. Calomnie atroce. Justification. Intrigues pour amener la démission du Prélat... anciennes prétentions. Ordre de Pie VII à Mgr Jacoupy. Retour de l'opinion à la Cour, sur son compte. Faveurs inacceptées... 133

Installation des Séminaires : tradition d'un élève de 1817 aux élèves de 1857..... 140

Lamménisme. Anxiété du Prélat. Jugement anticipé sur le conflit. M. Graulhié dans une réunion ecclésiastique à Fauguerolles, 1828. Partisans de la nouveauté. Séance littéraire au Petit Séminaire. Encycliques de Grégoire XVI. Vigueur épiscopale. Rétractations honorables. Belle parole du Prélat. Circulaire célèbre. 15 décembre 1834. — Services funèbres à la mort de trois illustres chefs de l'Eglise. Hommages de sa vénération. Services funèbres pour son métropolitain Mgr d'Aviau, pour Mgr de La Tour-du-Pin, ancien archevêque d'Auch. Les adieux de Mgr Jacoupy au clergé d'Auch, 1823. Lettre de Mgr de Lacroix sur cette administration 152

Jubilé de Grégoire XVI. Bruits sur la démission du siége d'Agen. Bruits sur un coadjuteur. Indignation du Prélat. Dernière lettre pastorale. Retraite à Bordeaux. Visites honorables. M. Tailhié. Chapelle privée. Sa mort, ses funérailles. — Epilogue. Mort de M. Liaubon. Regrets dignes de ce bon prêtre............ 163

Souvenirs de Mgr de La Tour-du-Pin-Montauban, archevêque d'Auch, dans le cœur de nos prêtres, à Saragosse................. 180

Éloge funèbre de Mgr Jean Jacoupy, évêque d'Agen, par M. l'abbé Souèges 187

Actes officiels de la réorganisation ; cérémonies diverses et allocutions de son ministère épiscopal. — Eglise constitutionnelle ... 197

Prise de possession................................... 202

Serment du clergé..................................... 213

	Pages.
Installation canonique des Archidiacres et des autres membres du Chapitre capitulaire..................................	218
Discours sur le rétab'issemen' de la Religion en France (15 août 1806).	223
La chapelle Notre-Dame du Bourg................................	233
Saint-Caprais. — Cathédrale.....................................	236
Notre-Dame d'Agen...	251
Saint-Hilaire...	253
Sainte-Foi...	255
Hôpital Saint-Jacques, rue des Martyrs...........................	258
Hôpital de Las...	264
Portrait de Mgr Jules de Mascaron, évêque d'Agen.................	265
Mascaron. Note biographique : Son testament inconnu et oublié parmi nous..	267
Notes diverses sur le testament.................................	277
Allocutions de Mgr Jacoupy pour les cérémonies de la confirmation.	290
Abrégé chronologique de quelques actes qui ne sont pas indiqués ou développés dans la Notice...................................	303
Notes. — Pièces justificatives ou inédites tirées des Archives de l'Evêché...	309

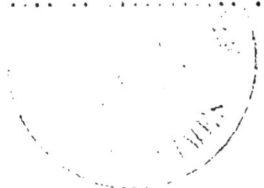

Agen, Imprimerie de P. Noubel.

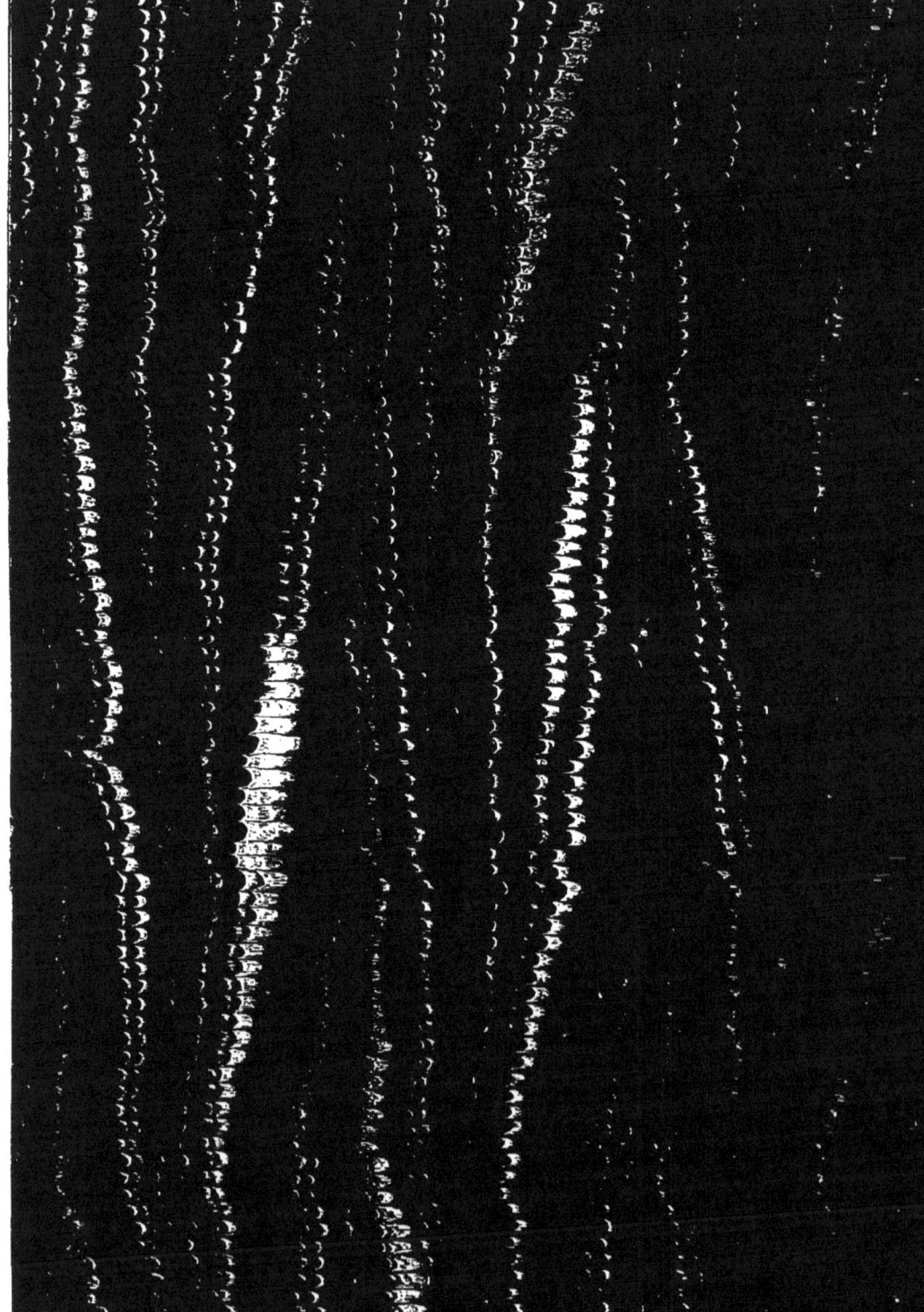

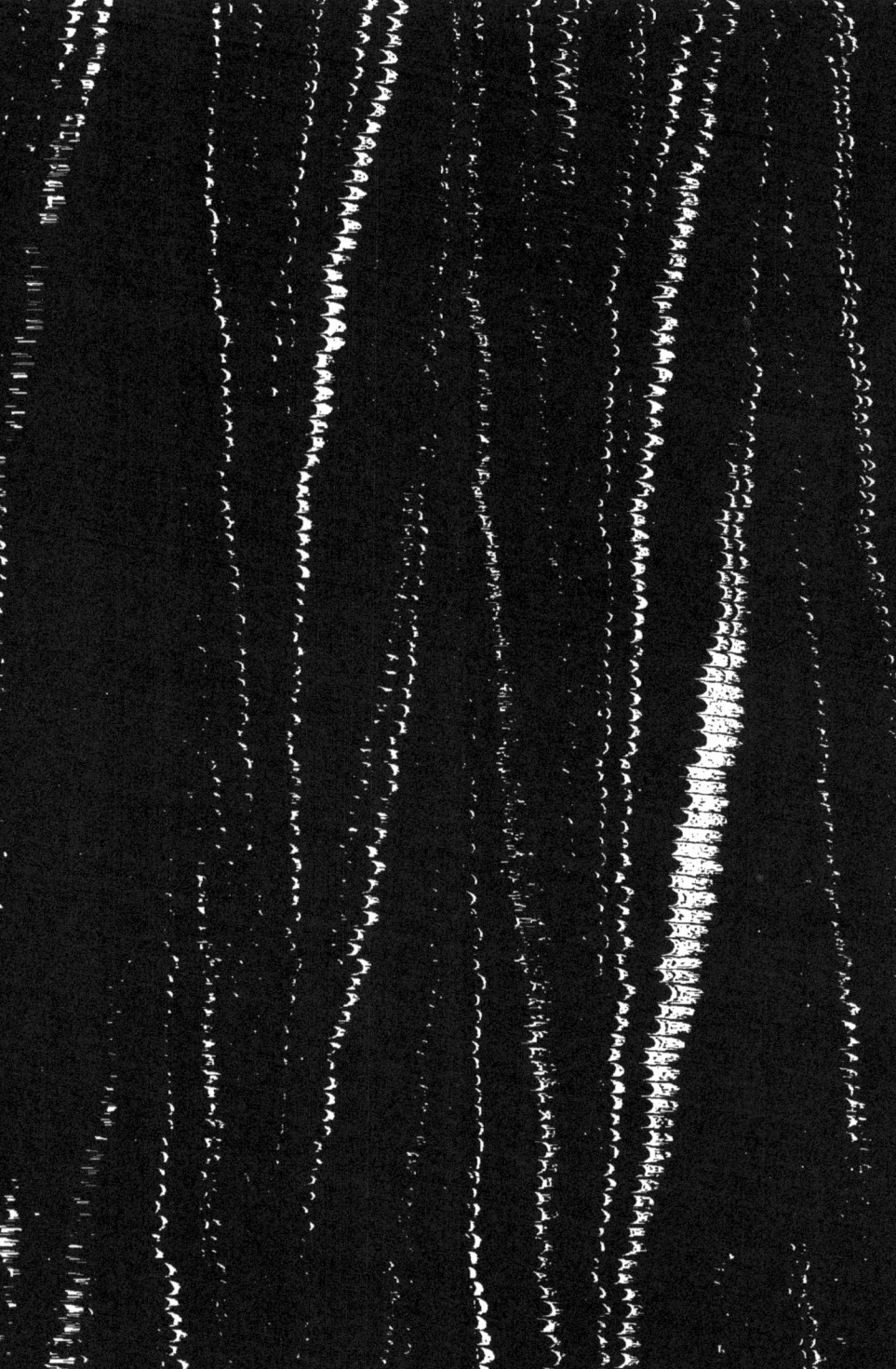

www.ingramcontent.com/pod-product-compliance
Lightning Source LLC
Chambersburg PA
CBHW050804170426
43202CB00013B/2556